わが家の 宗教を知る シリーズ

うちのお寺は 天台宗

TENDAISHU

伝教大師最澄

双葉社

わが家の宗教を知るシリーズ

うちのお寺は天台宗

TENDAISHU

もくじ

第1章 ここを見ればすべてわかる「天台宗早わかり」

第2章 開祖はこんな人「伝教大師最澄」

◎本書は『うちのお寺は天台宗』(1997年初版)を加筆・修正した新装版です。お寺の写真等は災害、改修などにより現状と異なる場合があります。

第3章
経典・著作にみる
「天台宗の教え」

第4章 宗門史に名を残す
「天台宗の名僧たち」

第5章

ぜひ訪ねたい「天台宗ゆかりの名刹」

第6章

知っておきたい「天台宗の仏事作法・行事」

第1章
ここを見ればすべてわかる「天台宗早わかり」

民衆仏教の開花
天台宗の特徴
天台宗の源流
最澄が開いた比叡山
最澄と空海
天台宗の発展

伝教大師最澄

民衆仏教の開花

平安中期以降、戦乱・天災・疫病が続き世は乱れ、民衆は末法《まっぽう》の世におびえていた。そんななか天台宗《てんだいしゅう》・真言宗《しんごんしゅう》は国家権力からの自立をはかり、栄西《えいさい》や道元《どうげん》が宋《そう》から禅《ぜん》を伝え、浄土教の隆盛、法華《ほっけ》信仰もひろまって、新仏教が相次いで出現した。

平安時代
794～1185年

最澄《さいちょう》 766-822

805年（40歳）唐《とう》より帰国、翌年、天台宗を開く

天台宗《てんだいしゅう》

空海《くうかい》 774-835

806年（33歳）唐《とう》より帰国、真言宗を開く

真言宗《しんごんしゅう》

末法とは

お釈迦《しゃか》さまの死後を正法《しょうぼう》・像法《ぞうほう》・末法《まっぽう》の３つの時代に分ける仏教思想。お釈迦さまの教えが正しく行われている時代が正法で、やがて形だけの像法の時代となり、末法になると仏道修行をしても効果がないとされる。最澄《さいちょう》が書いた『末法灯明記《まっぽうとうみょうき》』には、1052（永承《えいしょう》７）年に末法に入るとあり、戦乱や災害が続く毎日に、貴族も僧も民衆もいよいよ危機感を抱いた。

最澄・空海の平安仏教

七九四（延暦《えんりゃく》一三）年、桓武《かんむ》天皇は腐敗した仏教界に毒された奈良時代の律令《りつりょう》体制《たいせい》の立て直しをはかり、都を平安京《へいあんきょう》（京都）に移す。

平城京《へいじょうきょう》（奈良）遷都《せんと》では有力寺院も新都に移されたが、平安京に移るときは寺院は奈良に残された。だが、宮廷貴族のあいだにはすでに呪術としての仏教が浸透していたため、南都（奈良）仏教に代わる新しい仏教が切望されていた。

そこへ登場したのが、唐《とう》から帰った最澄《さいちょう》と空海《くうかい》の二人の留学僧だ。

最澄が開いた天台宗《てんだいしゅう》と空海が開いた真言宗《しんごんしゅう》はともに鎮護《ちんご》国家の仏教としての役割を果たしたが、それだけではなく、得度《とくど》・授戒《じゅかい》の権限を国家から取り戻し、民衆救済の実践仏教の基盤となった。それは現代につながる日本仏教の源である。

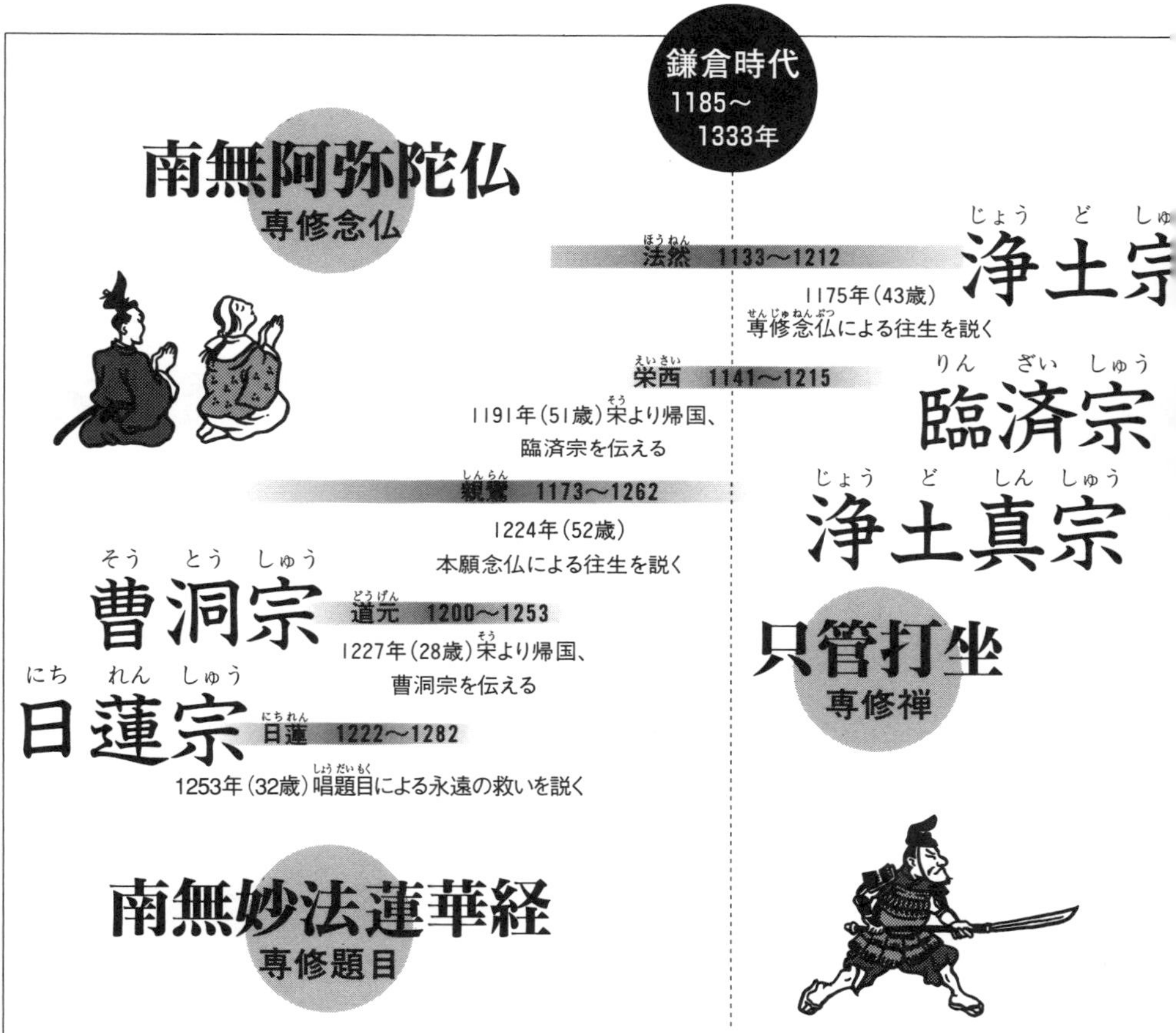
鎌倉時代
1185～
1333年
南無阿弥陀仏
専修念仏
法然《ほうねん》 1133～1212
浄土宗《じょうどしゅう》
1175年（43歳）
専修念仏《せんじゅねんぶつ》による往生を説く
栄西《えいさい》 1141～1215
臨済宗《りんざいしゅう》
1191年（51歳）宋《そう》より帰国、
臨済宗を伝える
親鸞《しんらん》 1173～1262
浄土真宗《じょうどしんしゅう》
1224年（52歳）
本願念仏による往生を説く
曹洞宗《そうとうしゅう》
道元《どうげん》 1200～1253
1227年（28歳）宋《そう》より帰国、
曹洞宗を伝える
只管打坐
専修禅
日蓮宗《にちれんしゅう》
日蓮《にちれん》 1222～1282
1253年（32歳）唱題目《しょうだいもく》による永遠の救いを説く
南無妙法蓮華経
専修題目

鎌倉新仏教の登場

鎌倉時代になると、浄土宗《じょうどしゅう》、臨済《りんざい》宗《しゅう》、曹洞宗《そうとうしゅう》、浄土真宗《じょうどしんしゅう》、日蓮宗《にちれんしゅう》など、わが国独自の仏教宗派が成立する。

念仏か禅か題目かどれか一つの行《ぎょう》を選んで行うこれらの仏教の教えはわかりやすく、だれにでもできることから民衆の心をつかんでいった。

万民を救済の対象としており、平安時代までの国家や貴族中心の「旧仏教」に対して「鎌倉新仏教」と呼ばれる。

また、開祖がいずれも天台宗比叡《ひえい》山《ざん》で修学し、そこから離脱して新しい教えを創立したのは興味深い。

鎌倉新仏教の特徴は、次の三つにまとめられる。

①みだりに時の政権に近づかなかったこと。②南都や比叡山など既成教学の権威によらなかったこと。③他行との兼修を否定したこと。

天台宗の特徴

二〇歳で受戒し、僧となった最澄《さいちょう》は奈良で南都仏教各派を学んだのち比《ひ》叡山《えいざん》で修行に入る。そこで、『法華経《ほけきょう》』は、すべての人が成仏すると説かれている究極の教えであるという中国天台宗の開祖天台智顗《てんだいちぎ》の教えに共感。唐《とう》で天台教学と密教・禅・戒律を学び、日本独自の天台宗を興した。

Q 天台宗は密教、それとも顕教？

A 最澄は唐においていわゆる顕教《けんぎょう》のほかに密教を相伝され、法華円教《ほっけえんぎょう》・真言密教《しんごんみっきょう》・達磨禅法《だるまぜんぽう》・大《だい》乗菩薩戒《じょうぼさつかい》の四宗融合を特徴とする日本天台宗を確立した。その意味で、最澄は日本にはじめて密教を伝えたことになり、天台宗は「台密《たいみつ》」と呼ばれるようになった。

天台宗の教えの特徴は、四宗融合による総合仏教であることで、とくに、すべての人がみな成仏できるという円教の教えを打ち出したことにある。

それまでの奈良仏教では、悟りには声聞《しょうもん》・縁覚《えんがく》・菩薩《ぼさつ》の三つの方法があり、菩薩になった人だけが成仏できるという三乗説をとっていたが、最澄は仏の教えは一つであり、声聞・縁覚・菩薩といった区別はなく、三乗即一乗であって、すべての人が仏の教えによって救われ、成仏できるという法華円教の教えを説いたのである。

また、天台宗では、法華円教のあらゆる現象そのままが真実相であるとする諸法実相の教えと、天台密教としてのすべての根本は不生不滅の阿字であるという阿字本不生の教えは同じものであるとする円密一致が特色でもある。

最澄が唐で中国天台宗とともに密教などを学び、それらを融合させて円教の一乗説をもとに総合仏教として確立させたのが日本の天台宗なのである。

弟子の円仁は、最澄のいう一乗仏教を密教といい、三乗仏教は顕教といっており、天台宗は密教という位置づけをしている。

密教と顕教

真言宗の空海によれば、密教とは、教義が深遠《しんえん》で、その境地に到達した人物でなければうかがいしれない、むずかしいもののことをいう。また、顕教は、教義が言葉や文字でわかりやすく説かれたものという。

しかし天台宗では、大乗仏教の一乗の教えは円教であり密教であるとし、小乗三乗の教えを顕教という。

したがって密教には大日如来《だいにちにょらい》とそれと同一体の釈迦如来の教えもある。つまり、天台宗では円密一致《えんみついっち》を宗の根本とする。

Q **天台宗の本尊は?**

A 『法華経』の如来寿量品《にょらいじゅりょうほん》には、お釈迦さまは永遠の過去において悟りを得て成仏し、それ以来、人々を教化しつづけていて、菩提樹の下で悟りを開いたのは仮の姿であると説かれ、これを久遠実成無作《くおんじつじょうむさ》の本仏《ほんぶつ》といっている。

天台宗宗憲では、この久遠実成無作の本仏、すなわち釈迦牟尼仏《しゃかむにぶつ》が本尊とされる。

しかし、『法華経』のなかでは、すべての如来・菩薩・明王《みょうおう》・諸天は久遠実成無作の本仏であり、人々を教化するために時と場所に応じて、姿を変えたものと説いている。

そのため、天台宗の寺院では、釈迦牟尼仏のほかにも、阿弥陀仏《あみだぶつ》・薬師如来《やくしにょらい》・大日如来《だいにちにょらい》・観世音菩薩《かんぜおんぼさつ》など、いろいろな諸仏・諸菩薩が、それぞれのお寺の縁起によって本尊としてまつられている。

釈迦牟尼仏

台密と東密 天台宗と真言宗は、密教として「台密」「東密」と呼ばれている。天台宗の密教、東寺の密教という意味である。空海《くうかい》が唐で密教を学び、灌頂《かんじょう》を受けて持ち帰った真言宗は純粋な密教だが、天台宗は顕教の要素も含み、円仁・円珍によってより密教の色彩が強められた。

Q **よりどころとする経典は?**

A 法華一乗の立場から、『法華経』が根本経典とされているが、四宗融合のため、そのほかの経典も「輔宗《ほしゅう》の聖典」となっている。

その主なものは、円教の『法華経(妙法蓮華経)』『仁王般若経《にんのうはんにゃきょう》』『金光明経《こんこうみょうきょう》』『中観論《ちゅうがんろん》』『大智度論《だいちどろん》』、密教の『大毘盧遮那成仏神変加持経《だいびるしゃなじょうぶつじんぺんかじきょう》』『金剛頂大教王経《こんごうちょうだいきょうおうきょう》』『蘇悉地羯羅経《そしつじからきょう》』『菩提心論《ぼだいしんろん》』、戒の『梵網菩薩戒経《ぼんもうぼさつかいきょう》』、浄土教の『大無量寿経《だいむりょうじゅきょう》』『観無量寿経《かんむりょうじゅきょう》』『阿弥陀経《あみだきょう》』などである。

『法華経』二八品は、お釈迦さまの教えを総括し、真実の意味を説いた教典で、天台智顗が『法華経』の教えの解説・実践のために著した『法華《ほっけ》玄義《げんぎ》』『法華文句《ほっけもんぐ》』『摩訶止観《まかしかん》』が法華三大部とされ、これによって支えられる『法華経』の教えが円教である。

延暦寺法華総持院東塔

Q 天台宗は現在どのように分かれている?

A 天台宗には、四祖円仁《えんにん》・六祖円珍《えんちん》という名僧があらわれるが、その没後に弟子たちに対立が起こり、円珍の弟子は園城寺《おんじょうじ》(三井寺《みいでら》)に移って寺門《じもん》派と称し、延暦寺《えんりゃくじ》(山門《さんもん》派)と対立するようになる。

その後、両派とも分派が進み、天台宗をはじめとする山門派の流れは現在、浄土真宗遣迎院《じょうどしんしゅうけんごういん》派・金峯山《きんぷせん》修験本宗《しゅげんほんしゅう》・鞍馬弘教《くらまこうきょう》・天台圓浄宗《てんだいえんじょうしゅう》・和宗《わしゅう》・念法眞教《ねんぽうしんきょう》・妙見宗《みょうけんしゅう》・尾張高野山《おわりこうやさん》・粉河観音宗《こかわかんのんしゅう》・修験道《しゅげんどう》・大和宗《だいわしゅう》・金剛宗《こんごうしゅう》・西山宗《せいざんしゅう》・聖観音宗《しょうかんのんしゅう》が、寺門派の流れとして験乗宗《けんじょうしゅう》・石土宗《いしづちしゅう》・本山修験宗《ほんざんしゅげんしゅう》・天台寺門宗がある。

また、このほかに一五世紀に真盛《しんぜい》を宗祖としてはじまった天台真盛宗がある。

比叡山の修行地獄

比叡山には回峰《かいほう》地獄・掃除地獄・看経《かんきん》地獄の3つの修行地獄があることで知られる。回峰地獄は7年間で1000日、比叡山を巡り、9日間の堂ごもりの行《ぎょう》もあり、千日回峰行として有名。東塔無動寺を中心に行われる。掃除地獄は、最澄の廟所である浄土院を常に浄域として保つために掃除に追われていることをさす。ここでは籠山行といって、最澄の「山家学生式」にしたがい12年間世間と縁を断ち、最澄の遺影に給仕する修行が行われる。看経地獄は横川の大師堂から出ることなく、修法・読経・祈禱《きとう》にあけくれる修行である。

Q 天台系諸派の本山は?

A 最澄がもっともはじめに創建した比叡山延暦寺《ひえいざんえんりゃくじ》(滋賀県大津市)が天台宗の総本山となっている。

このほか、皇族や貴族の子弟が代々住持をつとめた門跡《もんぜき》寺院や天台系諸派の総本山もある。

天台系の分派

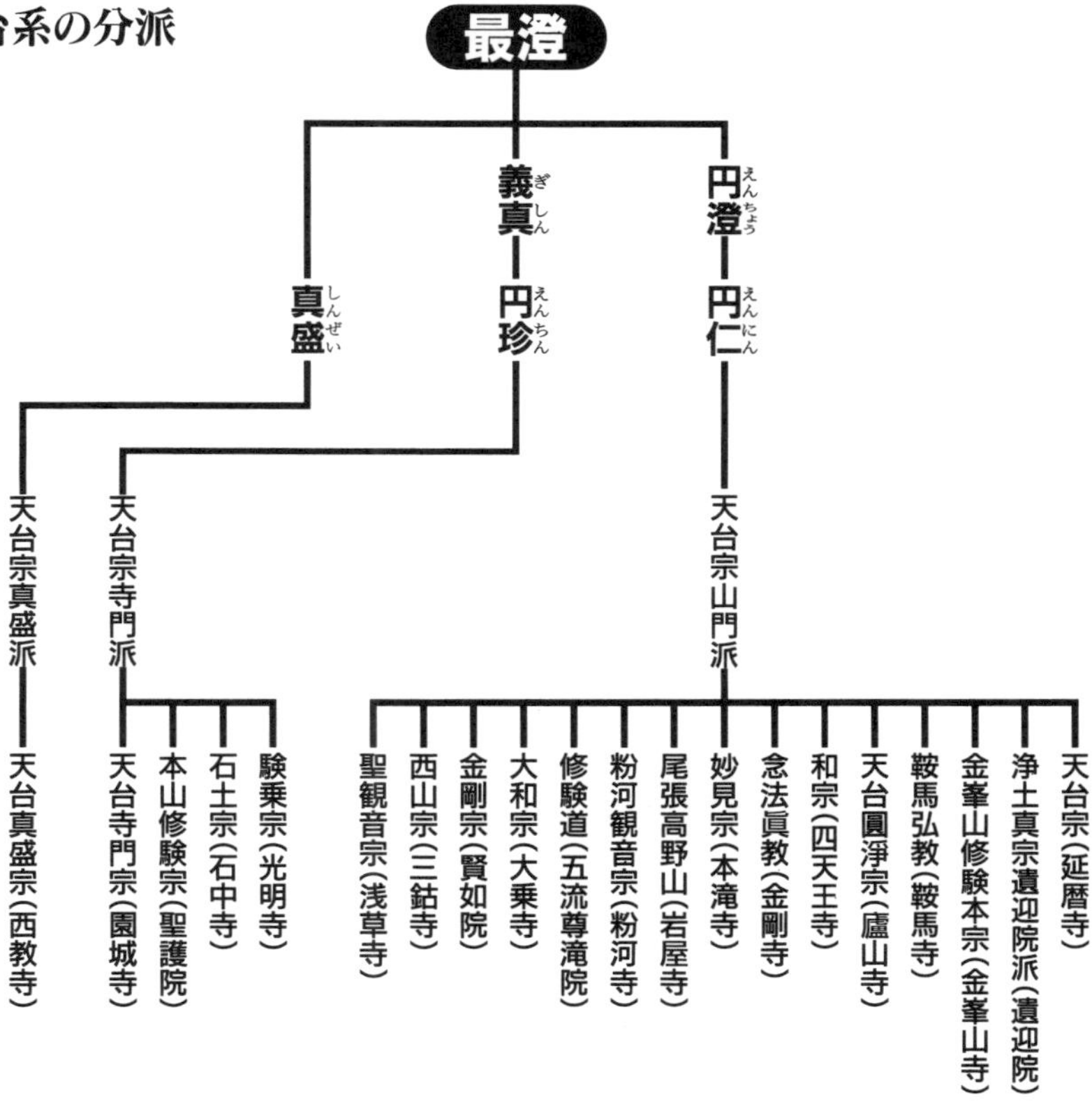

天台宗の門跡寺院は、滋賀院《しがいん》(滋賀県大津市)、三千院《さんぜんいん》(京都市)、青蓮院《しょうれんいん》(京都市)、妙法院《みょうほういん》(京都市)、曼殊院《まんしゅいん》(京都市)、毘沙門堂《びしゃもんどう》(京都市)である。

また、中尊寺《ちゅうそんじ》(岩手県平泉町《ひらいずみちょう》)は「東北大本山」を名乗り、善光寺大勧進《ぜんこうじだいかんじん》(長野市)と輪王寺《りんのうじ》(栃木県日光市)は「大本山」、寛永寺《かんえいじ》(東京都台東区)は「別格大本山」、毛越寺《もうつうじ》(岩手県平泉町)、深大寺《じんだいじ》(東京都調布市)、圓教寺《えんぎょうじ》(兵庫県姫路市)などが「別格本山」を称している。

諸派総本山の主なものは、園城寺《おんじょうじ》(三井寺《みいでら》、滋賀県大津市・天台寺門宗《じもんしゅう》)、西教寺《さいきょうじ》(滋賀県大津市・天台真盛宗《しんぜいしゅう》)、四天王寺《してんのうじ》(大阪市・和宗《わしゅう》)、鞍馬寺《くらまでら》(京都市・鞍馬弘教《くらまこうきょう》)、浅草寺《せんそうじ》(東京都台東区・聖観音宗《しょうかんのんしゅう》)、粉河寺《こかわじ》(和歌山県紀の川《きのかわ》市・粉河観音宗《こかわかんのんしゅう》)、金峯山寺《きんぷせんじ》(奈良県吉野町・金峯山修験本宗《きんぷせんしゅげんほんしゅう》)、聖護院《しょうごいん》(京都市・本山修験宗)である。

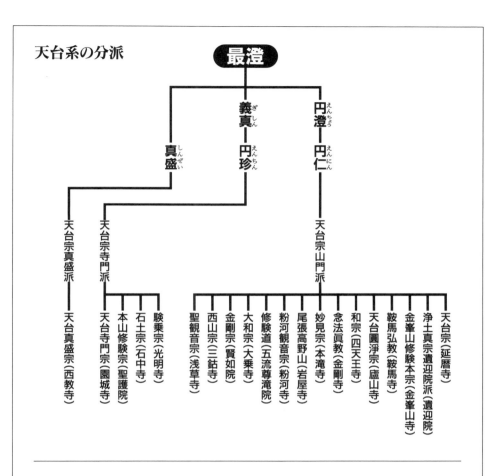

天台宗の僧侶の服装

通常の服装

輪袈裟《わげさ》
道服《どうふく》
数珠《じゅず》

法要のときの服装

帽子《もうす》
横被《おうひ》
七条袈裟《しちじょうけさ》
袍裳《ほうも》
檜扇《ひおうぎ》
表袴《うえのはかま》

お坊さんをなんと呼ぶ?

お坊さんはすべて「和《お》尚《しょう》」かと思ったら大間違い。「おしょう」と呼ぶのは一般的に禅宗だ。天台宗と真言宗でも和尚と書くが、それぞれ「かしょう」「わじょう」と読む。また、高僧は「阿闍梨《あじゃり》」と呼ばれる。

日蓮宗や浄土宗は「上人《しょうにん》」といい、浄土真宗は、僧侶《そうりょ》同士では「和上《わじょう》」、檀家は「御院《ごいん》さん」という。

Q 僧侶の服装の特徴は?

A 天台宗の僧侶が日常身につけている服装は道服と呼ばれ、腰継ぎがあって、背と脇にひだがある。そして輪袈裟をかけている。

正装の場合、帽子《もうす》をかぶっているのが特徴。帽子とは袖の形をした頭《ず》巾《きん》のようなもので、白の羽二重《はぶたえ》が一般的である。

かぶり方は地位によって違い、高僧になると最澄の肖像画にみられるように耳を隠すようにかぶる。帽子はかぶらないときには襟巻のように首からかけている。

Q 法具の特徴は?

A 天台宗は、修法を行うときには独特の密教法具を用いる。その代表的なものは、金剛杵《こんごうしょ》・金剛《こんごう》鈴《れい》・輪宝《りんぽう》・羯磨《かつま》などである。

密教の法具

金剛杵はあらゆる煩悩を打ち破る堅固不壊の心をあらわしたもので、古代インドの武器に由来する。いくつかの種類があるが、両端の突起が一つのものを独鈷杵《とっこしょ》、三股のものを三鈷杵《さんこしょ》、五股を五鈷杵《ごこしょ》という。

金剛杵《こんごうしょ》
両端の形で呼び名が違い、ひとつの突起になったものを独鈷杵、三股を三鈷杵、五股を五鈷杵という。用途によって使い分ける。図は五鈷杵

金剛鈴《こんごうれい》
一方が鈴で、もう一方が杵の形になっており、杵の形で呼び名が違う。独鈷鈴、三鈷鈴、五鈷鈴、宝珠鈴、塔鈴の5種類ある。図は三鈷鈴

羯磨《かつま》
三鈷杵4つを十字に組み合わせた形のもの。修行の成就を祈願して修法壇の四隅に置く

輪宝《りんぽう》
もとは古代インドの武器。密教では輪宝が回転することで心の煩悩を打ち砕き、迷える民衆を救うことを意味する

金剛鈴は神仏を歓喜、驚覚させるためのもので、両端の一方が鈴に一方が杵の形になっている。

輪宝は武器から法具に転じたもの。羯磨はもっとも堅固であり、あらゆる迷いを打ち破る仏の知恵を象徴している。

Q 天台宗の戒名の特徴は?

A 戒名とは本来、仏に帰依し、授戒した人に授けられるもので、天台宗の戒名には二字・四字・六字のものなどがあるが、○○○○信士《しんじ》(信女《しんにょ》)という四字のものが一般的。この場合、下の二字が戒名で、上の二字は道号といい、生前の徳や業績、性格などをあらわす。

信士、信女は位号といって性別・年齢・お寺や社会への貢献度を参考に決められ、信士・信女は一五歳以上の男女につけられるもの。ほかに居士《こじ》・大姉《だいし》・童子・童女などがある。

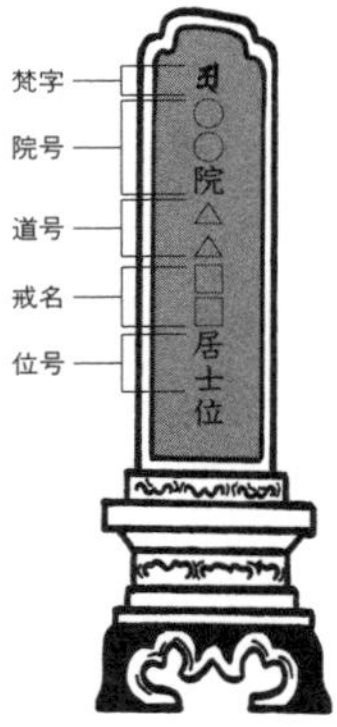
梵字
院号
道号
戒名
位号
○○院△△□□居士位

天台宗の源流

天台宗は最澄《さいちょう》が唐で中国天台宗の教義を相伝され、それをもとに日本独自の総合仏教として開いたものである。天台智顗《てんだいちぎ》が開いた中国天台宗を知ることは、天台宗をより深く理解するうえで、大きな助けになるはずである。

Q 天台宗の名前の由来は？

A 現在の上海《シャンハイ》の南にある天台山に由来している。中国天台宗の祖である天台智顗《ちぎ》がこの山での修行を通じて、『法華経』に立脚した悟りへの実践方法を確立したことから、智顗は天台大師と呼ばれ、その教えは天台教学といわれるようになったのである。

天台山は古くから神の住む山といわれ、道教《どうきょう》の霊山としても有名だったが、数多くの僧が修行に入った山でもあった。

当時の中国は南北朝の混乱期で、支配者の交代によって、仏教は保護されたり、弾圧されたりを繰り返していた。智顗が出家したころは、北方の禅の影響を強く受けていたといわれる。

その後、『法華経』の極意を悟った智顗は、天台山に登って、さらに厳しい修行を続け、『法華経』を基本とした天台教学を完成させたのである。

Q 天台智顗ってどんな人？

A 中国天台宗の祖智顗は五三八年に荊州《けいしゅう》(現在の湖北《こほく》省)に生まれた。南北朝の動乱のなかで両親を失った智顗は、一八歳のときに、法緒《ほうしょ》のもとで出家し、さらに慧曠《えこう》について具足戒を受ける。

こうして僧侶としての道を歩みはじめた智顗の大きな転機となったのは、二三歳のときに大蘇山《たいそざん》にのぼり、慧思《えし》禅師と出会い、教えを受けたことだ。慧思から四安楽行を説かれ、『法華経』を読み進んでいった智顗は、一四日目にしてその極意を悟ったという。

その後、金陵《きんりょう》(現在の南京《ナンキン》)で『法華経』をもととした理論と実践を兼ね備えた新しい仏教を説き、名声を博した智顗だが、天台山に隠遁し、さらなる修行に入る。このとき、魑魅《ちみ》魍魎《もうりょう》が修行の邪魔をしたが、それに惑わされずに、悟りを開いたという「華頂降魔《かちょうごうま》」の伝説がつくられている。

一〇年後、天台山をおりて、金陵に入った智顗は、『大智度論《だいちどろん》』『法華《ほっけ》文句《もんぐ》』などを講義、隋《ずい》の煬帝《ようだい》に菩薩戒を授け、故郷荊州で『法華玄義《ほっけげんぎ》』『摩訶止観《まかしかん》』などを講義したのち、天台山に帰り、五九七年に没した。

Q 天台智顗が説いた教えの基本は?

A 天台宗の教えの基本は、教相《きょうそう》判釈《はんじゃく》と止観《しかん》の二つからなる。

教相判釈は智顗の著書である『法華玄義』と『法華文句』を中心として、お釈迦さまの教えを位置づけして、真理を明らかにしようというもの。

止観は智顗が『摩訶止観』のなかで説いたもので、教相によって明らかになった真理を体得する方法である。

その意味で、天台宗および、智顗が説いた教えの根底は、教相判釈によってお釈迦さまの教えのなかでも、最高の経典であることが明らかになった『法華経』だということになる。

そのため、天台宗を「天台《てんだい》法華《ほっけ》円《えん》宗《しゅう》」とも呼んでいる。

天台山と天台智顗

Q 法華経ってどんなお経?

A 『法華経』は正しくは『妙法蓮華経』といい、紀元前後に成立したと推測されている。

『法華経』には、お釈迦さまの慈悲によって、人々が永遠に救われることが説かれており、数多くのあるお釈迦さまの教え、教典のすべての要素を取り入れた究極の教えである。

全八巻二八品からなり、内容は、『法華経』こそが究極の教典であると書かれた迹門《しゃくもん》(一品~一四品)と、お釈迦さまが永遠に不滅であることと永遠の幸せにいたる道が示された本門(一五品~二八品)とに分かれている。また、迹門・本門がそれぞれ三段に分かれていることから、二門六段といわれる。

この『法華経』に、『法華経』のエッセンスをあらわした『無量義《むりょうぎ》経《きょう》』を開経とし、法華経修行者に現世利益《ぜりやく》を約束した『観普賢菩薩行法《かんふげんぼさつぎょうぼう》経《きょう》（観普賢経）』を結経として加えて《法華三部経》という。

Q 天台智顗はどうして法華経が一番と考えたの？

A 智顗は数あるお釈迦さまの説法のなかで、『法華経』がなぜ究極の教えであるかを「五時八教」という教相判釈によって明らかにした。

五時とは、お釈迦さまの説法を華厳《けごん》・鹿苑《ろくおん》・方等《ほうとう》・般若《はんにゃ》・法華涅槃《ほっけねはん》の五時に分類したもの。八教とはお釈迦さまの教えを教えの方法で分類した頓《とん》・漸《ぜん》・秘密・不定《ふじょう》の「化儀《けぎ》の四教」と、教えを内容から分類した蔵《ぞう》・通《つう》・別《べつ》・円《えん》の「化法《けほう》の四教」からなる。

この五時八教によって検討した智顗は、『法華経』はそれぞれすべての要素を満たした究極の経典であり、お釈迦さまの悟りの世界をあらわしていると考えたのである。

Q 法華経の教えの実践方法は？

A 智顗は悟りを得る方法「観法」を禅ではなく「止観」と表現した。止観は古代インドから使われていた言葉で、心を専注して智恵を起こし、物事を正しく観察理解するという意味である。止観には漸《ぜん》次《じ》・不定・円頓《えんどん》の三つがあるが、すべての存在がそのまま理法にかなうことを修得する観法である円頓止観が天台宗において本領を発揮する。

円頓止観の考え方は、空・仮・中の三観が基本となった「一心三観」で、智顗は、四教は三観より起こり、三観はまた四教より起こり、それぞれがお互いを成立させる根拠としている。

Q 四種三昧とは？

A 智顗は円頓止観の具体的実践法として、常坐・常行・半行半坐・非行非坐からなる四種三昧を示した。常坐は九〇日間坐禅を続ける修行、常行は口に阿弥陀仏の名をとなえ、心に阿弥陀仏を観ずる修行、半行半坐は『大方等陀羅尼経《だいほうとうだらにきょう》』による方等三昧と『法華経』による法華三昧による修行、非行非坐はすべての日常の行法が修行であるというものだ。

また、智顗はこの四種三昧の修行法として、十乗観法を示している。

Q 中国の天台宗はどのように発展したの？

A 智顗によって開かれた天台宗は、その後、章安灌頂《しょうあんかんじょう》—智《ち》

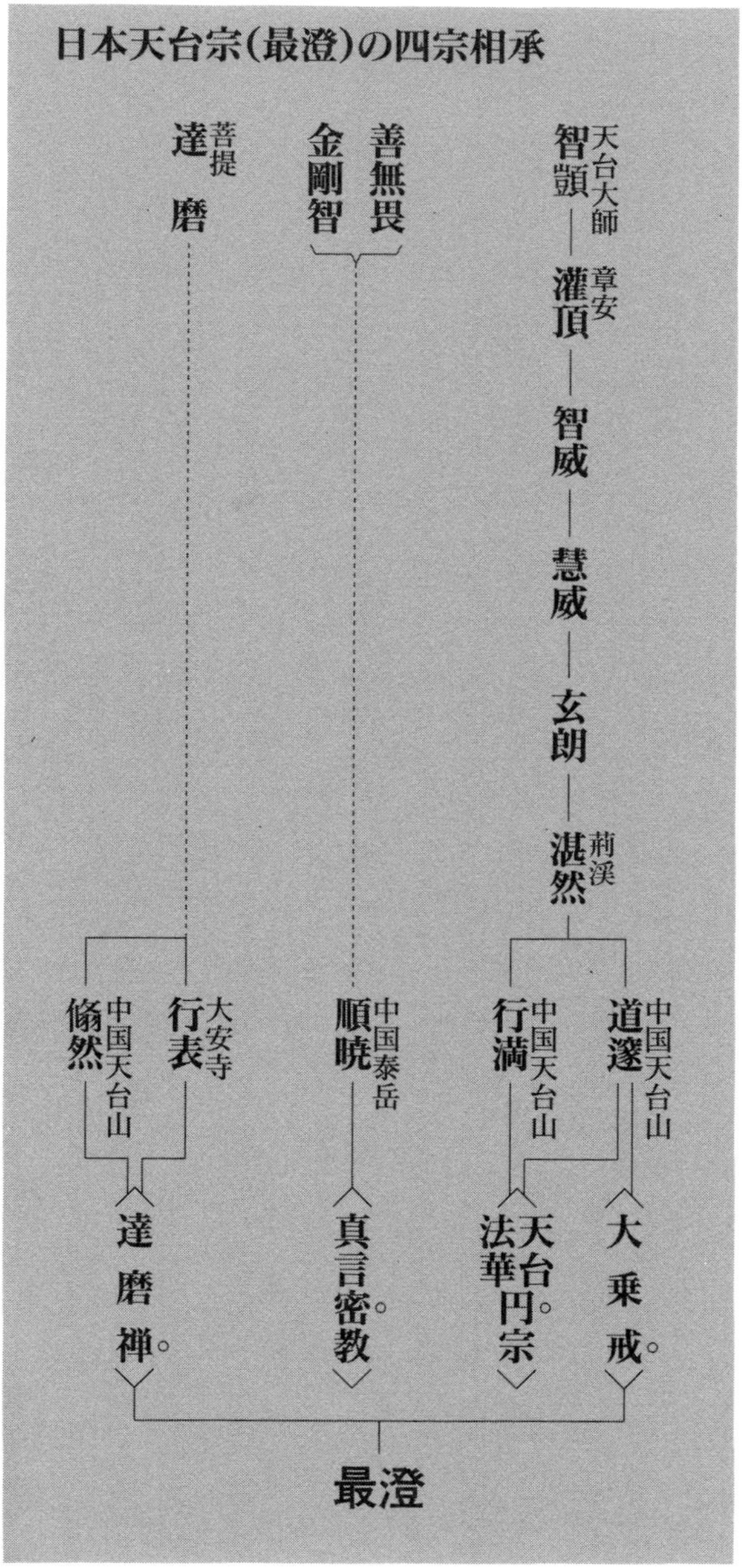

威《い》—慧威《えい》—玄朗《げんろう》—荊渓湛然《けいけいたんねん》と引き継がれていき、湛然の弟子である道邃《どうずい》・行満《ぎょうまん》によって、唐に渡った最澄に伝えらえている。

灌頂は智顗の講義を筆録した人で、智顗の著述の多くは、灌頂が筆録したといわれる。ちなみに、奈良唐招《とうしょう》提寺《だいじ》を開創した鑑真《がんじん》は、この灌頂門下の道素《どうそ》の弟子といわれる。

唐の時代に入り、仏教界に新しい動きが起こり、法相宗・華厳宗、さらには密教などに押され、衰退気味であった天台宗の勢力を挽回させ、中興の祖ともいわれるのが湛然《たんねん》だ。「三大部」の注釈などの研究と教団経営に湛然が懸命につとめたことで、江南《こうなん》地方を中心に天台宗は再び栄え、そこに最澄が入唐《にっとう》したのである。

最澄が開いた比叡山

比叡山延暦寺《えんりゃくじ》は、天台宗の総本山としてだけでなく、日本仏教の原点としても重要な位置を占める。東大寺戒壇院《かいだんいん》で受戒した最澄《さいちょう》は、わずか三カ月の南都滞在ののち、比叡山に入山して、修行の道に入った。

Q **最澄の比叡山入山の理由は?**

A 二〇歳で受戒した最澄は、三カ月の律の修学を終えると、すぐさま比叡山に入った。その理由のひとつとして、当時、南都仏教が政治的権力を得たことで、仏教そのものが刑骸化し、仏教界も腐敗していたことがあげられる。僧たちの多くも、学問よりも権力欲にとらわれるありさまだったのである。

桓武《かんむ》天皇が平城京から長岡京、平安京へと遷都したのも、政治権力としての南都仏教勢力との決別を狙ってのものといわれる。

そうした状況のなかで、最澄は奈良時代から山林修行の山として知られる人里離れた比叡山の地で、学問と修行に専念したいと考えたのだろう。

また、当時の論中心の南都仏教のあり方に疑問を感じ、比叡山での厳しい修行を通して、実践による仏への道を模索し、新たな仏教のあり方をみつけようとしたのではないかと考えられる。

Q **最澄の比叡山での活動は?**

A 比叡山に入り、草庵を結んだ最澄は、まず五カ条からなる願文を書き、入山の決意をあらたにした。そして、三年目に二つ目の草庵一乗止観院《いちじょうしかんいん》を建立した。比叡山で、『大乗起信論義記《だいじょうきしんろんぎき》』や鑑真《がんじん》が伝えた書物などから天台智顗の教えと出あった最澄は、天台の教えである一乗止観を草庵の名としたのだろう。

こうした活動を通じて、最澄の名は都にも聞こえはじめ、ほかの修行者たちも集まってくる。七九七(延《えん》暦《りゃく》一六)年には桓武天皇により内供《ないぐ》奉《ぶ》十禅師《じゅうぜんじ》に補せられ、唐への道が開けていったのである。

Q **最澄帰国後の比叡山は?**

A 桓武天皇の護持のもと、入唐して天台山で天台教学を修め、さらには密教を受法して帰国した最澄は、桓武天皇らから大歓迎を受ける。

八〇六(延暦《えんりゃく》二五)年には、年分度者《ねんぶんどしゃ》が認められて、天台宗は開創を公認される。比叡山は天台宗の中心地

延暦寺戒壇院

として、多くの修行者が集まるようになった。

最澄はその後も、円密一致の教義の確立、布教活動につとめるが、八二二(弘仁《こうにん》一三)年に入滅する。最澄の死の一週間後、長年の宿願だった天台宗独自の戒壇院の建立が認められ、天台宗の地位は南都仏教各派と並ぶ、確固たるものとなる。

最澄の没後も、義真《ぎしん》・円澄《えんちょう》・円仁《えんにん》・光定《こうじょう》といった優れた弟子たちによって、天台宗はさらに発展し、比叡山も充実していき、日本最大の仏教教学の場となったのである。

比叡山の戒壇院

最澄が没するまで、宿願としていたのが比叡山に戒壇院を建立することであった。当時、受戒を許されていたのは、東大寺をはじめとする３カ所であったが、いずれも南都仏教による小乗戒であった。純大乗戒に基づいた天台教団をめざす最澄にとって、独自の大乗戒壇の建立は、南都仏教からの独立という意味でも、果たさねばならないことだったのだ。

Q 比叡山に学んだ名僧たちは?

A

仏教教学の中心地となった比叡山には、多くの修行者が集まり、そのなかからは、歴史に名を残す名僧たちもたくさん出ている。鎌倉仏教の宗祖たちも、比叡山で学んだ経験の持ち主だ。

浄土宗の祖、法然《ほうねん》は一三歳のときに比叡山に入り、その後、円頓戒《えんどんかい》を受けている。その法然の弟子である親鸞《しんらん》は、二〇年間、比叡山にこもって天台教学を修め、その後、法然の弟子となった。

踊り念仏で知られる時宗の祖、一《いっ》

遍《べん》は地元伊予《いよ》の天台宗寺院で出家。法然の孫弟子にあたる聖達《しょうだつ》のもと、太宰府《だざいふ》で一二年間、浄土教を学んだ。

このほか、平安時代に念仏をひろめ、六波羅蜜寺《ろくはらみつじ》を開いたことで知られる空也《くうや》、融通念仏をひろめた良忍《りょうにん》の二人も、比叡山で得度を受けたことが知られている。

日蓮《にちれん》もやはり、天台を学んでいて、約一〇年、比叡山で修行を積んでいる。『法華経』を仏一代の肝要とするその教えの基礎には天台教学があったのである。

また、日本の禅宗の二つの流れである臨済《りんざい》宗の祖、栄西《えいさい》と曹洞《そうとう》宗の祖、道元《どうげん》も比叡山で天台を学んだのが僧としてのスタートだ。

Q　比叡山はどうして織田信長の焼き討ちを受けたの？

A　比叡山延暦寺は、奈良興福《こうふく》寺と並んで、南都北嶺《なんとほくれい》といわれ、中世社会のリーダーであった。

足利義昭《あしかがよしあき》を擁して入京した織田信長《おだのぶなが》を、浅井《あざい》・朝倉《あさくら》氏や三好《みよし》衆、一向衆などが包囲したとき、浅井・朝倉軍が比叡山にこもるなど、比叡山は信長と敵対する関係になった。

信長は比叡山の僧を招き、信長に味方をするか、せめて中立を保つように要請したが、比叡山側はこれを拒否。信長は比叡山を焼き討ちにすると予告したといわれる。

また、これ以前にも、近江《おうみ》（滋賀県）や美濃《みの》（岐阜県）の比叡山領の荘園に信長の家臣が駐留するという問

僧兵　白河法皇が自分の意に従わないものとして、「賀茂川の水、双六の賽《さい》、山法師」の３つをあげたといわれているが、山法師とは比叡山の僧兵のことである。

僧兵は10世紀の終わりころには比叡山に登場し、比叡山の僧兵は「山法師《やまほうし》」、園城寺の僧兵は「寺法師《てらほうし》」と呼ばれ、恐れられていた。信長による焼き討ちのあった戦国時代には、大名も無視できない武力集団となっていた。

僧兵が誕生したのは、大寺院では学業を専門にする僧と寺の作業に従事する僧との二分化が進み、荘園や財産を自衛する必要が生じたときに、後者が武器をとって戦ったという事情があった。

題もあった。

　こうした経緯があって、信長は天下統一の一環として、一五七一(元《げん》亀《き》二)年九月一二日、ついに比叡山を攻撃、全山を焼き討ちにするという作戦に出て、比叡山の諸堂は徹底的に焼き払われた。

　この比叡山焼き討ちは、信長にとって、単に敵対する大寺院勢力を討ったというだけでなく、中世的社会、価値観を破ったという意味をもつ。

Q 焼き討ち以降の比叡山は？

A 織田信長が本能寺の変に倒れたあと、その後継者となった羽柴《はしば》(豊臣《とよとみ》)秀吉《ひでよし》は、一五八四(天《てん》正《しょう》一二)年に比叡山再興を許可。これにより比叡山の本格的な復興が始まった。

　秀吉自身、日吉三橋を寄進したのをはじめ、根本中堂《こんぽんちゅうどう》仮堂が造営され、釈迦堂が園城寺から移築されるなど、比叡山の諸堂の整備が徐々に進められていく。

　比叡山の再建がさらに進んだのは、江戸時代に入ってから。徳川家康《とくがわいえやす》の信望あつかった天海《てんかい》の尽力があってのことである。

　天海が最後に仕えた三代将軍家光《いえみつ》から、次の家綱《いえつな》の時代に、根本中堂、元三大師《がんざん》堂、戒壇院などが再建されていった。

　この時期に、東塔《とうどう》、西塔《さいとう》、横川《よかわ》の三塔からなる比叡山の伽藍はほぼ再興し、現在へと伝えられている。

数多くの参詣者でにぎわう比叡山

最澄と空海

遣唐使として同じ時期に唐へ渡り、仏教を学んだ最澄《さいちょう》と空海《くうかい》。還学僧《げんがくそう》として入唐した最澄は八カ月のあいだに、天台教学を修め、密教を受法する。一方、空海は正統密教の後継者となり、帰国した。

Q 空海ってどんな人？

A 最澄とともに入唐した空海は、七七四(宝亀《ほうき》五)年、讃岐《さぬき》国(香川県)の生まれで、最澄より八歳年下になる。

一五歳で上京し、一八歳で大学に入った空海だが、一年後には大学をやめて出家し、修行の道に入る。そして、三一歳のときに私費の留学僧《るがくそう》として唐に渡った。

唐で空海は恵果《けいか》から胎蔵界《たいぞうかい》・金剛《こんごう》界《かい》両部の灌頂《かんじょう》を受け、伝法《でんぽう》阿闍梨《あじゃり》となる。正統密教の後継者となったのである。

帰国した空海は、高雄山寺《たかおさんじ》(神護《じんご》寺《じ》)に入り、真言宗を開創、のちに、真言密教修行の地として高野山を開いている。

円密一致を説く最澄に対して、空海は密教の優位性を説き、現在まで続く、真言密教の流れを作りあげた。

また、空海は日本初の庶民教育の学校、綜藝種智院《しゅげいしゅちいん》をつくったり、水利など土木工事に才能を発揮するなど、多くの業績を残している。

Q 最澄が空海の弟子だったって本当？

A 唐から帰国した最澄は、桓《かん》武《む》天皇から天台宗の国家公認を受けるが、もっとも求められたのは、国家鎮護のための密教の教えであった。

自分の修めた密教に不安をもった最澄は、空海が帰国すると、空海が持ち帰った密教経典を借り受けて書写するなど、空海に密教の教えを受けている。そして、八一二(弘仁《こうにん》三)年、最澄は空海から両部の灌頂《かんじょう》を受けた。密教のうえでは、空海の弟子となったのである。

天台宗の開祖であり、多くの弟子をもちながら、あえて年下の空海に教えを求めたのは、最澄の高潔さとあくなき探求心のあらわれといえる。

Q 最澄と空海は絶交したの？

A 空海が帰国したとき、空海が唐から伝えた御請来目録《ごしょうらいもくろく》を書写した最澄は、空海と交際をはじめ、密教経典などを借り写し、仲間や弟子とともに、高雄山寺におもむいて、両部の灌頂を受けている。

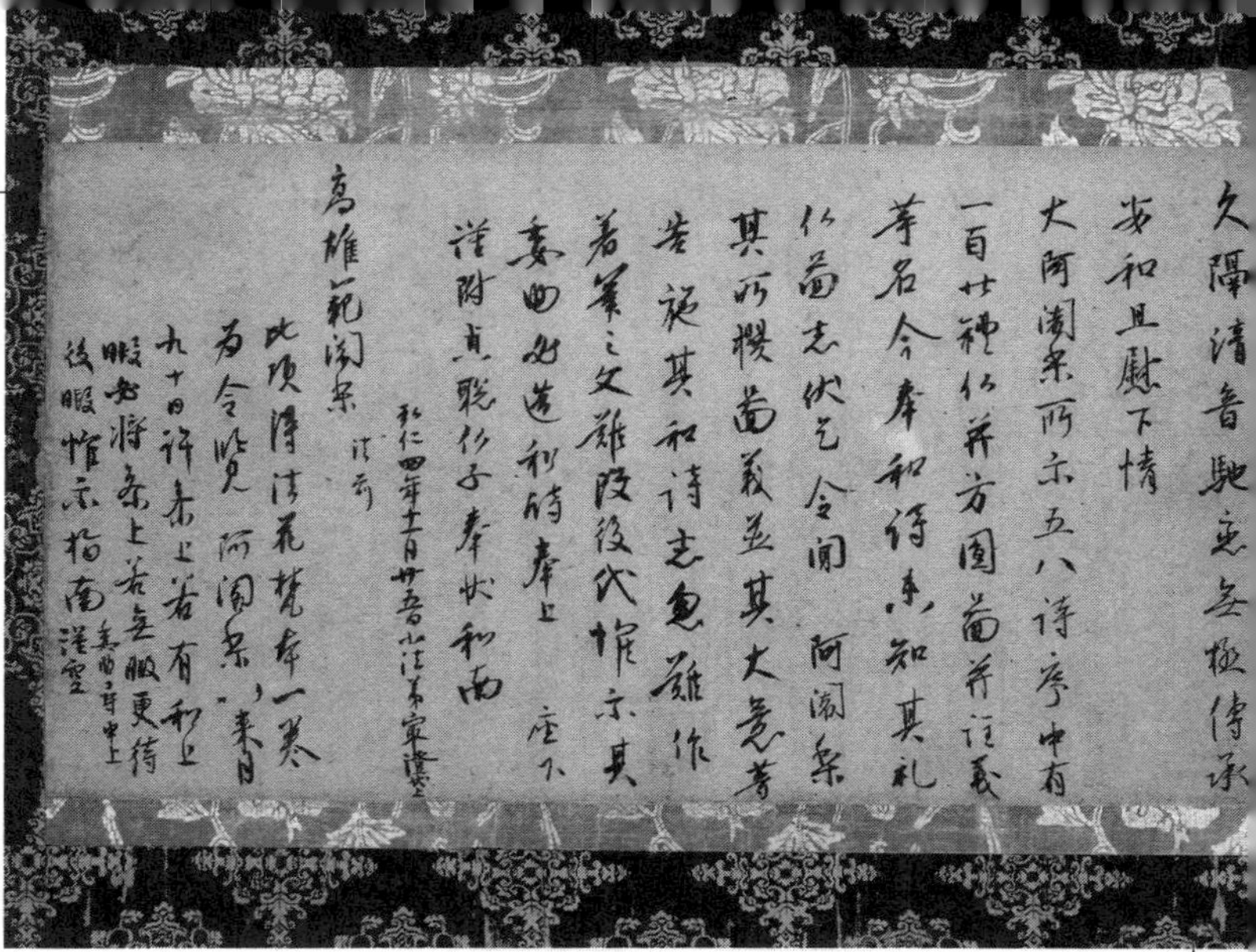

久隔帖　国宝／奈良国立博物館蔵　最澄が泰範にあてた手紙。泰範は最澄の後継者ともいわれる弟子だったが、最澄の指示で空海のもとで密教を学んだことがきっかけとなり、そのまま空海の弟子となった

その二人の交際がある時期を境に途絶えていった。一般には、空海が最澄からの『理《り》趣《しゅ》釈《しゃく》経《きょう》』の借用の申し出を断ったこと、最澄が空海のもとで密教を学ばせていた高弟の泰《たい》範《はん》が、空海の弟子となってしまったことなどが理由となって、二人が絶交したと伝えられている。

法華円教と密教は一致するという最澄と、密教こそが仏の真実の教えであり、それ以外はすべて顕教で、密教が優れているとする空海には、考え方の違いがあったことは確かであるが、その二人が経典の貸借や弟子の問題で絶交するとは考えにくい。

その理由として実際には、最澄が大乗菩薩戒壇建立をめぐって南都仏教と対立、さらには東国教化《きょうけ》の旅に出るといった日々を送っていた一方で、空海は都から離れた高野山《こうやさん》に居を構え、真言密教の道場を完成させることに心血を注ぐなど、二人の接点は徐々になくなっていく。そのため、交際が自然に疎くなっていったと思われる。

最澄の没後も、弟子たちが空海に密教の教えを請いにいっていることをみても、二人が絶交していないことがわかるだろう。

日本最初の〝大師〟は最澄だった

いまでは、〝大師〟といえば弘法《こうぼう》大師空海を思い浮かべる人が多い。「弘法も筆の誤り」など、弘法大師にまつわることわざもあり、広く親しまれている。

しかし、〝大師〟とは偉大な僧という意味で、各宗派の開祖など、大師号を贈られた名僧は多い。そうした大師の第1号は伝教《でんきょう》大師最澄で、空海より55年早い866（貞《じょう》観《がん》8）年に大師号を賜っている。

天台宗の発展

唐で修めた天台の教えに、密教の要素などを取り入れて、独自の日本天台宗を開創した最澄《さいちょう》は、宿願だった戒壇院建立許可の報を聞くことなく入滅する。その後、残された弟子たちによって、天台宗は完成され、さらに発展していく。

Q 最澄の直弟子の活躍は？

A 最澄には数多くの弟子がいたが、最澄亡きあと、天台教団の中心となったのは、義真《ぎしん》・円澄《えんちょう》・円仁《えんにん》・光定《こうじょう》といった高弟たちであった。

義真は最澄が入唐したときに、訳語僧としてともに天台山におもむいた早くからの弟子の一人である。最澄存命中には、その右腕として活躍し、最澄の死後は比叡山延暦寺初代座主《ざす》となっている。正式に大乗菩薩戒によって僧を受戒させることが許されたとき、義真は比叡山の戒壇院《かいだんいん》で最初に伝戒師となって、光定を受戒させた。弟子には、五代座主となった円珍《えんちん》もいる。

円澄と光定はともに、最澄の信頼が厚く、最澄のもとに帰らず、空海《くうかい》の弟子となった泰範《たいはん》とともに高雄山《たかおさん》寺《じ》で空海から密教を学び、天台宗の密教教義の強化に貢献した。光定は『伝述一心戒文《でんじゅついっしんかいもん》』を記したことでも知られている。

三代天台座主となった円仁も最澄の高弟で、とくに教学面で天台宗を発展させた。

Q 円仁は何をしたの？

A 最澄の東国教化《きょうけ》の旅にも同行した円仁は、最澄の没後に唐に渡り、約一〇年のあいだに天台教学のほかに、密教・念仏・禅などを学び、帰国した。

とくに、空海以後の最新の密教を円仁が持ち帰ったことで、それまで真言宗に押されていた天台宗の密教が一気に充実し、天台宗の教学はより発展した。

また、五台山の念仏三昧も円仁によってはじめて伝えられ、のちの浄土教にも大きな影響を与えている。没後には、伝教大師を追贈された最澄とともに、慈覚大師の号を贈られている。

Q 円珍は何をしたの？

A 比叡山初代座主義真の弟子である円珍《えんちん》は、空海の甥とも、姪の子供ともいわれるが、真言宗には入らず、一五歳のときに比叡山にのぼった。早くから俊才として知られ、八五三(仁寿《にんじゅ》三)年に念願の入唐を果たし、その後、五年間滞在して、天台・密教・倶舎《くしゃ》・悉曇《しったん》などを学び、天台と密教に関するたくさんの書物を持ち帰っている。

円珍は円仁の円密一致説をさらに進めて、より天台宗の密教化を進めた人物として知られる。

また、円珍は多くの人たちに引き立てられ、大友《おおとも》氏からは園城寺を預けられ、義真系の人たちによって園《おん》城寺《じょうじ》は受け継がれ、天台別院ともなった。

五五歳で五代天台座主となった円珍は七八歳で没するが、そののち、智証大師の号を贈られている。

延暦寺根本如来塔　円仁が根本杉のほこらの中で始めた如法写経にちなむ。この塔は1925(大正４)年に再興されたもの

Q 台密教学を完成させたのは誰?

A 円仁、円珍によって発展した密教教学を完成させたのは安然《あんねん》である。安然は円仁の弟子にあたり、唐へ渡ったことはなかったが、多くの著作を残して、密教教義の完成に貢献している。

安然の教義のなかで特筆させるのは、円仁・円珍が密教化を進めながらも、あくまでも円密一致の立場を崩さなかったのに対して、安然ははっきりと円劣密優の立場をとったことである。

円仁・円珍は円教を理念としての密教、〝理密〟として、密教を理念も実践もともに密教である事理倶密として理解し、円密一致としていた。だが、安然は蔵・通・円・別の四教の上に密教を置いて、密教を優位とする五教教判を確立したのである。

この結果、天台宗の密教教義はより発展し、真言宗を凌ぐほどの完成度に達したが、真言宗との区別ができにくいという面もでてきた。そのため、安然は天台宗内部からも批判を受けることとなる。

そうした批判があったためか、同じく密教化を進めた円仁・円珍が天台座主となったのに対して、安然はその生涯もよくわかっておらず、没年さえ不詳で、非運の名僧といえる。

Q 比叡山の最盛期は?

A 一〇世紀に入って、比叡山は数度の火災によってその諸堂の多くを焼失し、荒廃の一途をたどっていったが、それを復興させ、比叡山と天台宗に最盛期をもたらしたのが一八代天台座主良源《りょうげん》である。

良源は一二歳で比叡山に入り、理《り》仙《せん》・尊意《そんい》について天台教学を学び、維摩会《ゆいまえ》の論議で注目され、藤原氏の庇護を受けるようになったといわれている。

五五歳で天台座主となった良源は、藤原氏の財力を背景に、荒れていた比叡山の伽藍《がらん》を整備、とくに横川《よかわ》を東塔《とうどう》・西塔《さいとう》と並んで復興させている。同時に、教学の立て直しにも力を注ぎ、広学竪義《こうがくりゅうぎ》や法華経学の問答論議を取り入れたほか、一二年籠山《ろうざん》を厳格にするなど、相次いで改革に着手していった。

また、良源は円融《えんゆう》天皇の病気平癒の祈禱の功績から、行基《ぎょうき》以来の大僧正に任命され、没後には慈恵《じえ》大師の号を贈られた。

良源の門弟は三〇〇〇人ともいわれるほど多かったが、源信《げんしん》・覚運《かくうん》・尋禅《じんぜん》・覚超《かくちょう》の四哲をはじめ、名僧を輩出した。なかでも、『往生要集《おうじょうようしゅう》』を著した源信は有名である。しかし、歴史的には良源のもとでの隆盛は、天台宗分裂の第一歩でもあった。

Q 天台宗分裂の原因は?

A 良源の没後、天台宗は比叡山の山門派と園城寺の寺門派に分裂、対立することになるが、その芽は初代座主義真の入滅直後からあった。三代座主円仁と五代座主円珍が傑出した存在であったために、派閥が形成されていったのである。

円珍の没後、六代から一四代までの座主は一人を除き、すべて円珍派から出て、一五代以降は円仁派から出ている。

そして、二〇代座主に円珍派の余《よ》慶《けい》が任命されたことから対立は決定的となる。九九三(正暦《しょうりゃく》四)年、円珍派の僧約一〇〇〇人が比叡山を下り園城寺に移るという事態になった。

天台宗の流れ

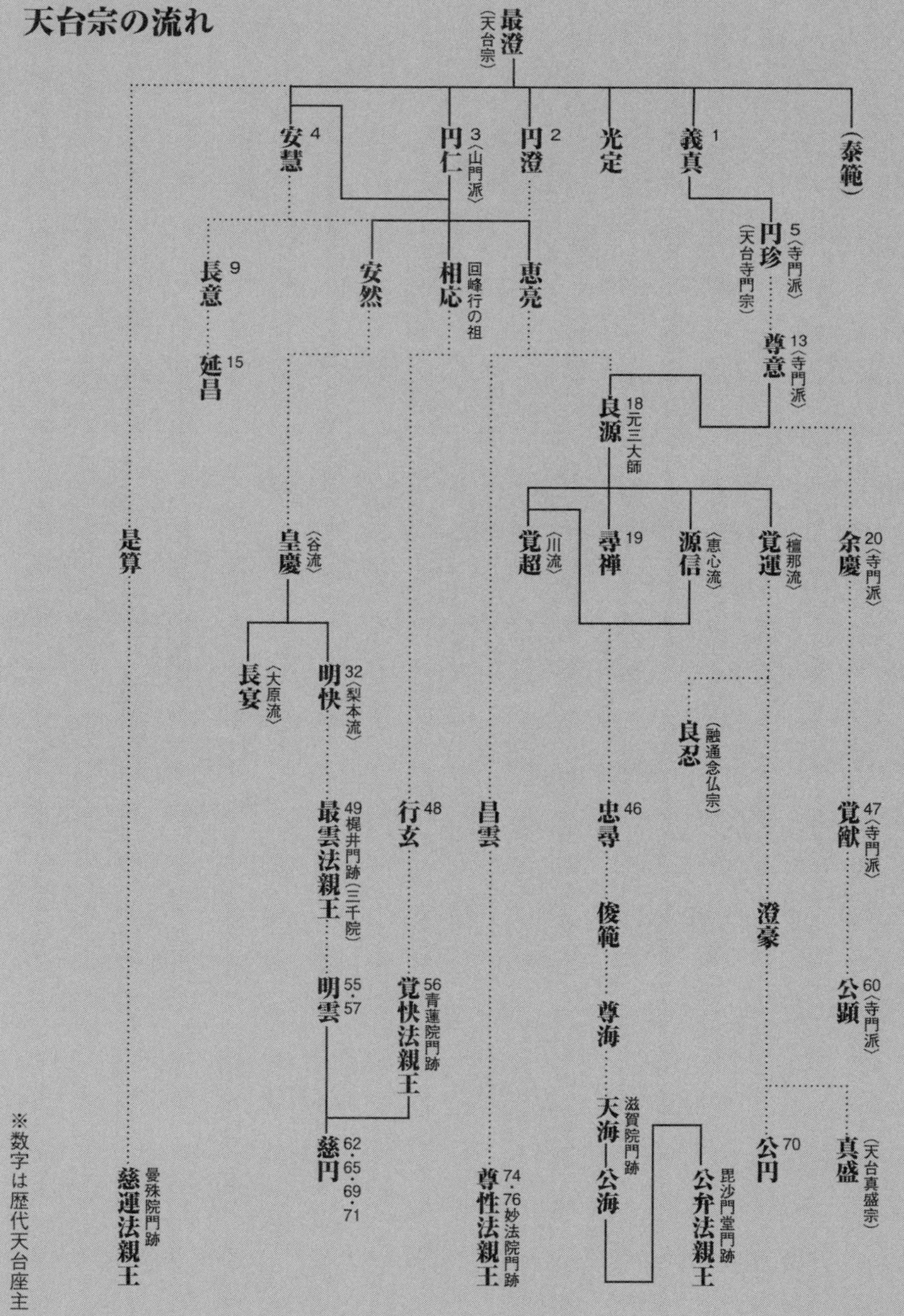
最澄（天台宗）
是算
安慧 4
円仁 3〈山門派〉
円澄 2
光定
義真 1
（泰範）
長意 9
延昌 15
安然
相応 回峰行の祖
恵亮
円珍 5〈寺門派〉（天台寺門宗）
尊意 13〈寺門派〉
良源 18 元三大師
覚超〈川流〉
尋禅 19
源信〈恵心流〉
覚運〈檀那流〉
余慶 20〈寺門派〉
皇慶〈谷流〉
長宴〈大原流〉
明快 32〈梨本流〉
良忍〈融通念仏宗〉
最雲法親王 49 梶井門跡（三千院）
行玄 48
昌雲
忠尋 46
覚猷 47〈寺門派〉
俊範
澄豪
明雲 55・57
覚快法親王 56 青蓮院門跡
尊海
公顕 60〈寺門派〉
天海―公海 滋賀院門跡
公弁法親王 毘沙門堂門跡
公円 70
真盛（天台真盛宗）
慈円 62・65・69・71
慈運法親王 曼殊院門跡
尊性法親王 74・76 妙法院門跡
※数字は歴代天台座主

さらに、その後は教学的にさまざまな意見が出て、真盛《しんぜい》を祖とする真盛派が生まれるなど、細分化されていった。

Q 天台宗を復興させたのは誰？

A 織田信長《おだのぶなが》の比叡山焼き討ちによって、比叡山だけでなく、天台宗そのものも壊滅的な打撃を受けた。その比叡山と天台宗を復興させた立て役者が天海《てんかい》である。

天海は徳川家康《とくがわいえやす》の信望厚く、重用されたが、幕府は関東天台法度《はっと》を制定し、天台宗の中心を比叡山から関東（埼玉県川越市・喜多院《きたいん》）に移した。家康の死後には、日光東照宮を造営して、家康をまつり、さらには東叡《とうえい》山寛永寺《ざんかんえいじ》を建立している。

その後も、天海は徳川家の庇護《ひご》を受けて、荒廃した比叡山の諸堂の再建に力を注いだほか、『天海版一切《てんかいばんいっさい》経《きょう》』を出版するなど、教団の充実、教学の振興にも大きく貢献した。その功績は天海なくして近世の天台教団の存在はありえないといわれるほどである。

徳川家康　天海は徳川家の庇護を受けて、比叡山を再興した

Q 明治以降の天台宗は？

A 明治維新の神仏分離令と廃《はい》仏棄釈《ぶっきしゃく》によって、天台宗はほかの宗派以上に大きな影響を受けた。天台宗には本地垂迹《ほんじすいじゃく》説によって結ばれていた寺社が多く、それらが分離されたばかりか、なかには、日吉《ひよし》大社のように、極端な廃仏運動の対象となったところも少なくない。

江戸時代に天台宗を管掌していた東叡山輪王寺《とうえいざんりんのうじ》宮《のみや》門跡は明治に入って廃され、比叡山に総本山が再び移された。その後、山門派と並び、寺門《じもん》派、真盛《しんぜい》派にもそれぞれ管長がおかれるようになる。昭和に入り、三派は一度統合されるが、太平洋戦争後再び分離独立、天台宗、天台寺門宗、天台真盛宗となり、さらに各宗派の独立が相次ぎ、現在のかたちとなっている。

本地垂迹説と排仏棄釈

本地垂迹説《ほんじすいじゃくせつ》は、日本古来の神は仏が仮の姿としてあらわれたものだとして、仏教と神道《しんとう》とを結びつけようとした日本独特の考え方である。この説によって、神仏習合が進み、寺院に守護神がまつられるようになる。

しかし、神道と結びつけることで天皇の政治的地位の確立を狙った明治新政府は、神仏分離令を出す。これによって政府が仏教を廃止したかの噂が飛び、全国的に廃《はい》仏棄釈《ぶっきしゃく》の運動が起こり、日吉《ひよし》大社のように、仏像・教典・法具などが破壊、焼却されるという事件も起こっている。

〝だれもが仏になれる〟と説き、
日本仏教の礎をつくる

第2章

開祖はこんな人

「伝教大師最澄」

作／多田一夫

仏教が国家の統制下にあった奈良時代――
その中心、主流は※南都《なんと》仏教であった。

※南都仏教＝奈良時代の仏教をいう。

それは、仏教を学問としてだけ究明しようとしていた。

そして、学説をたたかわせて争うだけのものであった。

七六六(天平神護《てんぴょうじんご》二)年、
最澄は、近江国(滋賀県)に生まれた。

一三歳で出家、近江国分寺※に入り、
非凡さを発揮する。

※国分寺＝聖武天皇が国ごとに造営させた官寺。

二〇歳で奈良東大寺戒壇院《かいだんいん》で受戒※
国家公認の僧侶となる。

※受戒＝僧侶として守るべき戒律を受けること。

当時、東大寺戒壇院で受戒を許される者は、
一年に一〇人前後で、
彼らは国家仏教の超エリートであり、
将来の出世は、
確実に約束されていた。

だが、受戒から三か月後、東大寺で学ぶ最澄に近江国分寺焼失の報《しら》せが入り、近江の国に戻った最澄はある決意をする。

今日は父上と母上に、
言っておかねばならないことがあります。
ん？

私は、比叡山《※ひえいざん》にこもって、
山林修行にうちこもうと思っております。

※古来より信仰の山とされ、「叡山」とも呼ばれる。

え!?
なんだって!?
受戒し これからという 時に……
どうして!?
奈良の 大寺にいても、
本当の修行は できません。
先人たちは 皆、
静寂のなかで 心をこらしてこそ 仏法の真髄が わかると 教えています。
しかし…… 叡山の山ごもりは 厳しいぞ！
獣《けもの》に 襲われることも あれば……
父上!! 私は！
人里離れた 静寂の地で もっと修行に 専念したい のです!!

※菩薩＝悟りを開いたあともこの世にあり、他の者も悟りに到達させようと仏道修行に励む者をいう。

はあ
比叡山の自然環境はいたく厳しい。
できた!
秋から冬にかけて身にせまるその寒気は耐えがたい。
最澄はその劣悪な環境をじっと耐えぬき……
内省と思索を深めてゆく。

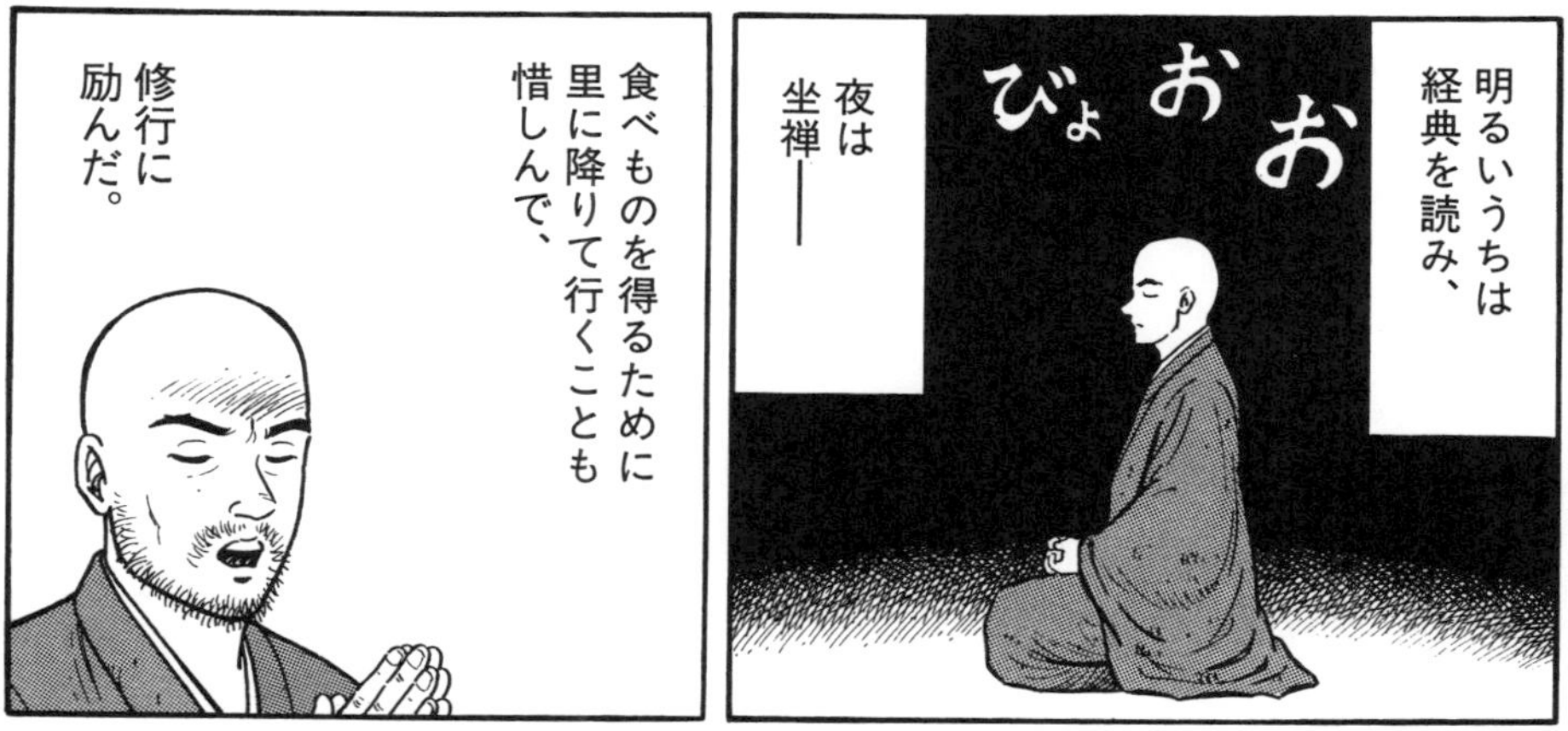

その修行は、死と背中あわせの厳しさであった。

最澄は
自らの誓いを
書き付ける。
願文
第一、
自分が真の仏道を修行した
仏教者にならないうちは
絶対、世間に出ない。
第二、
真理を明らかに
できないうちは
知識や能力を
発揮すまい。
第三、
戒律を完全に
守れないうちは
信者の布施《ふせ》には
あずからない。

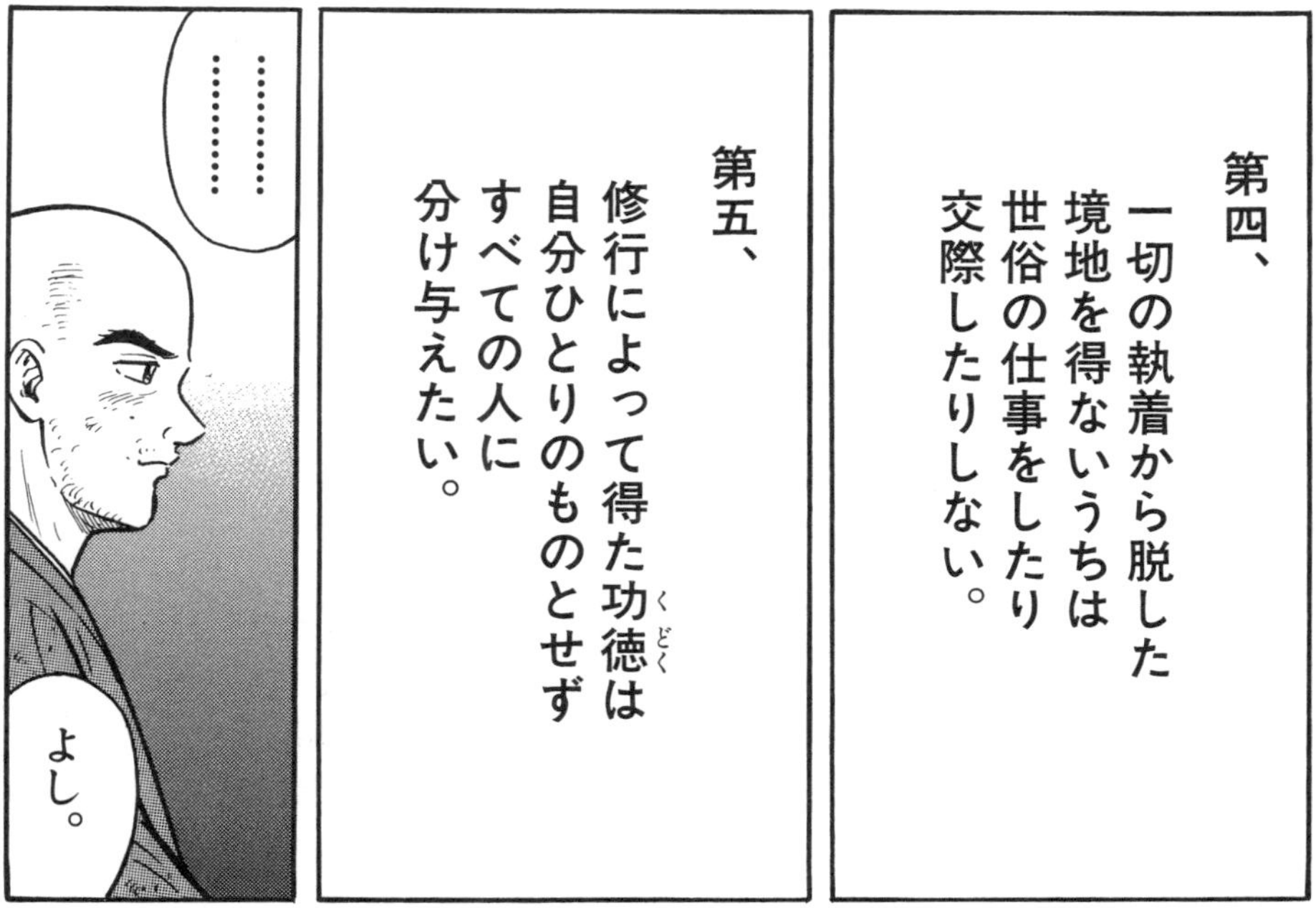
第四、
一切の執着から脱した境地を得ないうちは世俗の仕事をしたり交際したりしない。
第五、
修行によって得た功徳《くどく》は自分ひとりのものとせずすべての人に分け与えたい。
…………
よし。

この第五は、自利ではなく利他である。最澄は自分をあとまわしにして、すべての人が救われることをめざす大乗仏教の菩薩として生きようとしていた。

私は、
ひとり悟りを得ることはせず、
何度も生まれ変わり、

すべての生あるものを悟りに導くまで、
未来永劫《えいごう》仏事につとめよう!!
若き最澄の理想は純粋で、
たぎるようなあふれんばかりの情熱と希望に満ちていた。
そんななかで他の山林修行者や噂を聞いた僧たちが、
最澄のまわりに集まってくるようになった。
おそばにおいていただけませんか?
ああ。
ともに精進しよう。
修行仲間がいれば心強い。

そして、
諸経典の比較考究をするうち、
生涯の信仰の基礎となるものを発見する！
これだ!!
これだ！求めていたものは!!
人間存在の究極的な平等を示し、
一切衆生※を救済することがはっきりと論証されている。
それは法華経《ほけきょう》であり、
法華経にもとづいて立宗された中国天台宗である。
これを究め！
これをよりどころとしていこう!!

※一切衆生＝この世に生を受けたものすべて。

最澄のもとには噂を聞いた者たちが、
多数集まってきた。
オオオオ
厳しい修行修学のかたわら、
最澄は超人的精力で…
堂舎や僧房を建てていった。
その中には現在の根本中堂となる「一乗《いちじょう》止《し》観院《かんいん》」もあった。
最澄の比叡山修行は、
一二年にも及んだ。

そして
最澄の評判は
ついに、時の帝《みかど》・
桓武天皇の耳にまで
達したのである。
その最澄という男はどんな男だ?
はい。
それはそれは厳しい修行のなかで、
なんでも天台法華宗とかを唱えているそうです。
!
聞いたことのない宗派だな。
…………
わしは常々、
こう思っておった。

この新都に、
民心《みんしん》をひきつける新しい仏教を打ち立てねばならん――と！
その男のことももう少し調べてみよ。
そして七九七(延暦《えんりゃく》一六)年、
最澄は朝廷から内供奉《ないぐぶ》に任じられる。
内供奉とはなんですか？
天皇のおそばで天皇の安泰を祈ったり、仏法を講じる役だ。
なんと名誉な!!
……………

※仏道修行者を経済的・精神的に援助する者。

八〇二（延暦二一）年、高雄山寺《たかおさんじ》（いまの神護寺《じんごじ》）で、
南都の高僧たちと、新しい仏教・天台宗の研究会が行われた。
この研究会は五か月間にも及び、
最澄は天台法華の教えを講じつづけ、
高僧たちに強烈な感銘を与えた。
これにより最澄の名声は一挙に高まり、
天台宗の優秀さが知れ渡った。
いまや最澄は平安新仏教の第一人者であり、
スターであった!!

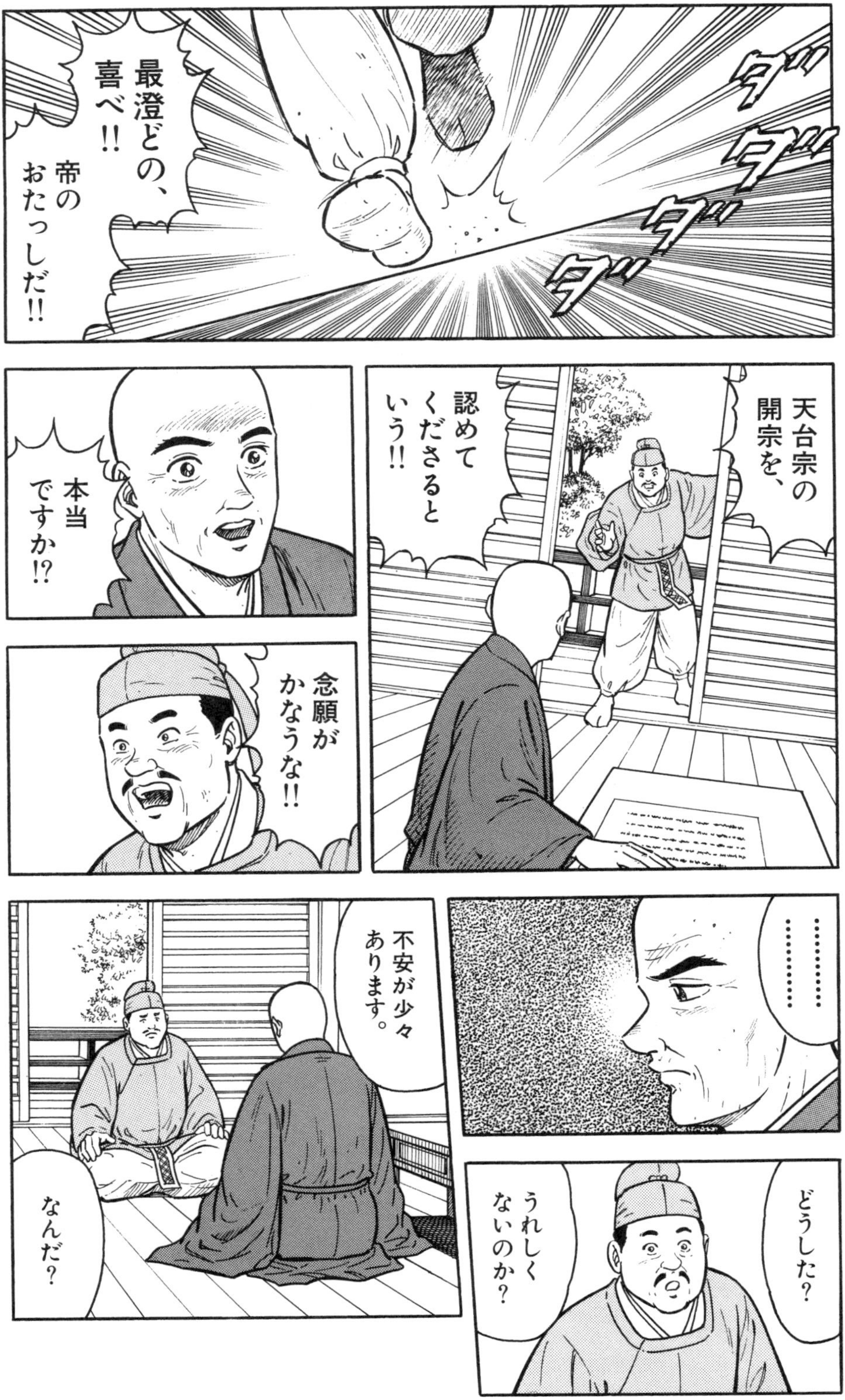
ダッ
ダッ
ダッ
ダッ
最澄どの、喜べ!!
帝のおたっしだ!!
天台宗の開宗を、
認めてくださるという!!
本当ですか!?
念願がかなうな!!
…………
どうした?
うれしくないのか?
不安が少々あります。
なんだ?

※嗣法＝師僧から仏法の伝統を受け継ぐこと。

なんと!!
唐へ!?
危険だ!!
遣唐使《けんとうし》船は
遭難するのが
あたりまえ!!
無事に着く
ことが、まれ
ですぞ!!
はい。
知って
おります。
生きて
帰れることが、
まれなの
ですぞ!!
はい。
帝が開宗を
とりはからって
くださるのだ!!
そんな危険を
おかす必要は
ない!!

誰か代わりの者を唐へ渡らせ、
天台の書物を持ち帰らせれば――
この最澄……
仏法のために死ねるなら本望でございます。
最澄は安易な道を選ばなかった。
出世に背を向け比叡山に入山した時と変わることなく、
求道にかけるひたむきさ、ほとばしるような情熱を持ちつづけた。
…………
これは、そのまま宗教者・最澄の生涯をつらぬく特質であった。
そして最澄の願いは天皇から許される。

還学生《げんがくしょう》
（短期の留学生）
として、
遣唐使船に
乗り込んだ
のである。
この時の船団は
四隻仕立てで、
別の船には
やがて最澄の
ライバルとなる
空海が乗っていた。
ただし、この頃の
空海は、
まだ無名の
修行僧であった。
ガラ
ガラ
船団は
嵐にあい、

二隻が難破
行方不明となる。
無事、唐に着けたのが二人の乗った船だけであったのは、なんという運命であろう。
最澄は在唐中に、
おびただしい経典を写し……
※大乗菩薩戒を受戒、
禅から密教まで授かり、
入唐《にっとう》の成果は予想以上に豊かなものとなった。

※大乗菩薩戒＝まだ日本には伝わっていなかった、仏道修行者としての戒め。

しかし、帰国した最澄にとって思いがけない逆風が吹くことになる。

八〇六（延暦二五）年一月二六日、天台宗は公認されるが、二人の年分度者※のうち、一人は摩訶止観《※まかしかん》（天台教学）を学ぶ僧、もう一人は大日教《だいにちきょう》（密教）を学ぶ僧と決められる。

※摩訶止観＝天台教学の実践法をあらわした中国の高僧・智顗の著書。

※年分度者《ねんぶんどしゃ》＝国家で認められ、出家得度できる僧。天台宗はこの年分度者が認められたことにより、正式に国家公認の宗派となったのである。

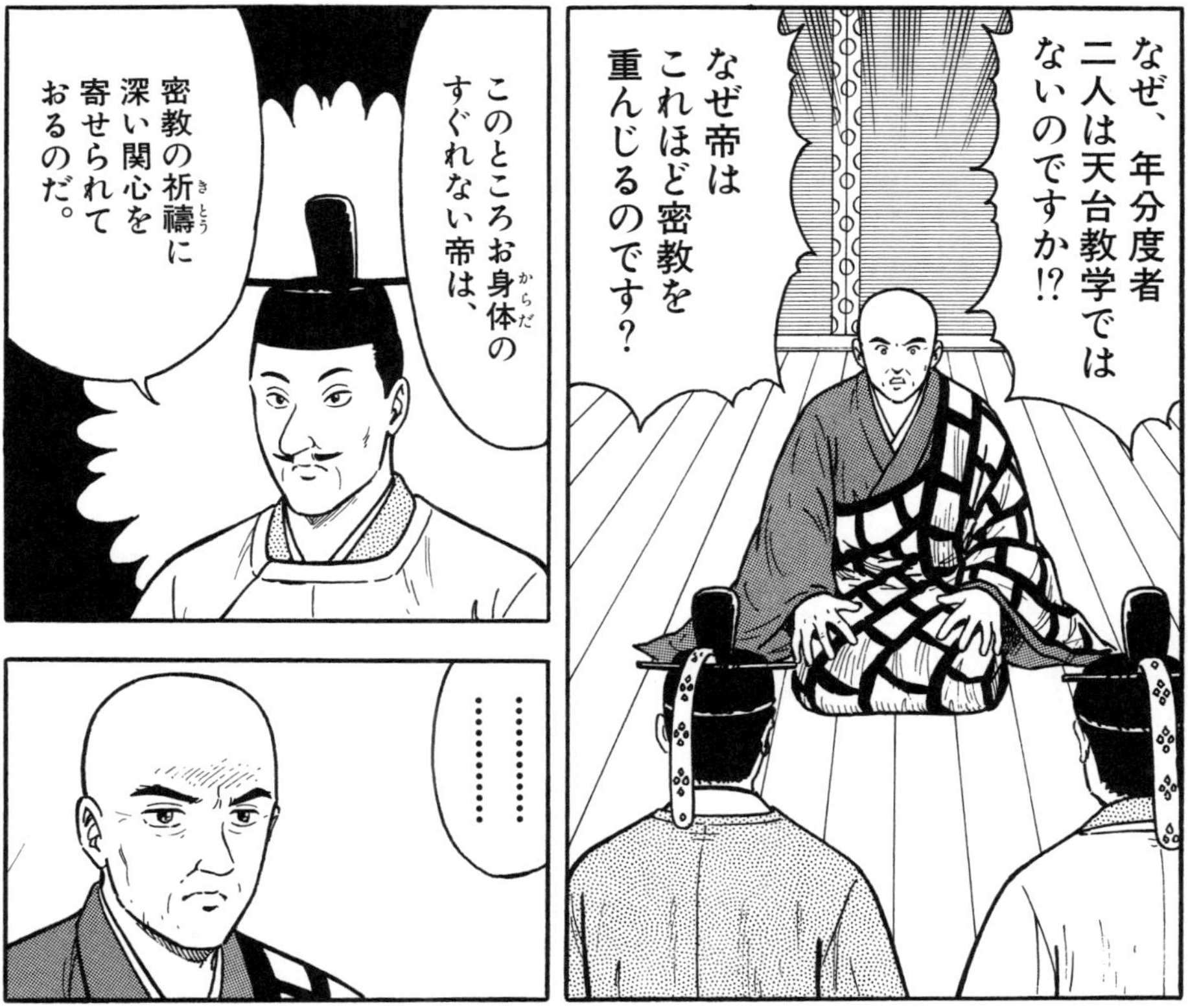
なぜ、年分度者二人は天台教学ではないのですか⁉
なぜ帝はこれほど密教を重んじるのです？
このところお身体《からだ》のすぐれない帝は、
密教の祈禱《きとう》に深い関心を寄せられておるのだ。
……

さらに最澄にとって、思わぬ出来事が重なる。

帝のご病気は重くなるばかりで、
病床から離れられないのだ!!
それで私に!?
密教の祈禱をしろと!?
病気快復のため、帝の希望だ!!
しかし……
私の密教は短期間で学んだものですが……
祈禱のかいなく桓武天皇崩御――
最澄にとっては強大な外護者を失うことになる。

そして都では最澄の持ち帰った天台教学よりも、密教がもてはやされる。
なんてことだ!!
そんななか唐から帰国した空海がさっそうと都へ現れる。
空海は中国密教の正統を受け継いでいた。
空海に比べ…
私の密教は不完全だ!!
…………
どうする!?

八一二（弘仁《こうにん》三）年、最澄は乙訓寺《おとくにでら》で空海に会い、
ともに仏法をひろめようと誓い合う。

こうして最澄と空海との交際が始まる。

最澄は、空海に手紙で密教経典の借用を申し込み、
空海はそれに応じた。
以後、最澄は、熱心に経典を借りる。
その手紙にはこう記《しる》されている。
弟子最澄

お師匠さまに申しあげたいことが……
なんだ?
都の噂をご存じですか?
空海への手紙に弟子 最澄とお書きになっておられると――
ああ。
もうおやめ下さい。
相手は八歳も年下の――
しかも一介の学僧です!!
これでは天台密教のメンツが立ちません!!
…………
…………

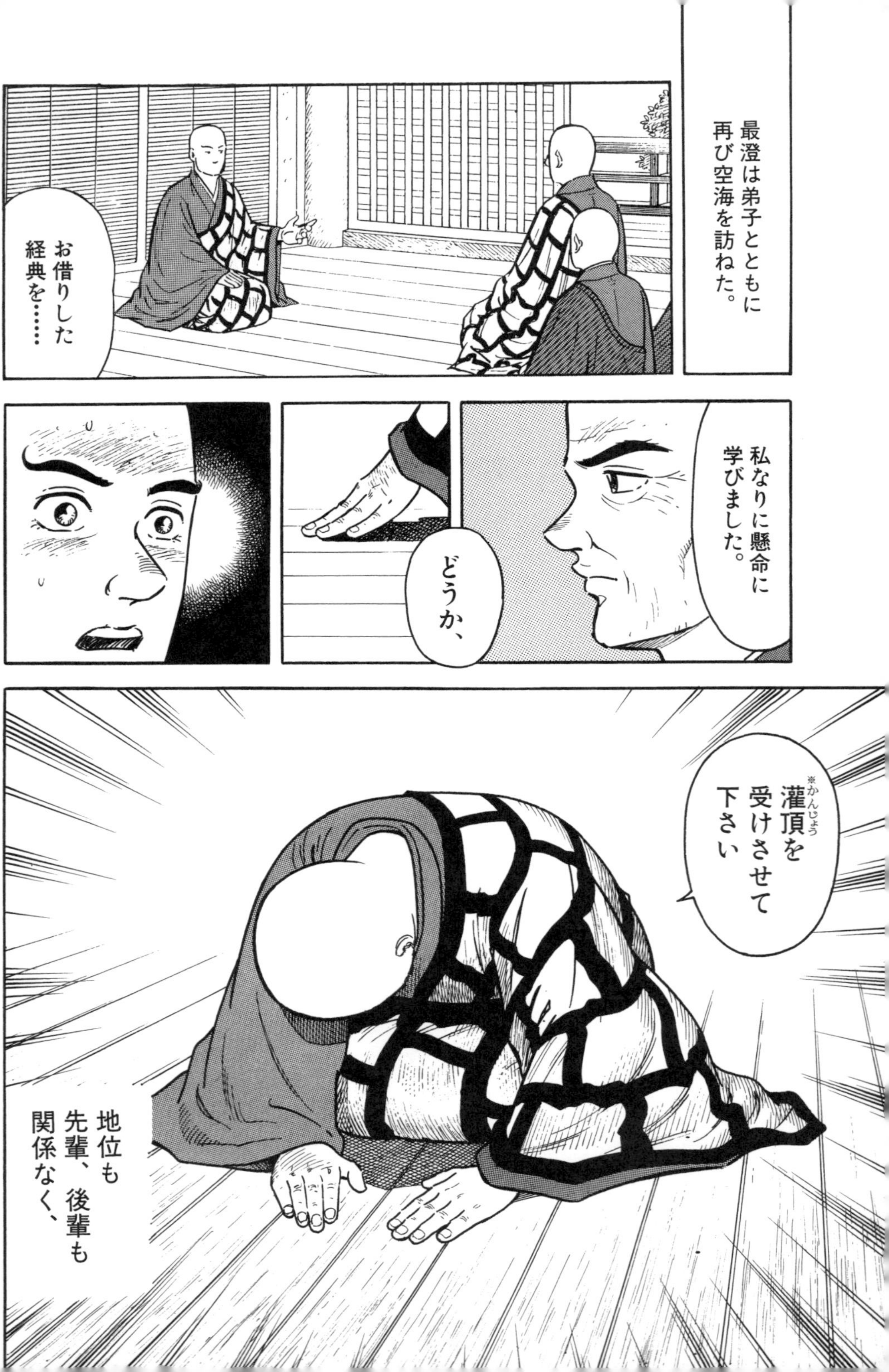
最澄は弟子とともに再び空海を訪ねた。
お借りした経典を……
私なりに懸命に学びました。
どうか、
※灌頂《かんじょう》を受けさせて下さい
地位も先輩、後輩も関係なく、
※灌頂＝密教の秘儀。

虚栄もメンツもプライドも関係なく、
最澄は空海に弟子の礼をとった!!
お師匠さま!?
最澄どの。
ここに最澄のその人格が光り輝くようである!!

空海はその真摯《しんし》さに感じいり、
後日、灌頂は行われた。

若き日に誓った願文――
解脱のあじわいをこの世のすべての人々に施して、
ともに無上の喜びをわかちあいたい。
その衆生救済の精神、求道にかけるひたむきさ、
純粋無垢《むく》で自己放棄の精神は、
仏教界の第一人者となった、
四七歳の最澄の中に消えていなかった。
以後、最澄は、法華経による国づくりに全精力を傾ける。日本を法華経による仏教の国にしようと、
そして、その担《にな》い手をつくるため、比叡山での厳しい修行を慣行にする。

また、関東、九州への積極的な布教活動、
その一方で夢実現への働きかけ――

やはり大乗の菩薩づくりには大乗菩薩戒を授けなければならない。
大乗戒壇設立は最澄 晩年の夢であったが、
その夢は、生前ついに実現されなかった。

死の直前、その最後には、こう言い残す。

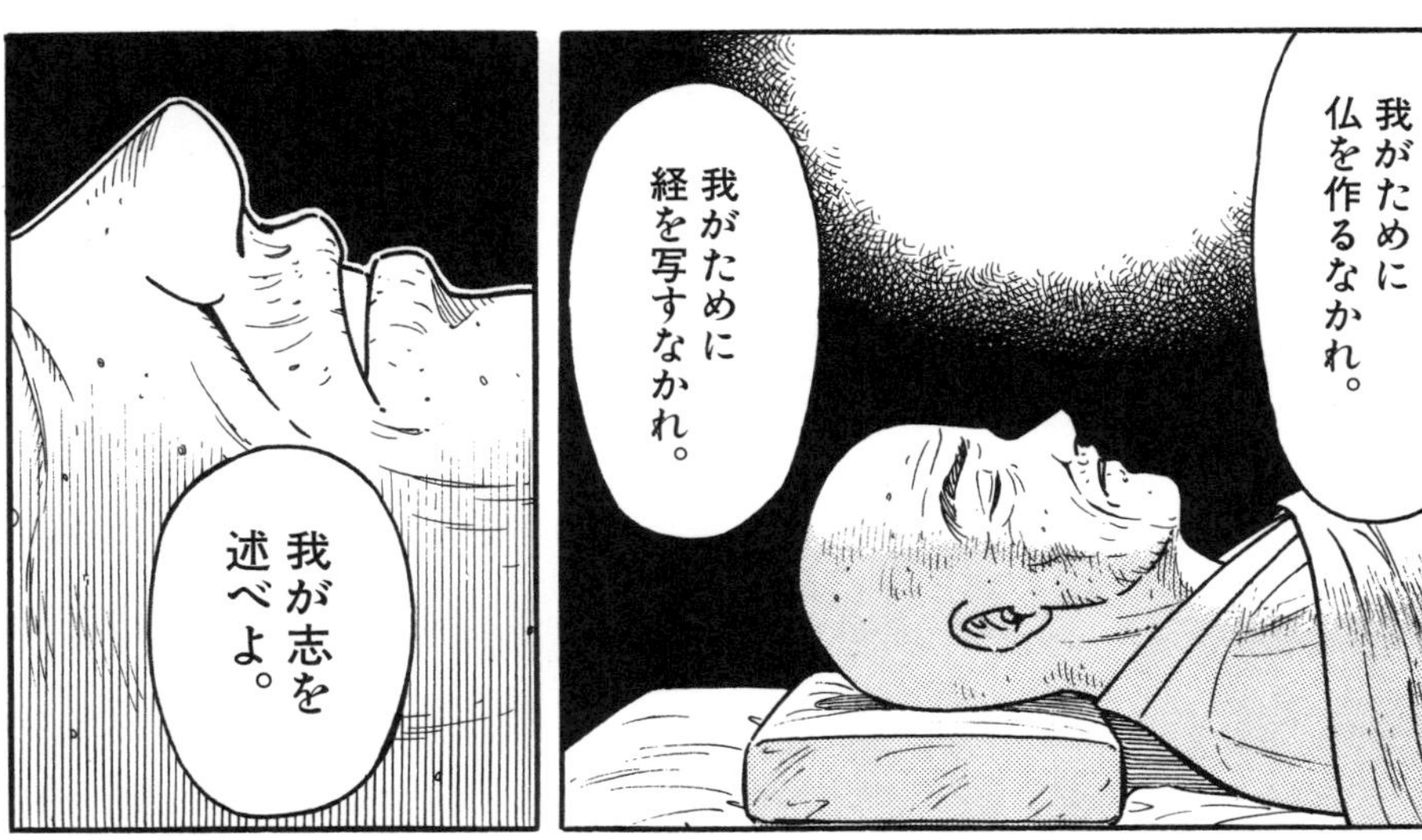
我がために仏を作るなかれ。
我がために経を写すなかれ。
我が志を述べよ。

念願の大乗戒壇設立が
認められたのは
死後七日目であった。
最澄の残した教えは
鎌倉新仏教を生みだす
基礎をも成す。

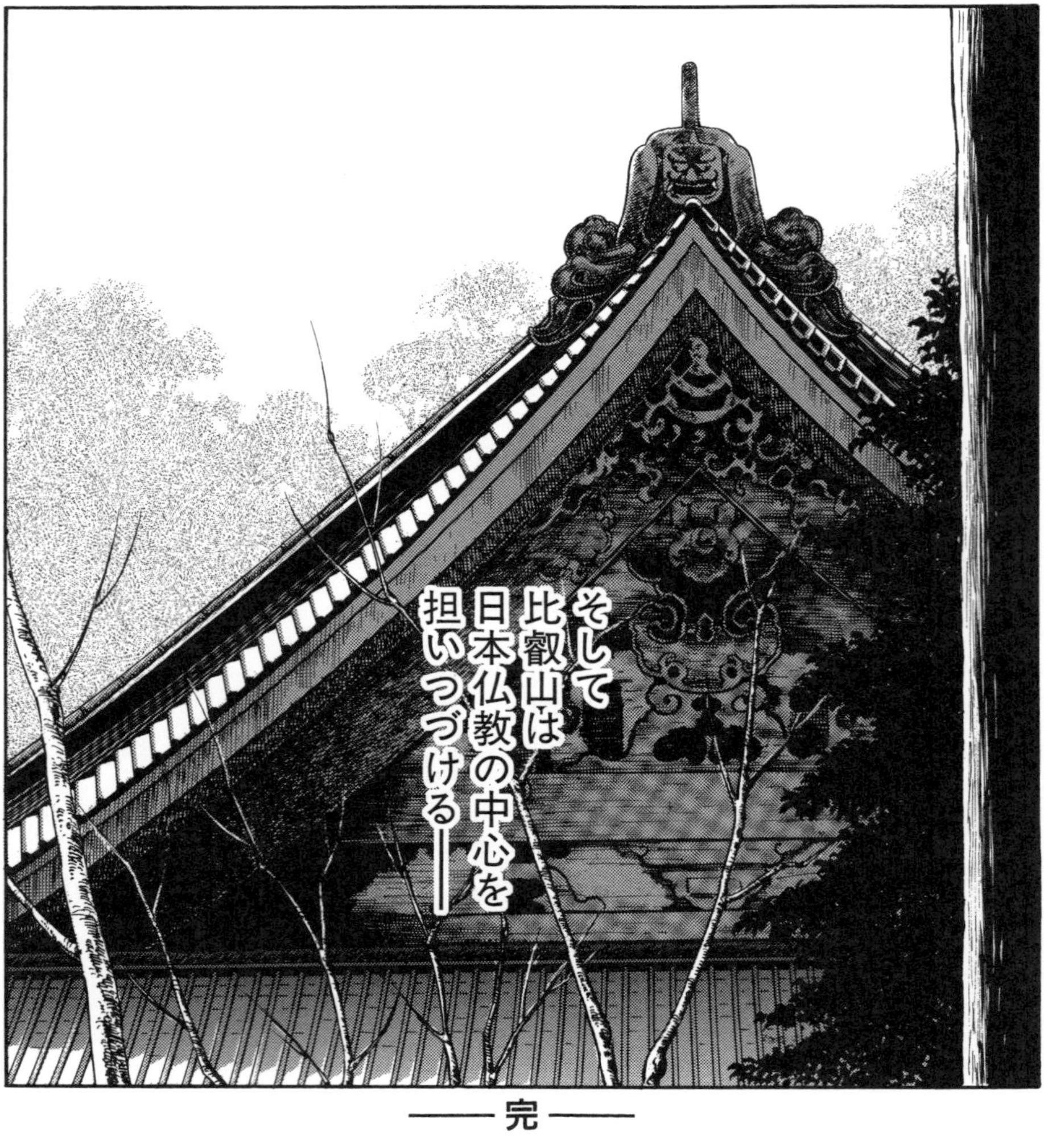
そして
比叡山は
日本仏教の中心を
担いつづける――

――完――

最澄が産湯《うぶゆ》に使ったと伝えられる井戸。生誕の地といわれる生源寺《しょうげんじ》にある

SAICHO

最澄の人生

最澄《さいちょう》が人生を歩んだ平安時代は、皇族や貴族が争い、国政を大きく乱していた奈良時代に終止符を打ち、律令《りつりょう》政治再建を目指した時代であった。そのさきがけとなったのが、大寺院などの旧勢力が強い奈良から水陸交通の便利な山城国《やましろのくに》への遷都《せんと》であり、それを断行した桓武《かんむ》天皇である。そして、この時代に桓武天皇の庇護《ひご》を受け、仏教界に新風を吹き込む二人の仏教者が現れる。唐《とう》から帰国した最澄《さいちょう》と空海《くうかい》である。

766（天平神護《てんぴょうじんご》2）年

1歳

比叡山の神に授かる

近江国《おうみのくに》滋賀《しが》郡、三津首百枝《みつのおびとももえ》の子として誕生。広野《ひろの》と命名される。子宝に恵まれない両親が、比叡山の神に祈ったところ授かったと伝わる。八月一八日の生まれといわれる。

778（宝亀《ほうき》9）年

13歳

近江国分寺に入り出家

広野は村の小学の教師が後継者に乞うほどの才能をあらわす。百枝は周囲の薦めもあり、近江国分寺の行表《ぎょうひょう》へ預ける。行表は広野の非凡さを見抜き、唯識《ゆいしき》、華厳《けごん》の教学、戒律などを教え込む。

780（宝亀11）年

15歳

得度。最澄と名づけられる

近江国分寺の最寂《さいじゃく》が死去。太政官《だじょうかん》より欠員を埋める国府牒が出る。広野は行表を戒師に仰ぎ得度。沙弥《しゃみ》となり、最澄と名づけられる。3年後、行表より得度の証明である「度牒《どちょう》」が出される。

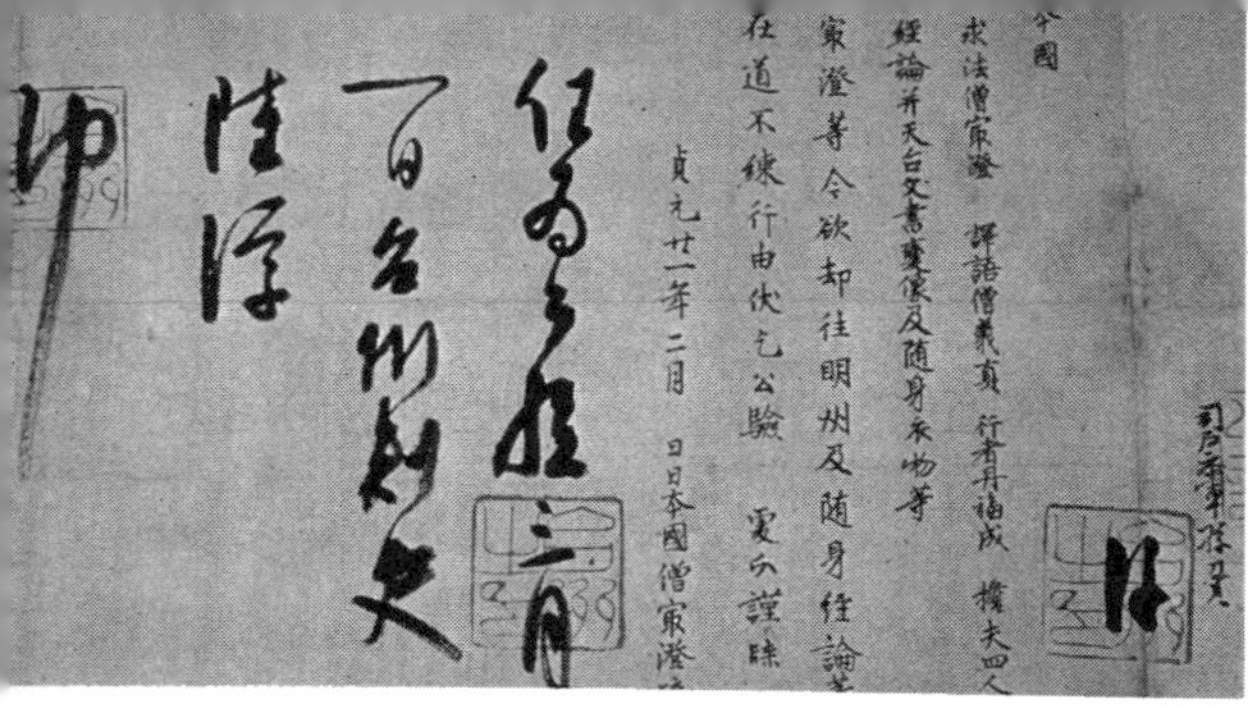

785（延暦《えんりゃく》4）年

20歳

比叡山に入山

奈良の東大寺《とうだいじ》戒壇院《かいだんいん》で具足戒《ぐそくかい》二五〇条を受け比丘《びく》になる。受戒後、人里離れた静寂の地で学問と修行に専念するため、比叡山に入山。『願文《がんもん》』を著す。この年、近江国分寺が焼失。

788（延暦7）年

23歳

一乗止観院《いちじょうしかんいん》を建立

比叡山に現在の根本中堂《こんぽんちゅうどう》となる一乗止観院を建立。自作の薬師仏を安置する。また、不滅の法燈として知られる燈明に点火したのが、この頃と伝えられている。

797（延暦16）年

32歳

内供奉《ないぐぶ》に就任

天皇の側近くに出仕して玉体安穏《ぎょくたいあんのん》の祈念や仏法を講じる内供奉に就任。桓武天皇との関係が深まる。また、一切経論の書写を計画。大安寺聞寂《もんじゃく》や東国の教主道忠《どうちゅう》の協力を得て完成する。

798（延暦17）年

33歳

一乗仏教の教えに立脚する

自分の探していた教えは『法華経』の一乗仏教と知り、その真髄を最も発揮した中国隋《ずい》時代の天台大師智顗《ちぎ》に傾倒する。智顗の忌日に奈良の七大寺から一〇人の高僧を招き、法華十講を行う。

高雄山寺（現・神護寺）。ここで開かれた天台教学の研究会が入唐のきっかけとなる

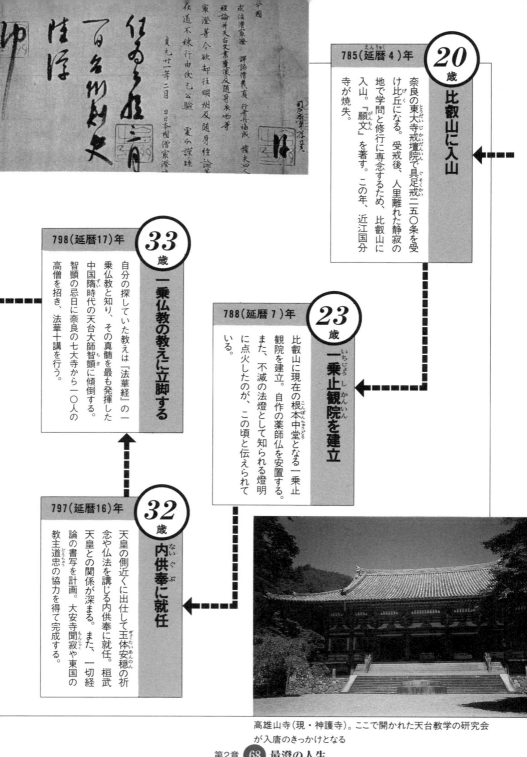

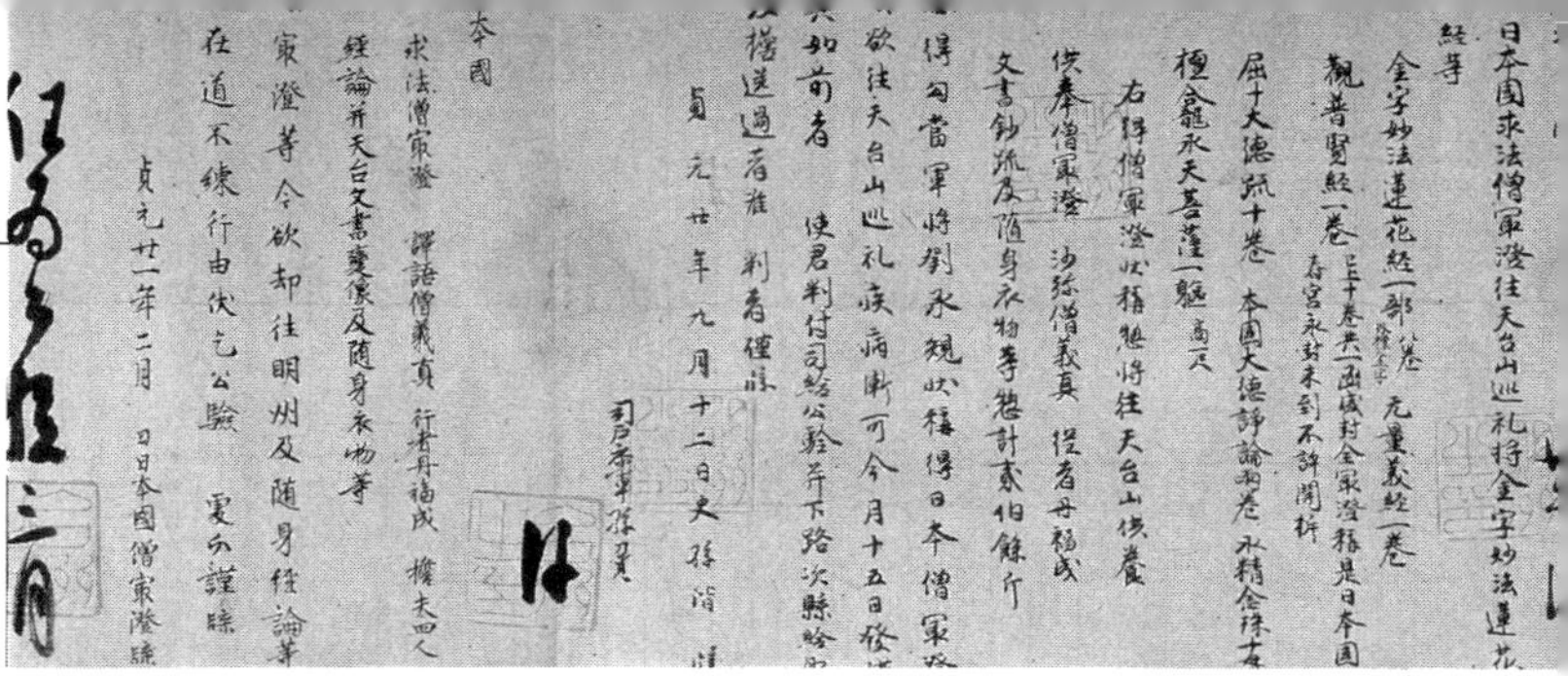

伝教大師《でんぎょうだいし》入唐牒《にっとうちょう》(右が台州牒、左が明州牒)　国宝／延暦寺蔵

37歳 高雄山寺の講演を行なう

802(延暦21)年

和気《わけ》氏の氏寺高雄山寺《たかおさんじ》で、本格的な天台教学の研究会が開かれ招かれる。この会をもとに、桓武天皇が天台宗の興隆を求めた。経典不備等をおぎなうため、入唐求法を願い出る。

38歳 暴風雨にあい九州に漂着

803(延暦22)年

四月、遣唐大使藤原葛野麻呂《ふじわらのかどのまろ》が率いる第一六次遣唐使に加わり難波を出発。途中、暴風雨にあい挫折。最澄の乗った船は九州に漂着する。宇佐《うさ》八幡宮、香春明神《かわらみょうじん》などを拝して渡海の神護を祈る。

39歳 入唐。天台山に上がる

804(延暦23)年

九月に唐の明州《めいしゅう》に到着。一行と別れ天台山を目指す。途中、台州で勅使陸淳《りくじゅん》と出会い道邃《どうずい》を紹介される。道邃は教学の書物を借し与え、書写の便宜を図る。一〇月、天台山に入り、仏隴寺《ぶつろうじ》の行満《ぎょうまん》から八十余巻の法門を伝えられる。また、国清寺《こくせいじ》の惟象《ゆいしょう》から大仏頂曼荼羅《だいぶっちょうまんだら》とその供養法を、禅林寺《ぜんりんじ》の翛然《しゅくねん》から禅を授かる。

40歳 密教の灌頂を受ける

805(延暦24)年

天台法門の書写を完成した最澄は、道邃から大乗菩薩戒を受け明州へ向かう。明州で順風待ちの時間を使い天台の教学を求め越州《えっしゅう》へ。成果はなかったが、順暁《じゅんぎょう》から密教の灌頂《かんじょう》を受ける。その後、密教の経典一五〇巻を書写する。六月帰国。八月に上京し経典書籍ほかを献上。九月、桓武天皇の命により、高雄山寺にて灌頂を行う。

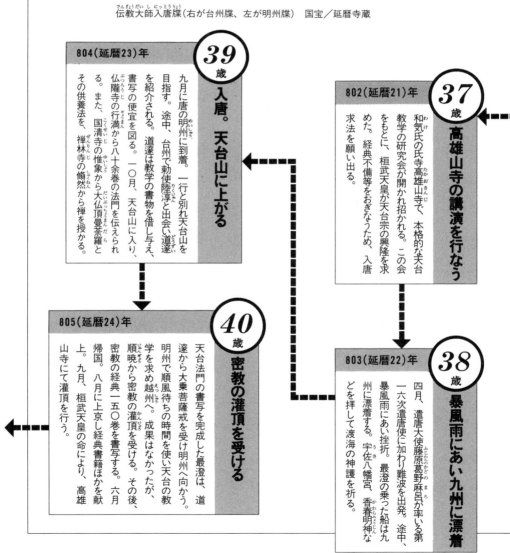

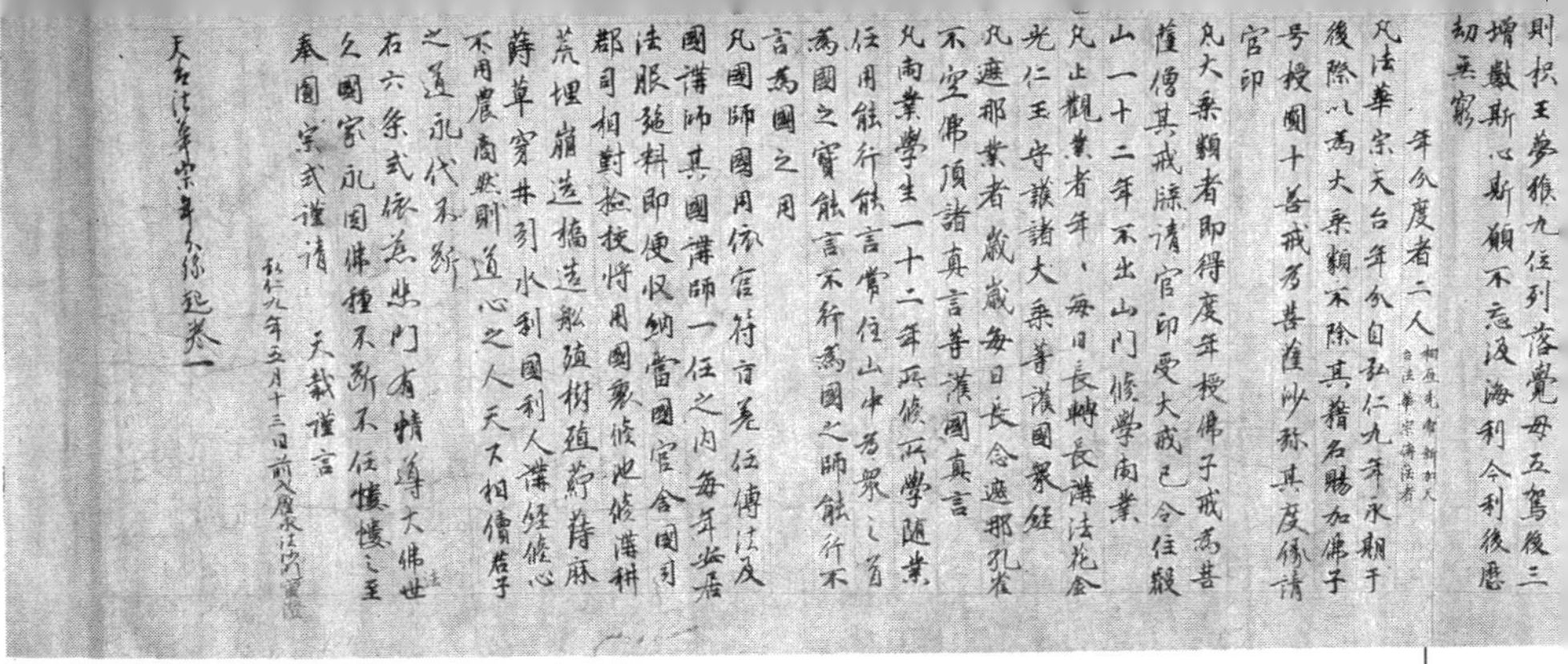
則枳王夢猴九位列落覺毋五鳥後三
增歎斯心斯願不忘汲海利今利後歷
劫無窮
年分度者二人
凡法華宗天台年分自弘仁九年永期于
後際以為大乘類不除其籍名賜加佛子
号授圓十善戒爲菩薩沙弥其度緣請
官印
凡大乘類者即得度年授佛子戒爲菩
薩僧其戒牒請官印受大戒已令住叡
山一十二年不出山門修學兩業
凡止觀業者年々毎日長轉長講法花金
光仁王守護諸大乘等護國衆經
凡遮那業者歳々毎日長念遮那孔雀
不空佛頂諸真言等護國真言
凡兩業學生一十二年所修所學隨業
任用能行能言常住山中爲衆之首
爲國之寶能言不行爲國之師能行不
言爲國之用
凡國師國用依官符旨差任傳法及
國講師其國講師一任之内毎年安居
法服施料即便収納當國官舎國司
郡司相對檢校將用國衆修池修溝耕
荒埋崩造橋造船殖樹殖紵蒔麻
蒔草穿井引水利國利人講経修心
不用農商然則道心之人天下相續君子
之道永代不斷
右六條式依慈悲門有情導大佛法世
久國家永固佛種不斷不任慺慺之至
奉圓宗式謹請 天裁謹言
弘仁九年五月十三日前入唐求法沙門最澄
天台法華宗年分縁起巻一

天台法華宗年分縁起（伝教大師筆）　国宝／延暦寺蔵

41歳　天台宗開宗

806（延暦25）年

他宗派に計り年分度者《ねんぶんどしゃ》の改正を提案。賛同を得ることができ、天台宗も二人の年分度者を認められる。このことで天台宗は公認となる。太政官符《だじょうかんぷ》が公布された一月二六日をもって開宗とされる。

44歳　空海との交際はじまる

809（大同《だいどう》4）年

一一月、朝廷の命により京都高雄山寺の住職となっていた空海に、『大日経略摂念誦随行法』などの密教の経論の貸出しを依頼。空海は了承し、それ以後交際がはじまる。

47歳　空海から灌頂を受ける

812（弘仁《こうにん》3）年

空海に学生養成の協力を呼びかける。また、自身も空海が持ち帰った密教を学ぶため、仲間や弟子とともに高雄山寺へ足を運ぶ。一一月金剛界《こんごうかい》灌頂、一二月胎蔵界《たいぞうかい》灌頂を空海から受ける。

48歳　空海と疎遠になる

813（弘仁4）年

一一月、空海に『理趣釈経《りしゅしゃくきょう》』の借用を願い出るが拒絶される。また、空海のもとで修行していた最澄の弟子が比叡山に帰らず、空海の弟子になったこともあり、二人の関係は疎遠になる。

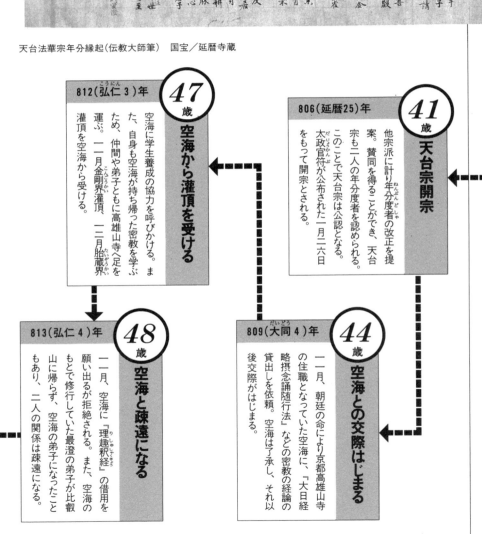

814（弘仁５）年

49歳 清涼殿の法論

前年、嵯峨《さが》天皇の勅命により護持僧《ごじそう》となる。この年宮中の清涼殿《せいりょうでん》に招かれ、南都各宗の法師と天台教学について対論。殿中に臨席した僧俗から喝采を浴びる。後に清涼殿の法論といわれる。

815（弘仁６）年

50歳 大安寺で講演

三月、天台法門の新写が完成し、七大寺に配布する。八月には和気氏の招きで大安寺を訪れ、天台教学の講演を行う。また、この年に四天王寺《してんのうじ》の聖徳太子廟《しょうとくたいしびょう》を詣でて詩をつくる。

817（弘仁８）年

52歳 東国教化

東国教化《きょうけ》に出発。途中、円仁《えんにん》らに大乗菩薩戒、円澄《えんちょう》らには灌頂を授ける。『法華経《ほけきょう》』は真実の教えでないとする法相宗徳一《とくいつ》の『仏性抄《ぶっしょうしょう》』に対し、『照権実鏡《しょうごんじっきょう》』を著わし反論する。

818（弘仁９）年

53歳 比叡山を一向大乗寺に

みずからも小乗仏教戒を捨て比叡山を大乗仏教専門の寺にする構想を立て、『天台法華宗年分学生式《てんだいほっけしゅうねんぶんがくしょうしき》』（六条式）、『勧《かん》奨《しょう》天台宗年分学生式』（八条式）を朝廷に上奏する。

最澄の廟所《びょうしょ》である浄土院《じょうどいん》。比叡山の聖域である

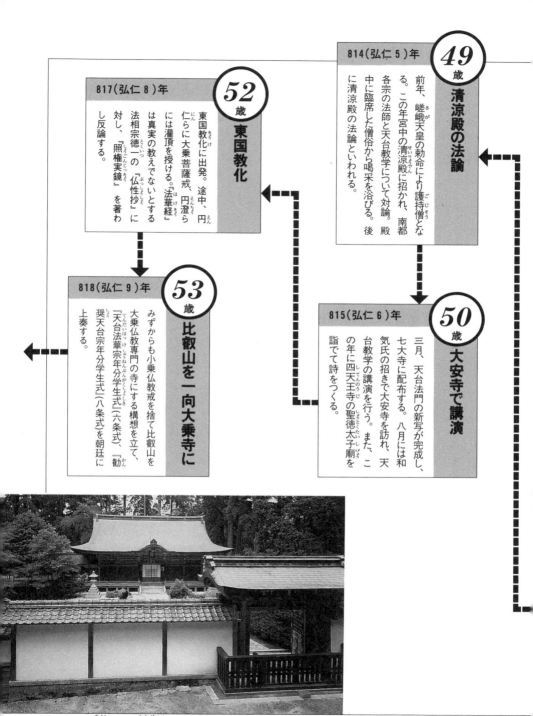

最澄の悲願であった受戒、説戒などが行われる延暦寺戒壇院

最澄の生きた時代の仏教界

奈良時代、仏教は国家の保護を受けて発展し、南都《なんと》六宗（三論《さんろん》・成実《じょうじつ》・法相《ほっそう》・倶舎《くしゃ》・華厳《けごん》・律《りつ》）と呼ばれる諸学派が形成された。

これらは鎮護国家の法会や祈禱を行ったり、インド、中国などのさまざまな仏教の教えを研究するものだった。

ところが、これら仏教が政治と深く結びつき、奈良時代末期には政治に介入する僧も出てくるなど、仏教がひとつの政治勢力となっていた。

律令政治の再建を目指した桓武天皇の平安京遷都は、こうした仏教界に大きな影響を与えた。遷都によって奈良の大寺院との政治面での関係をスッパリと断ち切った。仏教には教学研究と鎮護国家という宗教としての原点が求められていた。

そうした時期に登場したのが最澄と空海であった。彼らは政治から一線を画し〝仏教人〟の立場を貫くことで国家の信任を得ることができた。さらには最澄は、従来の宗教制度の改革にも挑戦した。志なかばで倒れるも、彼の行動は死後に認められ、その後の日本仏教の礎《いしずえ》となった。

いわば、彼らはもっとも純粋に仏教に没頭できる時代に生きたのかもしれない。

819（弘仁10）年　54歳
『山家学生式』完成

『天台法華宗年分度者回小向大式《てんだいほっけしゅうねんぶんどしゃえしょうこうだいしき》』（四条式）を朝廷に上奏し、『山家学生式《さんげがくしょうしき》』が完成。これによって、大乗戒壇建立、南都僧綱《そうごう》の統制から離れた独自の僧侶育成法の勅許を求め、僧綱と対立。

820（弘仁11）年　55歳
『顕戒論』を上進

まきおこった一向大乗仏教への疑いや批判に対して、著作『顕戒論』を上進した。五六歳のときには、依然批判を繰り返す法相宗徳一との論争を振り返り『法華経』の十勝と主張。『法華《ほっけ》秀句《しゅうく》』著。

822（弘仁13）年　57歳
中道院にて入滅

病が重くなり、後事を義《ぎ》真《しん》に託す。六月四日朝八時、悲願であった大乗戒壇建立の勅許を聞くことなく、比叡山中道院《ちゅうどういん》において入滅《にゅうめつ》。七日後に大乗戒壇建立勅許の太政官符が発せられる。

第3章

経典・著作にみる「天台宗の教え」

天台智顗の説いた教観二門
最澄の説いた四宗融合思想
天台宗の経典を読む
著作にみる最澄の思想

一字蓮台法華経　重文／京都国立博物館蔵

天台智顗の説いた
教観二門

天台宗の教えの基本は、教門《きょうもん》と観門《かんもん》の二つの法門である。教門とは天台大師智顗《ちぎ》が著した『法華玄義《ほっけげんぎ》』と『法華文句《ほっけもんぐ》』とお釈迦さまの教えを『妙法蓮華経《みょうほうれんげきょう》』(法華経《ほけきょう》)を中心に位置づけして、仏教の真理を明らかにしようとするものだ。一方、観門は智顗が『摩訶止観《まかしかん》』で説いたもので、教門で明らかになった真理を体得する方法である。

天台三大部

『法華玄義《ほっけげんぎ》』一〇巻、『法華文句《ほっけもんぐ》』一〇巻、『摩訶止観《まかしかん》』一〇巻は、智《ち》顗《ぎ》が口述したものを弟子の灌頂《かんじょう》が筆録したものである。天台宗では、智顗の多くの著作のうち、この三つを「天台三大部」と呼び、天台教学の原点としている。

「天台三大部」はどれも『法華経』を中心としていて、『法華玄義』は『法華経』の経題である「妙法蓮華《みょうほうれんげ》経《きょう》」の五字によせて仏教を解説したもので、いわば『法華経』の原理といえる。『法華文句』は『法華経』を天台の立場から解釈したもので注釈書といっていい。そして、『摩訶止観』は『法華経』の理論を具体的に実践するための方法を示したものである。

天台宗の法華教学はこの智顗の三大部によって完成し、そこに説かれている教と観が天台の理論と実践なのである。

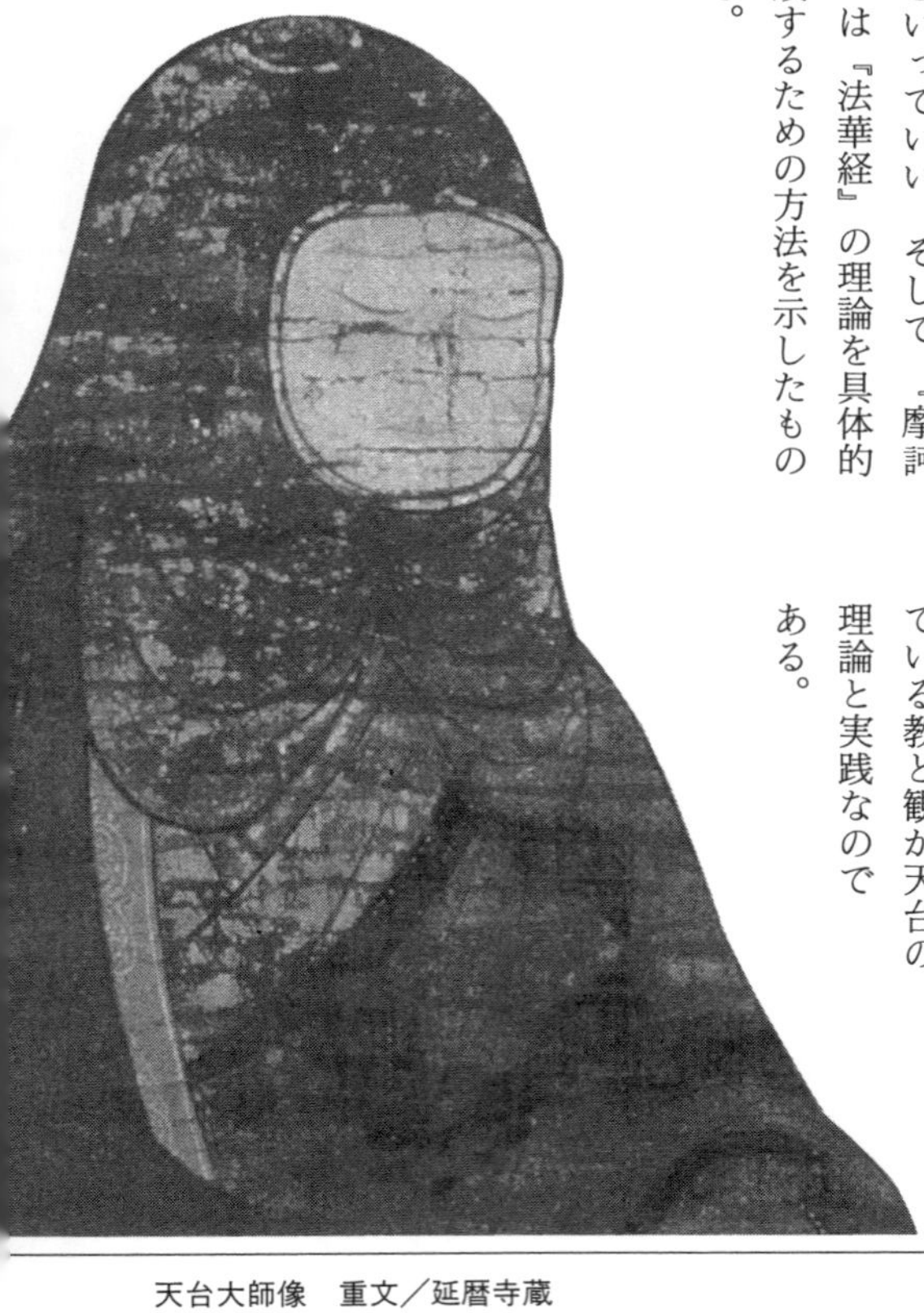

天台大師像　重文／延暦寺蔵

教相判釈

●五時八教

智顗の教相判釈は「五時八教」とまとめていわれるもので、お釈迦さまの説法を分類して、その教えに一貫した体系があることを示し、『法華経』が最高の経典であることを明らかにしている。五時はお釈迦さまの説法を時間的に分類したもので、華厳《けごん》、鹿苑《ろくおん》、方等《ほうとう》、般若《はんにゃ》、法華涅槃《ほっけねはん》の五つである。

華厳時はお釈迦さまが悟りを開いてはじめて説いた『華厳経』の時期で、悟った内容をそのまま示したもの。機根《きこん》の低い人には理解しにくいものだったが、そうした人をもやがて悟りに導こうとの意図があり、「擬宜《ぎぎ》の教え」という。

鹿苑時は華厳のあとの一二年間、阿含《あごん》の説法をしていたときで、多くの人を仏の道へ誘いれようとしていたことから「誘引《ゆういん》の教え」ともいわれる。

方等時は阿含後の八年間、方等の大乗法門を説いていた時期で、大乗をもって小乗を打ち破ることを目的としていて、「弾呵《たんか》」ともいう。

般若時は方等時のあとの二二年間、般若皆空《かいくう》の理を説いていたときで、大乗仏教が説かれ、小乗の人々を大乗に導くために、大乗と小乗のあいだの隔たり、差別を捨てさせようとしたもので、「淘汰」「法の開会《かいえ》」といわれる。

法華涅槃時は最後の八年間で、『法華経』を説き、臨終までに『涅槃経』を説いた。お釈迦さまはこの『法華経』を説くためにこの世にあらわれ、説法を聞く人たちの機根が熟してきたことから、もっとも重要な教えが説かれる。『涅槃経』は『法華経』の教えにもれた者のために、重ねて四教を説いたものである。

●化儀の四教

八教は「化儀《けぎ》の四教」と「化法《けほう》の四教」のことで、化儀はお釈迦さまの教えを教え方から分類したものだ。頓《とん》、漸《ぜん》、秘密《ひみつ》、不定《ふじょう》の四種である。

頓は直頓《じきとん》といい、お釈迦さまが悟りを開いた直後に説いた教えで、華厳時を指す。

漸は漸次《ぜんじ》の教えの意味。機根の低い人々の能力に応じて徐々に高いところに導いていく教えで、鹿苑時、方等時、般若時がこれにあたる。秘密は秘密不定教といって、仏が時や所を別に聞く人同士が知りあわないそれぞれに異なった理解をさせる説き方をいう。不定教は顕露《けんろ》不定教といい、教えを聞く人の理解がそれぞれ異なっていることをいう。

●化法の四教

化法の四教はお釈迦さまの教えを内容によって蔵《ぞう》、通《つう》、別《べつ》、円《えん》に分類

したもの。

蔵は三蔵教のことで阿含、毘曇《びどん》・成実《じょうじつ》などの小乗教を指す。通は大乗の教えで、声聞《しょうもん》・縁覚《えんがく》・菩薩《ぼさつ》の三乗に共通した法門で、小乗から大乗へ導く役割となる。

別は菩薩のみが修する純大乗の教えで、蔵、通とも円とも異なるので別の名がある。

円は円満、円頓《えんどん》の教えの意味で、数多くあるお釈迦さまの教えのなかで、最高のものである『法華経』の教えを指す。

五時のような説法の順序、化儀四教のような説法のしかたで、お釈迦さまの教えを分類する方法は智顗以前にもあったが、これに化法四教を加えて、たてよこに立体的にお釈迦さまの教えをとらえたのは、智顗が最初であった。

五時八教の関係

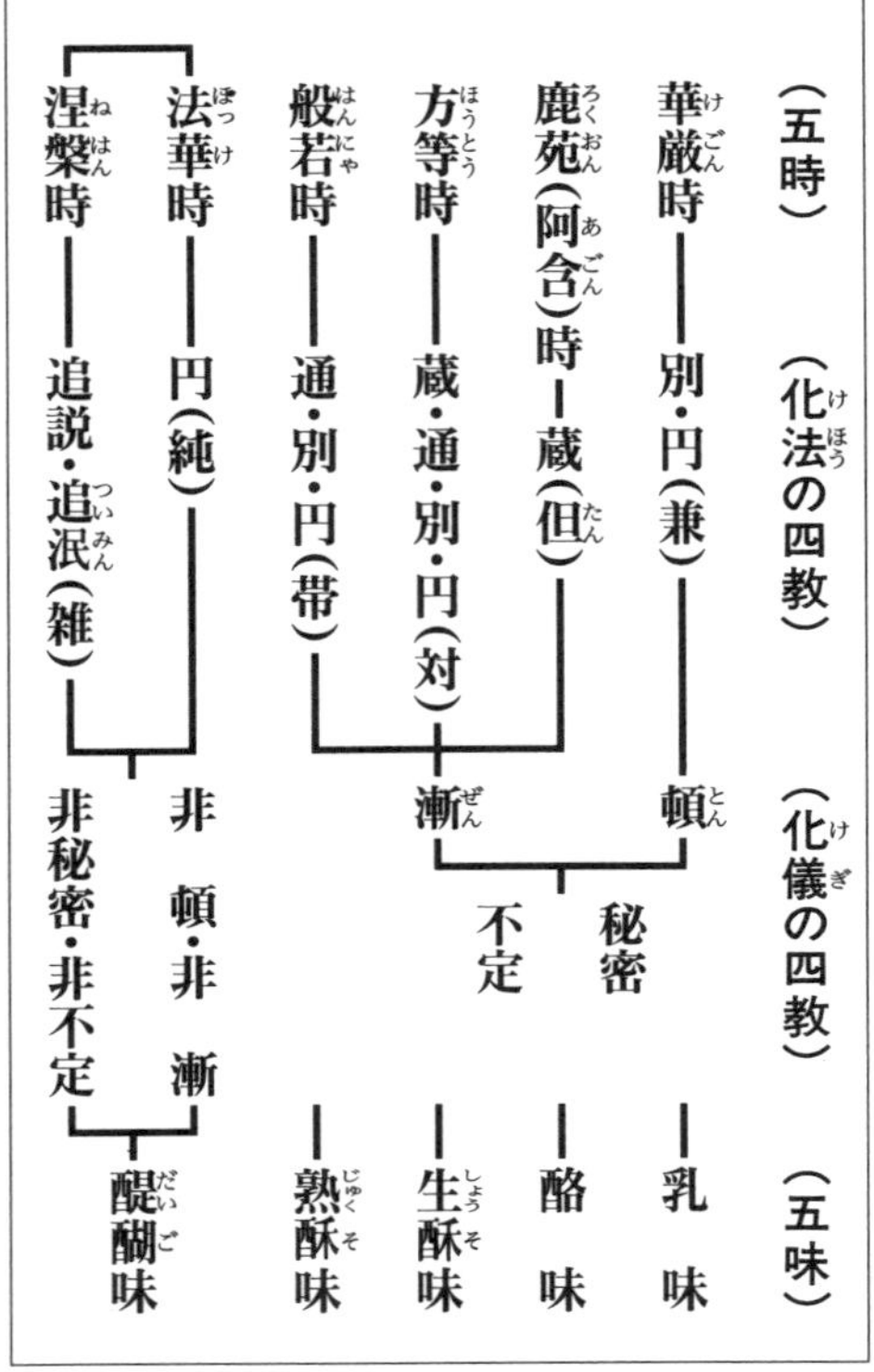

（五時）
（化法《けほう》の四教）
（化儀《けぎ》の四教）
（五味）
華厳《けごん》時
別・円（兼）
頓《とん》
乳味
鹿苑《ろくおん》（阿含《あごん》）時
蔵（但《たん》）
酪味
方等《ほうとう》時
蔵・通・別・円（対）
漸《ぜん》
生酥《しょうそ》味
般若《はんにゃ》時
通・別・円（帯）
熟酥《じゅくそ》味
秘密
不定
法華《ほっけ》時
円（純）
非頓・非漸
涅槃《ねはん》時
追説・追泯《ついみん》（雑）
非秘密・非不定
醍醐《だいご》味

止観

●一心三観

智顗は悟りを開くための観法を禅とはいわず、「止観《しかん》」という言葉であらわした。止観には漸次・不定・円頓の三つの種類があるが、天台止観の本領は、円頓止観にある。

円頓止観はすべての存在がそのまま理法にかなうことを修得する観法で、「一心三観」ともいい、空《くう》・仮《げ》・中《ちゅう》の三観が基本となっている。

智顗は、四教が何によって起こるのかという問に、三観より起こるといい、三観はかえって四教より起こるという。つまり、それぞれお互いに他を成立させる根拠となっている。

空観は「仮より空に入る観」といい、常識的判断で真実といわれるものは、真実の立場からみると実態にないもの、空であるとする。

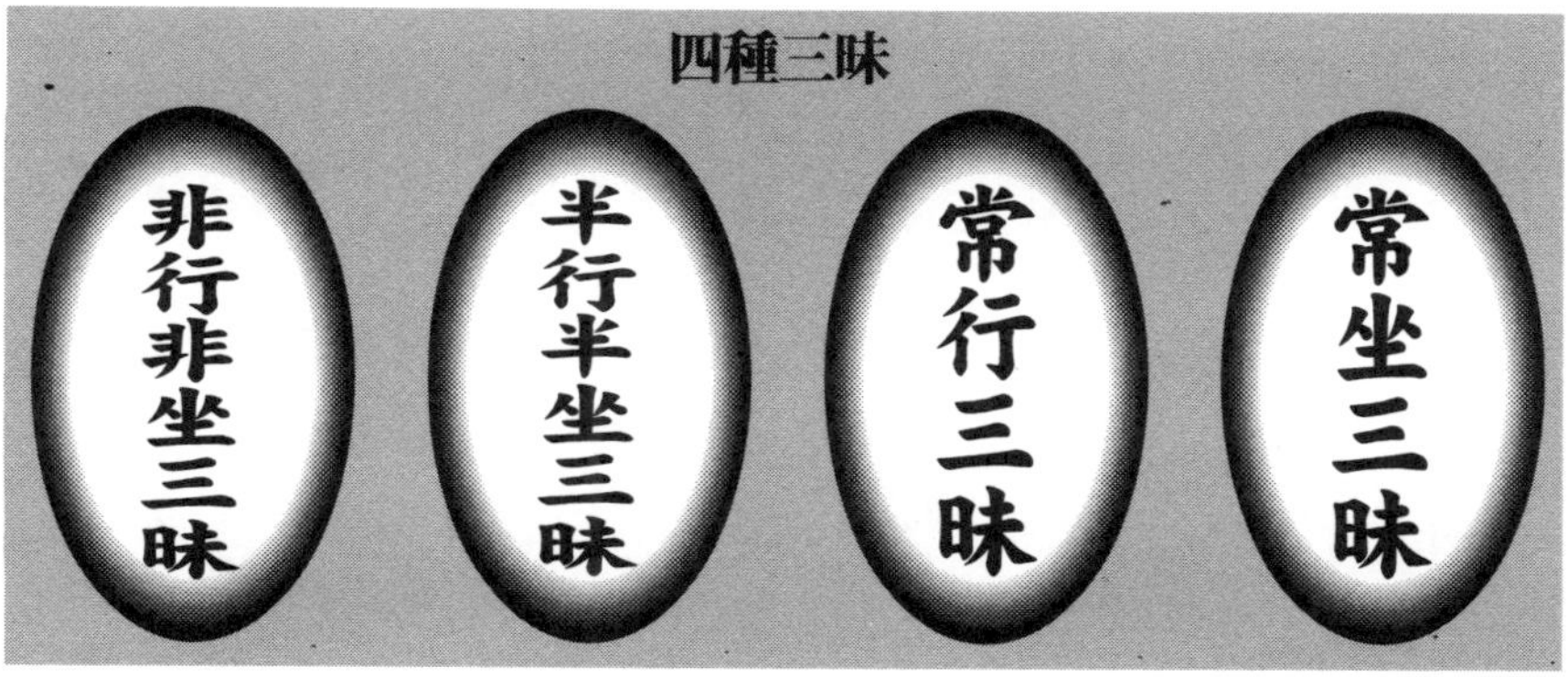

仮観は「空より仮に入る(または出る)観」で、本質的には実態はないものの縁起によって存在する現実に目を向けることである。

中観は中道第一義観ともいい、空と仮の二観を含みつつ、それにとらわれない最高の真理を体現するものである。

これらの三観がお互いに融《と》け合い一時に成立し、三観それぞれがほかの二観を含めるというのが智顗の説いた一心三観の円頓止観である。

そして、円頓止観は日常の一瞬一瞬に動く心に三千の数であらわされたいっさいの現象がすべて備わっているという一念三千《いちねんさんぜん》の世界に展開していく。

●四種三昧と十乗観法

智顗は、日常の生活こそが円頓止観の実践の場であるといっており、より多くの人が実践できるように、具体的に四種三昧《ししゅざんまい》と十乗観法《じゅうじょうかんぼう》を示している。

四種三昧は修行法を常坐《じょうざ》、常行《じょうぎょう》、半行半坐《はんぎょうはんざ》、非行非坐《ひぎょうひざ》の四つにわけたもので、三昧とは心を一処にして動かさないことをいう。

常坐三昧は静かなところで九〇日を一期として坐禅を続ける修行、常行三昧は口に阿弥陀仏の名を唱え、心に阿弥陀仏を観ずる修行で念仏三昧ともいう。

半行半坐三昧は『大方等陀羅尼経《だいほうとうだらにきょう》』による方等三昧と『法華経』による法華三昧の二種の修行法である。

非行非坐三昧は単に修行だけでなく、すべての日常の行法が修行であるとするもので、随自意《ずいじい》三昧ともいう。この四種三昧の修行としてあるのが十乗観法だ。これらは我々の一瞬の想念(一念)のなかであらゆるすべての現象(三千)を観察してしまう一念三千を具現するための実践論なのである。

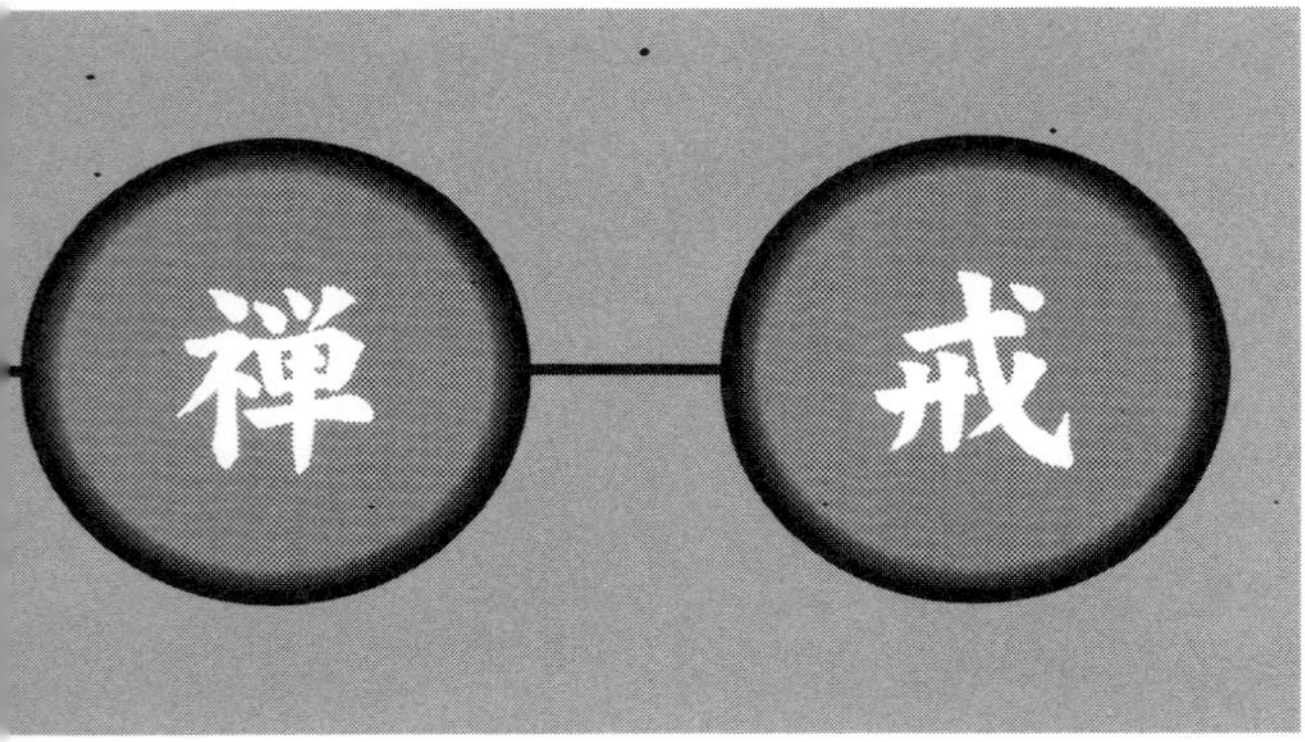

最澄の説いた 四宗融合思想

唐で『法華経』を中心とする天台教学に加えて、禅、密教、さらには、梵網菩薩戒《ぼんもうぼさつかい》を相承した最澄《さいちょう》は、四宗融合の日本天台宗を開いた。その思想の根底にあったのは、人はみな平等に成仏できるという一乗《いちじょう》思想であった。顕教《けんきょう》や密教、禅や戒といったことにとらわれず、すべてを『法華経』の精神で総合統一しようとしたのが、最澄の考えだったのである。

一大円教論

最澄《さいちょう》が唐に渡った目的は、天台教学を修めることにあったが、菩薩戒を道邃《どうずい》から、密教は順暁《じゅんぎょう》から伝えられ、禅はそれ以前に日本で学んでおり、天台山の翛然《しゅくねん》からも伝えた。

これら四つに共通するのは、いずれもすべての人はみな仏になれる、すべてのものを仏にするという教え、一乗思想だ。

最澄はこの天台法華宗、密教、禅、梵網菩薩戒《ぼんもうぼさつかい》を四宗融合させ、日本独自の天台宗を開創した。密教と顕教《けんきょう》、あるいは戒と禅といった種別にとらわれることなく、一乗思想の教理によって、四宗を『法華経』の教えと精神のもとで統一しようとした。これが最澄のめざした総合仏教教団天台宗の基本理念である。

最澄と時を同じくして唐に渡った空海《くうかい》が開いた真言宗や、鎌倉時代に天台宗から派生していった諸宗派が単科仏教教団であった。

それに対して、最澄が開いた総合仏教としての天台宗は、四宗融合の考え方に根ざした、天台宗そのままが仏教そのものであるという絶対的な教義と存在意義を持っていた。

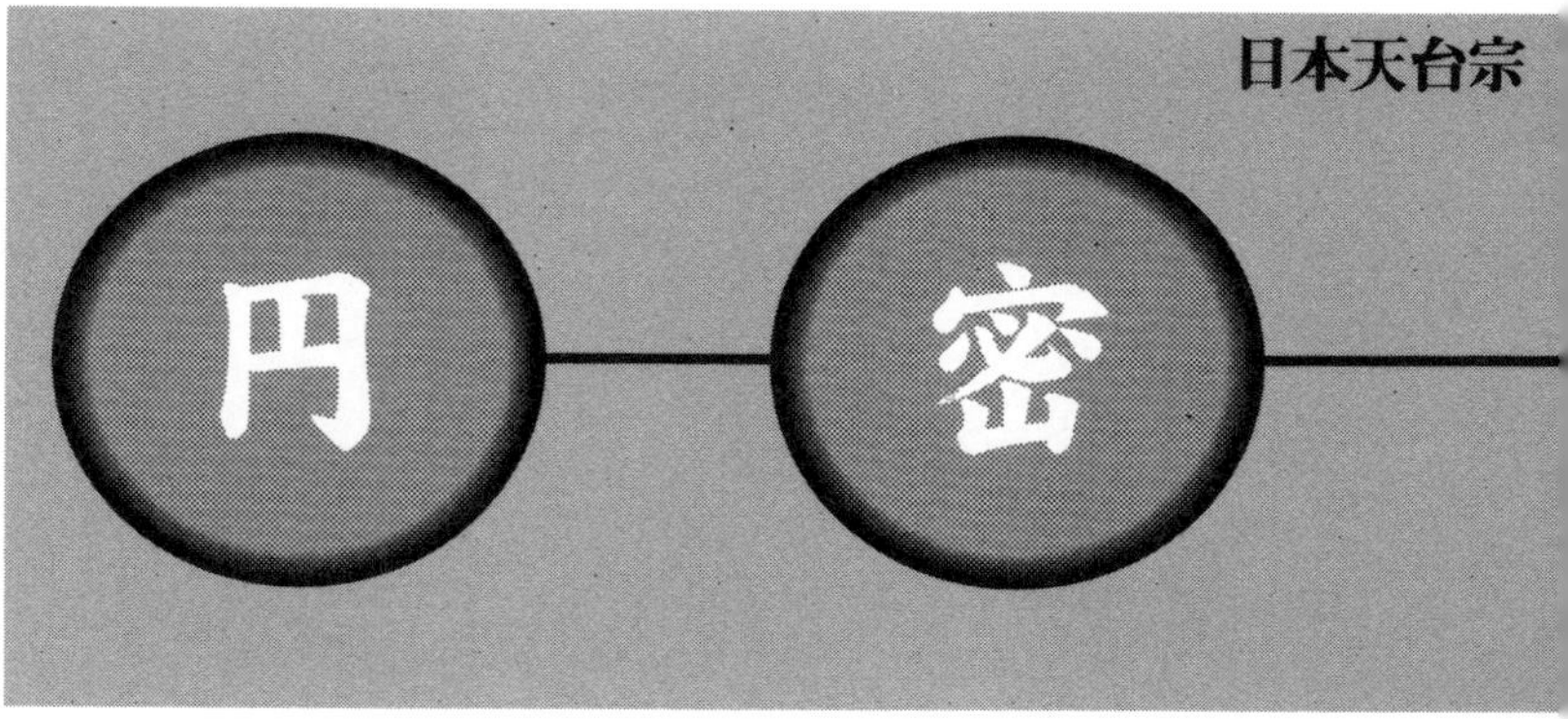

その意味で、最澄の思想は比類のない高遠な仏教思想であったといえる。

●円教

天台宗以前の日本仏教界を支配していた南都仏教は、仏の教えには声《しょう》聞《もん》、縁覚《えんがく》、菩薩《ぼさつ》の三つの乗り物(三乗)があり、声聞や縁覚といった小乗仏教の人は成仏できないと説いた。

それに対して、最澄は法華円教の教えから、仏の真実の教えは一つであり、声聞、縁覚、菩薩といった区別はなく、小乗も大乗も関係なく、すべての人はみな平等に成仏できる、すなわち一つの乗り物(一乗)であると説いたのである。そして、その実践方法が止観である。

●密教

日本の密教は、天台宗(台密《たいみつ》)と真言宗(東密《とうみつ》)の二つの流れがある。大きな違いは東密が大日如来《だいにちにょらい》の教えを密教、釈尊の教えを顕教として、密勝顕劣と考え、金剛界《こんごうかい》、胎蔵界《たいぞうかい》のみを純密とするのに対して、台密では、一乗を密教、三乗を顕教として円密一致と考え、釈尊と大日如来を一体と考えている。

●禅

禅は、悟りをえる方法である。最澄は、得度の師である近江国分寺の行表《ぎょうひょう》からこれを伝えられた。天台教学では、これを禅ではなく止観《しかん》といい、天台止観の本領は前述したように円頓止観にある。

最澄は、法華経の実践方法としての止観を重視し、その考え方は、二名の年分度者《ねんぶんどしゃ》が認められたときに、一名を止観業としたことやのちの延《えん》暦《りゃく》寺をはじめ一乗止観院《いちじょうしかんいん》となづけたことでもわかる。

●戒

最澄は、南都仏教の規則の厳密な小乗戒《しょうじょうかい》は声聞の戒にすぎず、大乗菩薩であろうとする天台宗は、自らの戒めとして自発的にとらえ、一人で誓う自誓受戒も可能な大乗戒《だいじょうかい》を主張した。

基本的には大乗菩薩戒だけを身につけるべきだと考えたのである。天台宗の戒律は、僧侶と在家信者を区別しないで真俗一貫で、一度受けた戒の本質は永久に失われないという一得永不失の戒である。

延暦寺大講堂　５年に１度の法華大会、経典の講義などに使われる

法華一乗説

●一乗と三乗

大乗仏教の起こりは、出家修行したものだけが悟りに達することができると説いたそれ以前の仏教に対する批判からである。誰もが悟りを開くことができ、独善的に悟りを求めるのではなく、一切衆生を救済しようという利他の精神こそが根本であるとして、大乗と称した。

そして、大乗の修行を行う菩薩に対して、従来の仏教を小乗としてその修行者を声聞(仏の教えを聞いて悟る者)、縁覚(仏の教えによらず自ら悟りを開く者)と呼び、区別した。『法華経』は、大乗の立場に立った教えではあるが、小乗を排除する限りは真の大乗とはいえないと、大乗と小乗の争いを止めようとしている。声聞、縁覚、菩薩の三乗は仏が衆生の能力に合わせて仮に説いた教え「方便」であり、最終的には真理は一つであり、三乗も一乗に帰結するという三乗方便一乗真実、三権一実を説いているのである。

南都仏教が三乗説をとって、小乗は成仏できないと説いてきたのに対し、最澄は『法華経』、さらには四宗融合の立場から、声聞、縁覚、菩薩といった乗り物の区別はなく、仏の教えは一つであって、誰もがみな平等に成仏することができるという一乗説をとり、法華一乗の教えを広めていった。

最澄がこうした法華一乗の主張をしたことに対して、南都仏教各派はこぞって批判、反論を展開して、最澄と南都仏教の僧侶たちとのあいだで、論争が繰り広げられたのである。

●一三権実《ごんじつ》論争

最澄は晩年、南都仏教とのあいだの論争に明け暮れたが、その一つの

テーマが一三権実論争で、とくに有名なのが、会津の法相宗《ほっそう》の僧、徳一《とくいつ》との論争である。

徳一は藤原仲麻呂《ふじわらなかまろ》の子ともいわれるが、詳しい経歴は伝わっていない。しかし、空海にも論争を挑んでいることからも、非常に学識があり、天台、真言という新仏教に対する南都仏教最大の論客であったといえる。

最澄と徳一の論争は、八一七(弘《こう》仁《にん》八)年から最澄の没する前年の八二一(同一二)年まで続き、お互いに著作を発表しあって、激しく争っている。現在、徳一の著作は残っていないが、最澄の『守護国界章《しゅごこっかいしょう》』や『法華秀句《ほっけしゅうく》』などは、この論争を通じて著されたものだ。

この論争のテーマとなったのは、天台教学全般にわたるものではあるが、とくに問題となったのが、『法華経』の理解、とくに、人は誰でも仏になれるか、仏になれない人もいるかということだった。

最澄は、三乗は方便であり、一乗が真実であるという三権一実論を主張したが、徳一は法相宗の立場から、人には五種類の素質の違いがあるとして、悟りを開くことができない人もいるのであって、一乗こそが方便だという一乗方便三乗真実説をとった。

●大乗戒壇独立運動

最澄が取り組んだもう一つの論争が大乗戒壇独立問題だった。当時は東大寺《とうだいじ》、下野薬師寺《しもつけやくしじ》、筑紫観世音寺《つくしかんぜおんじ》でしか授戒は認められておらず、しかも、それは大乗仏教以前の法蔵部の律に基づく戒「四分律」であった。

最澄は大乗仏教であるから、大乗戒で授戒するべきであると考え、梵《ぼん》網戒《もうかい》による戒を授ける戒壇を比叡山に独自に設けたいと運動した。これに対し、南部仏教から大きな批判が起こり、最澄も『顕戒論《けんかいろん》』などで再批判し、論争が続いたのである。

天台宗の経典を読む

天台宗では、中国天台宗の祖、智顗《ちぎ》が『法華経』こそがお釈迦さまの真実の教えであると説いたことから、『法華経』が根本経典となっている。しかし、最澄《さいちょう》が円、密、禅、戒の四宗融合を図ったことから、密教の経典である『大日経《だいにちきょう》』をはじめ、『阿弥陀経《あみだきょう》』『華厳経《けごんきょう》』『涅槃経《ねはんぎょう》』『維《ゆい》摩経《まきょう》』などが教学上も重要な位置を占め、多くの経典が読まれている。

●根本経典

お釈迦さまが目的としていたのは、衆生の救済である。説法も衆生の機根に応じて、さまざまに説かれ、それらが経典となっている。

インドでは、それらをもとに、部派仏教、菩薩教団などがいろいろな経典をつくっている。

中国に仏教が伝わった時点で、そうした数々の経典や教論書が、歴史的背景や順序に関係なくもたらされ、翻訳されていった。そのなかで、天台教学の祖、智顗《ちぎ》は、五時八教の教判によって『法華経』こそが最高の経典であり、お釈迦さまの真実の教えであるとした。そのため日本天台宗でも『法華経』が根本経典として、もっとも重要な存在となっている。

しかし、最澄が四宗融合によって、日本独自の天台宗を開いたことから、密教や禅、戒律に関する経典も輔宗の聖典としてよく使われる。それらをあげると、円経として『法華経』のほかに、『仁王般若経《にんのうはんにゃきょう》』『金光明経《こんこうみょうきょう》』『中観論《ちゅうがんろん》』『大智度論《だいちどろん》』があり、密教は『大日経《だいにちきょう》』『金剛頂経《こんごうちょうきょう》』『蘇悉地経《そしつじきょう》』『菩提心論《ぼだいしんろん》』が、戒には『梵網菩薩戒経《ぼんもうぼさつかいきょう》』がある。また、『大無量寿経《だいむりょうじゅきょう》』『観無量寿経《かんむりょうじゅきょう》』『阿弥陀経《あみだきょう》』などの浄土教の経典も重要である。

法華経

●法華経とは

『法華経』は紀元前後にインドで成立して、シルクロードを経て、中国、日本へと伝わった。中国では鳩摩羅《くまら》什《じゅう》訳のものが多く使われ、日本で最初に『法華経』を講じたのは聖徳太子だといわれる。

『法華経』は全二十八品《ほん》からなり、迹門《しゃくもん》と本門の二つに大きく分けられ、さらに序分《じょぶん》、正宗分《しょうしゅうぶん》、流通分《るづうぶん》の三部に分けられることから、二門六段と

『法華経』の構成

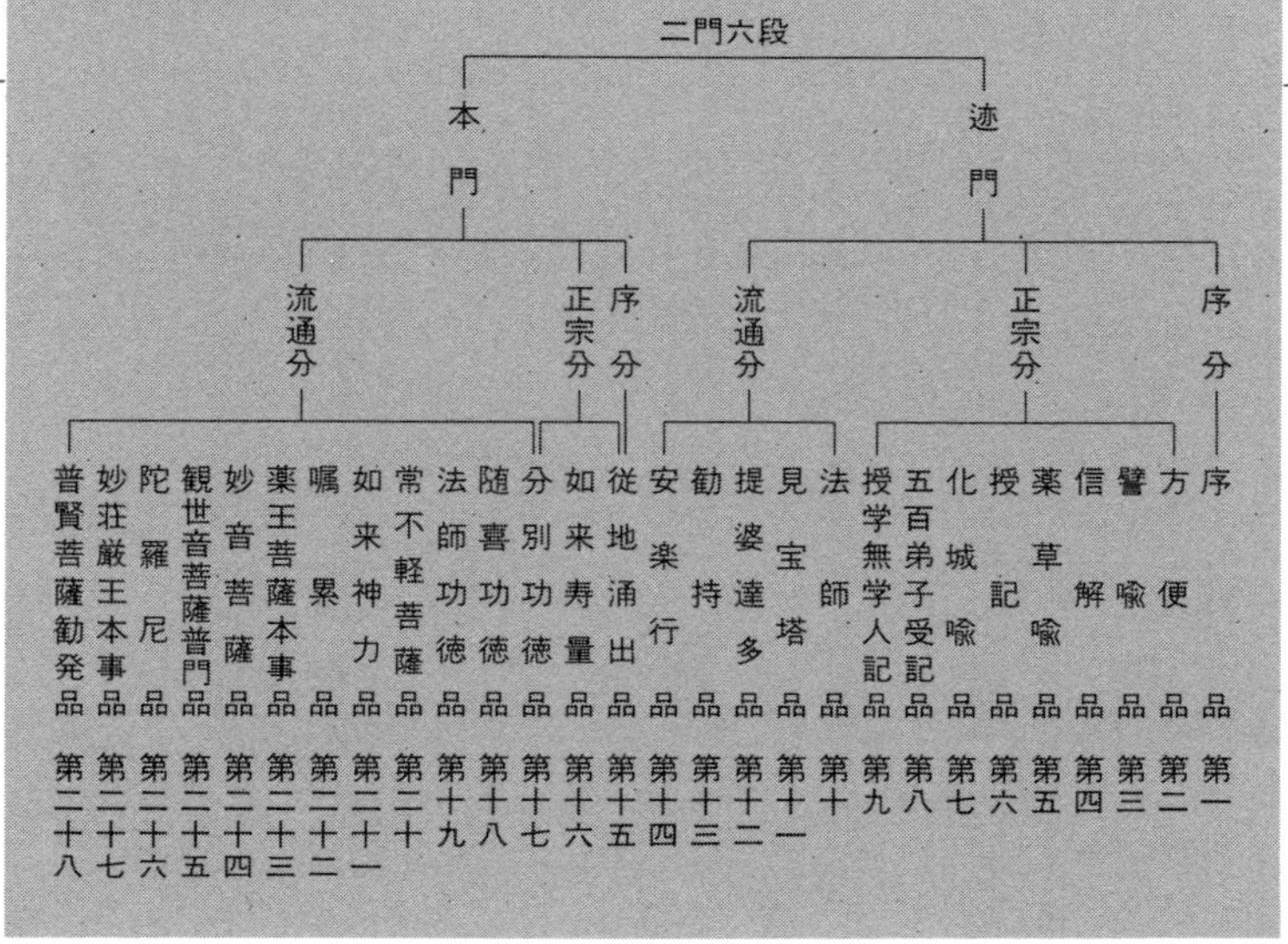

いう。迹門は釈尊が久遠《くおん》の仏であるという実体を明らかにする以前の教えで、本門で釈尊が久遠の仏であることを教え、この教えを信じ、実践する者に仏教での実成への道が明らかにされる。

『法華経』二十八品のあらすじ

●序品《じょほん》第一　釈迦が三時に入っていて、人々は『法華経』の説法を望んで集合する。

●方便品《ほうべんぼん》第二　すべてのものに仏の悟りを得させることが釈尊の目的で、三乗などの区別はないとする。

●譬喩品《ひゆほん》第三　弟子が一乗の教えを大白牛車《だいはくぎっしゃ》にたとえ、釈尊の真意を復唱する。

●信解品《しんげほん》第四　弟子が長者《ちょうじゃ》と窮《ぐう》子《じ》のたとえで、お釈迦さまの慈悲あふれる教え導きをのべる。

●薬草喩品《やくそうゆほん》第五　草木に大小差があっても等しく雨をうけるように釈尊はすべての人を等しく教え導く。

●授記品《じゅきほん》第六　弟子に仏になれるだろうと予言。

●化城喩品《けじょうゆほん》第七　修行に耐えられない者には、目前の到達点を設けて導いていくという教え。

●五百弟子受記品《ごひゃくでしじゅきほん》第八　可能性に気づき、信じることの大切さを教える。

●授学無学人記品《じゅがくむがくにんきほん》第九　修学者にすべての者は仏になれると予言。

●法師品《ほっしほん》第十　『法華経』に喜びを感じる者、説く者は仏の加護があり、最高の悟りに到達すると説く。

●見宝塔品《けんほうとうほん》第十一　巨大な塔に端座した多宝如来《たほうにょらい》が釈尊の説法をたたえ、誘う。教えの舞台が地上から空中へ移る区切りの章。

●提婆達多品《だいばだったほん》第十二　『法華経』を信じる者は幼女でもその身そのままで仏になれると説く。

●勧持品《かんじほん》第十三　『法華経』を広めるためには「命は惜しみません」と弟子たちが表明する。

●安楽行品《あんらくぎょうほん》第十四　伝道者が正しく教えを伝えるための四つの指針「安楽行」を示す。

紺紙金銀交書法華経　重文／延暦寺蔵

●従地涌出品《じゅうじゆじゅっぽん》第十五　釈尊は過去から教えをのべて古い弟子たちが地中から出現することをのべる。

●如来寿量品《にょらいじゅりょうほん》第十六　実在した釈尊は仮の姿で、久遠の仏であると、本来の姿を説き示す『法華経』の真髄。

●分別功徳品《ふんべつくどくほん》第十七　釈尊が久遠の仏だと信じ伝道する者の功徳を最上とする教え。

●随喜功徳品《ずいきくどくほん》第十八　『法華経』を聞き、信じる者の功徳について語る。

●法師功徳品《ほっしくどくほん》第十九　『法華経』を信じ、となえ、説き広め、書写する者は、それぞれ優れた能力を持つようになるという教え。

●常不軽菩薩品《じょうふきょうぼさつほん》第二十　誰に対しても礼拝し、敬意を表して、どんな仕打ちにも礼拝をやめなかった常不軽という修行者は自分であると、釈尊が語る。

●如来神力品《にょらいじんりきほん》第二十一　釈尊が菩薩たちに宣教の使命を与える。

●嘱累品《ぞくるいほん》第二十二　求道者に『法華経』を広めさせ、諸仏にそれぞれの世界に戻ることを勧める。

●薬王菩薩本事品《やくおうぼさつほんじほん》第二十三　仏に身を捧げ、わが身を燃やして世界を照らした薬王菩薩の物語。舞台が地上に戻る。

●妙音菩薩品《みょうおんぼさつほん》第二十四　三十四の姿に変身、『法華経』信者を助け、庇護する妙音菩薩の物語。

●観世音菩薩普門品《かんぜおんぼさつふもんぼん》第二十五　『観《かん》音経《のんぎょう》』のこと。観世音菩薩が人々を救済する物語。

●陀羅尼品《だらにほん》第二十六　「陀羅尼」とは呪文のこと。『法華経』の守護神が幸福の呪文を伝道者に贈る。

●妙荘厳王本事品《みょうしょうごんのうほんじほん》第二十七　薬王・薬上《やくじょう》両菩薩の王子が異教の両親を改宗させる物語。

●普賢菩薩勧発品《ふげんぼさつかんぼっぽん》第二十八　エピローグ。普賢菩薩が『法華経』を信じる者を救うことを釈尊に誓う。

法華経を読む

【自我偈】

自我偈《じがげ》は、釈尊の久遠《くおん》の成仏を説いて、『法華経』の真髄とされる如来寿量品《にょらいじゅりょうほん》第十六のなかでももっとも重要な部分である。ここに登場する釈尊は歴史上の釈尊ではなく、久遠の過去から現世にあらわれた「久遠実成《じつじょう》の仏」（永遠の生命を持つ釈尊）である。釈尊はこの自我偈のなかで、現世の世界こそが仏の浄土であると説いている。

『妙《みょう》法《ほう》蓮《れん》華《げ》経《きょう》』
如《にょ》来《らい》寿《じゅ》量《りょう》品《ほん》第十六「自我偈《じがげ》」

自《じ》我《が》得《とく》仏《ぶつ》来《らい》　所《しょ》経《きょう》諸《しょ》劫《こう》数《しゅ》
無《む》量《りょう》百《ひゃく》千《せん》万《まん》　億《おく》載《さい》阿《あ》僧《そう》祇《ぎ》
常《じょう》説《せっ》法《ぽう》教《きょう》化《け》　無《む》数《しゅ》億《おく》衆《しゅ》生《じょう》
令《りょう》入《にゅう》於《お》仏《ぶつ》道《どう》　爾《に》来《らい》無《む》量《りょう》劫《こう》
為《い》度《ど》衆《しゅ》生《じょう》故《こ》　方《ほう》便《べん》現《げん》涅《ね》槃《はん》
而《に》実《じつ》不《ふ》滅《めつ》度《ど》　常《じょう》住《じゅう》此《し》説《せっ》法《ぽう》
我《が》常《じょう》住《じゅう》於《お》此《し》　以《い》諸《しょ》神《じん》通《づう》力《りき》
令《りょう》顛《てん》倒《どう》衆《しゅ》生《じょう》　雖《すい》近《ごん》而《に》不《ふ》見《けん》
衆《しゅ》見《けん》我《が》滅《めつ》度《ど》　広《こう》供《く》養《よう》舎《しゃ》利《り》
咸《げん》皆《かい》懐《え》恋《れん》慕《ぼ》　而《に》生《しょう》渇《かつ》仰《ごう》心《しん》
衆《しゅ》生《じょう》既《き》信《しん》伏《ぶく》　質《しち》直《じき》意《い》柔《にゅう》軟《なん》

［和訳］

人々は、私（釈尊）がこの世ではじめて仏になったと思っているが、そうではない。

私が仏となったのは、百千万億載《さい》という気が遠くなるようなはかり知れない昔のことだ。

そして、そのはるか昔から今日にいたるまで、私は常に教えを説いて大勢の人々を教化《きょうけ》し、仏の道に導いてきた。

私はただ人々を救い、導くために、方便として入滅の姿を示しただけであって、実際には入滅したことは一度たりともない。常にこの世にいて教えを説きつづけているのだ。

ただし、私がこの世にいるとはいっても、人々からは私の姿は見えない。なぜなら、もろもろの神通力《じんづうりき》を用いて、人々のそばにいながらその姿が見えないようにしているからである。

しかし人々は、私が本当に入滅したと思って、各地で舎利《しゃり》（遺骨）を供養し、信の心を起こす。その心はとても素直で柔軟である。私に会いたいという一心で、命さえ惜しまないと思っている。彼らが本当の

一《いっ》心《しん》欲《よく》見《けん》仏《ぶつ》　不《ふ》自《じ》惜《しゃく》身《しん》命《みょう》
時《じ》我《が》及《ぎゅう》衆《しゅう》僧《そう》　倶《く》出《しゅつ》霊《りょう》鷲《じゅ》山《せん》
我《が》時《じ》語《ご》衆《しゅ》生《じょう》　常《じょう》在《ざい》此《し》不《ふ》滅《めつ》
以《い》方《ほう》便《べん》力《りき》故《こ》　現《げん》有《う》滅《めつ》不《ふ》滅《めつ》
余《よ》国《こく》有《う》衆《しゅ》生《じょう》　恭《く》敬《ぎょう》信《しん》楽《ぎょう》者《しゃ》
我《が》復《ぶ》於《お》彼《ひ》中《ちゅう》　為《い》説《せつ》無《む》上《じょう》法《ほう》
汝《にょ》等《とう》不《ふ》聞《もん》此《し》　但《たん》謂《に》我《が》滅《めつ》度《ど》
我《が》見《けん》諸《しょ》衆《しゅ》生《じょう》　没《もつ》在《ざい》於《お》苦《く》海《かい》
故《こ》不《ふ》為《い》現《げん》身《しん》　令《りょう》其《ご》生《しょう》渇《かつ》仰《ごう》
因《いん》其《ご》心《しん》恋《れん》慕《ぼ》　乃《ない》出《しゅつ》為《い》説《せっ》法《ぽう》
神《じん》通《づう》力《りき》如《にょ》是《ぜ》　於《お》阿《あ》僧《そう》祇《ぎ》劫《こう》
常《じょう》在《ざい》霊《りょう》鷲《じゅ》山《せん》　及《ぎゅう》余《よ》諸《しょ》住《じゅう》処《しょ》
衆《しゅ》生《じょう》見《けん》劫《こう》尽《じん》　大《だい》火《か》所《しょ》焼《しょう》時《じ》
我《が》此《し》土《ど》安《あん》穏《のん》　天《てん》人《にん》常《じょう》充《じゅう》満《まん》
園《おん》林《りん》諸《しょ》堂《どう》閣《かく》　種《しゅ》種《じゅ》宝《ほう》荘《しょう》厳《ごん》
宝《ほう》樹《じゅ》多《た》花《け》果《か》　衆《しゅ》生《じょう》所《しょ》遊《ゆう》楽《らく》
諸《しょ》天《てん》撃《ぎゃく》天《てん》鼓《く》　常《じょう》作《さ》衆《しゅう》伎《ぎ》楽《がく》
雨《う》曼《まん》陀《だ》羅《ら》華《け》　散《さん》仏《ぶっ》及《ぎゅう》大《だい》衆《しゅう》
我《が》浄《じょう》土《ど》不《ふ》毀《き》　而《に》衆《しゅう》見《けん》焼《しょう》尽《じん》
憂《う》怖《ふ》諸《しょ》苦《く》悩《のう》　如《にょ》是《ぜ》悉《しっ》充《じゅう》満《まん》

信仰心を起こし、仏に帰依《きえ》する心をもったなら、私は弟子たちとともに霊鷲山《りょうじゅせん》に姿を現わすのである。

私はそのとき人々に語るであろう。

「私は常にここにいて、入滅することはない。しかし人々を導くための方便として、ときに入滅の姿を示す」

そして他の国の人々で仏を恭《うやうや》しく敬い、信じ願う者がいるならば、私はその国へ行って、人々のために教えを説くであろう。

それなのに、あなたがたは、ただ私が入滅したものと思い込んでいる。

私から見れば人々は皆、苦海に沈んでいる。だからこそ私はわざと姿を見せないでいて、人々に仏を思う気持ちを起こさせ、渇望させ、仏を恋い慕う気持ちになったときに姿を現し、教えを説くのである。私は神通力をもって姿を隠し、はかり知れない長い間、私は霊鷲山や、その他のもろもろの場所にとどまっている。世界が破壊され、地獄から人間・天上界までが炎に焼かれるようなときでも、私のいるこの世界は安らかで、仏と人々で満ちている。

私のいる霊鷲山の庭園や建物は、いろいろな宝物で飾られている。宝樹《ほうじゅ》には美しい花が咲き、果実がたわわに実り、人々が楽しく過ごす場所となっている。諸天《しょてん》は天の鼓《つづみ》を打ち、いつもさまざまな音楽を奏でており、曼陀羅華《まんだらけ》の花が舞い、それが仏をはじめ多くの人々にも振りかかる。

このように仏の浄土は安泰であるにもかかわらず、迷える人々は、浄土の世界は破壊され、焼き尽くされ、憂いや恐怖・苦悩に満ちていると思っているのである。罪人たちは、その悪業《あくごう》の因縁によって、どんなにはかり知れない長い時間を過ぎても、三宝《さんぽう》の名さえ聞くことができない。

是《ぜ》諸《しょ》罪《ざい》衆《しゅ》生《じょう》
過《か》阿《あ》僧《そう》祇《ぎ》劫《こう》
諸《しょ》有《う》修《しゅ》功《く》徳《どく》
則《そく》皆《かい》見《けん》我《が》身《しん》
或《わく》時《じ》為《い》此《し》衆《しゅう》
久《く》乃《ない》見《けん》仏《ぶっ》者《しゃ》
我《が》智《ち》力《りき》如《にょ》是《ぜ》
寿《じゅ》命《みょう》無《む》数《しゅ》劫《こう》
汝《にょ》等《とう》有《う》智《ち》者《しゃ》
当《とう》断《だん》令《りょう》永《よう》尽《じん》
如《にょ》医《い》善《ぜん》方《ほう》便《べん》
実《じつ》在《ざい》而《に》言《ごん》死《し》
我《が》亦《やく》為《い》世《せ》父《ぶ》
為《い》凡《ぼん》夫《ぶ》顛《てん》倒《どう》
以《い》常《じょう》見《けん》我《が》故《こ》
放《ほう》逸《いつ》著《じゃく》五《ご》欲《よく》
我《が》常《じょう》知《ち》衆《しゅ》生《じょう》
随《ずい》応《おう》所《しょ》可《か》度《ど》
毎《まい》自《じ》作《さ》是《ぜ》念《ねん》
得《とく》入《にゅう》無《む》上《じょう》道《どう》

以《い》悪《あく》業《ごう》因《いん》縁《ねん》
不《ふ》聞《もん》三《さん》宝《ぼう》名《みょう》
柔《にゅう》和《わ》質《しち》直《じき》者《しゃ》
在《ざい》此《し》而《に》説《せっ》法《ぽう》
説《せつ》仏《ぶつ》寿《じゅ》無《む》量《りょう》
為《い》説《せつ》仏《ぶつ》難《なん》値《ち》
慧《え》光《こう》照《しょう》無《む》量《りょう》
久《く》修《しゅ》業《ごう》所《しょ》得《とく》
勿《もっ》於《と》此《し》生《しょう》疑《ぎ》
仏《ぶつ》語《ご》実《じつ》不《ぷ》虚《こ》
為《い》治《じ》狂《おう》子《し》故《こ》
無《む》能《のう》説《せっ》虚《こ》妄《もう》
救《く》諸《しょ》苦《く》患《げん》者《しゃ》
実《じつ》在《ざい》而《に》言《ごん》滅《めつ》
而《に》生《しょう》憍《きょう》恣《し》心《しん》
堕《だ》於《お》悪《あく》道《どう》中《ちゅう》
行《ぎょう》道《どう》不《ふ》行《ぎょう》道《どう》
為《い》説《せっ》種《しゅ》種《じゅ》法《ほう》
以《い》何《が》令《りょう》衆《しゅ》生《じょう》
速《そく》成《じょう》就《じゅ》仏《ぶっ》身《しん》

ところがこれに対して、善行《ぜんこう》を積み、もろもろの功徳《くどく》を修め、柔和で素直な心をもつ人々は、ここが仏の教えを聞くことができるすばらしい場所であることを知っている。私がこの場所にあって教えを説くことがわかるのである。

だから私は、あるときは、これらの人々のために仏の寿命が永遠であることを説き、長い時間かかってはじめて私に会うことができた人には、仏にはなかなか会い難いものであることを説こう。

私の知恵は、このように自在で限りないものだ。知恵の光は限りなく、寿命は無限である。これは長い間の修行の積み重ねによって得たおかげである。

あなたがた知恵のある者は、このことを疑ってはならない。疑いを断ち尽くしてしまうべきである。仏の言葉はすべて真実で、決して嘘いつわりでないからである。それはまるで良医である父が、心を病んだ子を治療し目覚めさせるために、自分が生きているのに死んだと嘘をついたとしても、それを咎《とが》める人がいないのと同じである。

私もまた、世の人々の父として、人々の苦しみを救う者だ。凡夫はその煩悩《ぼんのう》ゆえ、私が生きているのに入滅したと思い込んでいる。

また、いつでも私がいると思うと、人々はいい気になって、五欲(色《しき》・声《しょう》・香《こう》・味《み》・触《しょく》)にとらわれ、悪道(地獄道・餓鬼道・畜生道)に陥ってしまう。

私は常に、正しい仏道を修行する人と、そうでない人を見きわめている。そして、それぞれ人に応じて導き、救うために最善の教えを説くのである。

私は常に自ら、この念を新たにしている。

「どのようにして人々を無上道《むじょうどう》に導き、速やかに成仏させるにはどうすればよいか」と——。

法華経を読む

【観音経】

観世音菩薩普門品《かんぜおんぼさつふもんぼん》第二十五にあって、観世音菩薩の名をたたえ、念じるだけで、どんな厄災からも救われると説く。普門とはどの門から入ってもいいという意味で、観世音菩薩はいつでもどこでもあらわれて、人々を救ってくれるということを示している。天台宗では、大乗菩薩として我々はこの観世音菩薩になろうと教える。

『妙法蓮華経《みょうほうれんげきょう》』

観世音菩薩普門品《かんぜおんぼさつふもんぼん》第二十五［観音経《かんのんぎょう》］

世尊妙相具《せそんみょうそうぐ》　我今重問彼《がこんじゅうもんぴ》
仏子何因縁《ぶっしがいんねん》　名為観世音《みょういかんぜおん》
具足妙相尊《ぐそくみょうそうそん》　偈答無尽意《げとうむじんに》
汝聴観音行《にょちょうかんのんぎょう》　善応諸方所《ぜんのうしょほうしょ》
弘誓深如海《ぐぜいじんにょかい》　歴劫不思議《りゃっこうふしぎ》
侍多千億仏《じたせんのくぶつ》　発大清浄願《ほつだいしょうじょうがん》
我意汝略説《がいにょりゃくせつ》　聞名及見身《もんみょうぎゅうけんしん》
心念不空過《しんねんふくうか》　能滅諸有苦《のうめつしょうく》
仮使興害意《けしこうがいい》　推落大火坑《すいらくだいかきょう》
念彼観音力《ねんぴかんのんりき》　火坑変成池《かきょうへんじょうち》

［和訳］

「世尊（釈迦）は三十二相・八十種好《しゅごう》という仏らしいお姿をしていらっしゃいます。そこで私はいま、観世音菩薩についておうかがいさせていただきます。この仏子（菩薩《ぼさつ》）をどういう理由（因縁）で観世音《かんぜおん》と名づけられたのですか」と無尽意《むじんい》菩薩がたずねると、仏らしい姿をそなえた釈尊は、偈《げ》（韻文）によって無尽意菩薩にお答えになった。

＊

そなた無尽意菩薩よ、観世音菩薩の修行が、もろもろの方角や場所にきちんと適応していることをよく聴きなさい。

その大いなる誓いは海のように深く、無限の時間をかけても考えをおよばせることは不可能である。何千億もの無数の仏に仕えて、偉大なる清浄の願いを起こした。私（釈尊）はそなたのために、わかりやすく簡単に説明をしよう。

観世音菩薩の名前を聞き、その身体を見て心にしっかりと観世音

或《わく》標《ひょう》流《る》巨《こ》海《かい》　龍《りゅう》魚《ぎょ》諸《しょ》鬼《き》難《なん》
念《ねん》彼《ぴ》観《かん》音《のん》力《りき》　波《は》浪《ろう》不《ふ》能《のう》没《もつ》
或《わく》在《ざい》須《しゅ》弥《み》峯《ぶ》　為《い》人《にん》所《しょ》推《すい》堕《だ》
念《ねん》彼《ぴ》観《かん》音《のん》力《りき》　如《にょ》日《にち》虚《こ》空《くう》住《じゅう》
或《わく》被《ひ》悪《あく》人《にん》逐《ちく》　堕《だ》落《らく》金《こん》剛《ごう》山《せん》
念《ねん》彼《ぴ》観《かん》音《のん》力《りき》　不《ふ》能《のう》損《そん》一《いち》毛《もう》
或《わく》値《ち》怨《おん》賊《ぞく》遶《にょう》　各《かく》執《しゅう》刀《とう》加《か》害《がい》
念《ねん》彼《ぴ》観《かん》音《のん》力《りき》　咸《げん》即《そく》起《き》慈《じ》心《しん》
或《わく》遭《そう》王《おう》難《なん》苦《く》　臨《りん》刑《ぎょう》欲《よく》寿《じゅ》終《しゅう》
念《ねん》彼《ぴ》観《かん》音《のん》力《りき》　刀《とう》尋《じん》段《だん》段《だん》壊《ね》
或《わく》囚《しゅ》禁《きん》枷《か》鎖《さ》　手《しゅ》足《そく》被《ひ》杻《ちゅう》械《かい》
念《ねん》彼《ぴ》観《かん》音《のん》力《りき》　釈《しゃく》然《ねん》得《とく》解《げ》脱《だつ》
呪《しゅ》詛《そ》諸《しょ》毒《どく》薬《やく》　所《しょ》欲《よく》害《がい》身《しん》者《じゃ》
念《ねん》彼《ぴ》観《かん》音《のん》力《りき》　還《げん》著《ぢゃく》於《お》本《ほん》人《にん》
或《わく》遇《ぐう》悪《あく》羅《ら》刹《せつ》　毒《どく》龍《りゅう》諸《しょ》鬼《き》等《とう》
念《ねん》彼《ぴ》観《かん》音《のん》力《りき》　時《じ》悉《しつ》不《ぷ》敢《かん》害《がい》

菩薩を念じ、無為に過ごすことがなければ、どんな苦しみをも滅することができるであろう。

たとえば、人を害する心をもつ者によって、燃えさかる大火の坑《あな》に突き落とされるようなことがあったとしても、観世音菩薩を念じれば、火の坑は池に変わるであろう。

あるいは大海に漂流して、龍・魚・鬼などの餌食《えじき》になるような目に遭ったとしても、観世音菩薩を念じれば、波ものみこむことはできないであろう。あるいは須弥山のような高い峯から人に突き落とされるようなことがあったとしても、観世音菩薩を念じれば、太陽のように空中にとどまるであろう。

あるいは悪人に追われても、あるいは金剛山《こんごうさん》から突き落とされたとしても、観世音菩薩を念じれば、一本の毛でさえ傷つけることはないであろう。

あるいは賊が取り囲み、それぞれ手にした刀で斬《き》りかかってきたとしても、観世音菩薩を念じれば、ただちに賊は慈悲の心を起こし、難を逃れるであろう。

あるいは国王に苦しめられ、国王の命令で死刑にされようとしたとしても、観世音菩薩を念じれば、処刑人の刀はいくつにも折れてしまうであろう。

あるいは首枷《かせ》・手枷・足枷などで囚えられたとしても、観世音菩薩を念じれば、枷はほどけて自由の身になるであろう。

あるいはだれかに呪《のろ》われたり、もろもろの毒で殺されそうになったとしても、観世音菩薩を念じれば、呪いや毒は逆にそれを仕掛けた

若《にゃく》悪《あく》獣《じゅう》囲《い》遶《にょう》　利《り》牙《げ》爪《そう》可《か》怖《ふ》
念《ねん》彼《ぴ》観《かん》音《のん》力《りき》　疾《しっ》走《そう》無《む》辺《へん》方《ぼう》
蚖《がん》蛇《じゃ》及《ぎゅう》蝮《ふっ》蠍《かつ》　気《け》毒《どく》煙《えん》火《か》然《ねん》
念《ねん》彼《ぴ》観《かん》音《のん》力《りき》　尋《じん》声《しょう》自《じ》廻《え》去《こ》
雲《うん》雷《らい》鼓《く》掣《せい》電《でん》　降《ごう》雹《ばく》澍《じゅ》大《だい》雨《う》
念《ねん》彼《ぴ》観《かん》音《のん》力《りき》　応《おう》時《じ》得《とく》消《しょう》散《さん》
衆《しゅ》生《じょう》被《ひ》困《こん》厄《やく》　無《む》量《りょう》苦《く》逼《ひっ》身《しん》
観《かん》音《のん》妙《みょう》智《ち》力《りき》　能《のう》救《く》世《せ》間《けん》苦《く》
具《ぐ》足《そく》神《じん》通《づう》力《りき》　広《こう》修《しゅ》智《ち》方《ほう》便《べん》
十《じっ》方《ぽう》諸《しょ》国《こく》土《ど》　無《む》刹《せっ》不《ぷ》現《げん》身《しん》
種《しゅ》種《じゅ》諸《しょ》悪《あく》趣《しゅ》　地《じ》獄《ごく》鬼《き》畜《ちく》生《しょう》
生《しょう》老《ろう》病《びょう》死《し》苦《く》　以《い》漸《ぜん》悉《しつ》令《りょう》滅《めつ》
真《しん》観《かん》清《しょう》浄《じょう》観《かん》　広《こう》大《だい》智《ち》慧《え》観《かん》
悲《ひ》観《かん》及《ぎゅう》慈《じ》観《かん》　常《じょう》願《がん》常《じょう》瞻《せん》仰《ごう》
無《む》垢《く》清《しょう》浄《じょう》光《こう》　慧《え》日《にち》破《は》諸《しょ》闇《あん》
能《のう》伏《ぶく》災《さい》風《ふう》火《か》　普《ふ》明《みょう》照《しょう》世《せ》間《けん》

本人に向けられるであろう。

あるいは害をおよぼすと恐れられている悪羅刹《あくらせつ》や毒竜、もろもろの鬼類に出会ったとしても、観世音菩薩を念じれば、いずれにおいても危害を加えられることはないであろう。

あるいは、もし鋭い牙《きば》や爪のある悪獣に取り囲まれたとしても、観世音菩薩を念じれば、たちまち遠方に退散するであろう。

あるいは口から毒を煙火のように吐く蜥蜴《とかげ》・蛇・蝮《まむし》・蠍《さそり》に出会ったとしても、観世音菩薩を念じれば、その声を聞いて逃げ去っていくであろう。

あるいは突然、雷鳴が轟《とどろ》き、稲妻《いなづま》が走り、霰《あられ》や大雨に遭ったとしても、観世音菩薩を念じれば、ただちに消散するであろう。

人々が困難を被り、無量の苦しみに責められたとしても、観世音菩薩は不思議な知恵の力で、あますところなく人々を救ってくださるであろう。

不思議な神通力をそなえた観世音菩薩はどこにでも姿を現し、知恵と方便で、悪鬼《あっき》、地獄、餓鬼、畜生、さらに生老病死《しょうろうびょうし》などあらゆる苦しみから人々を救っていくであろう。

観世音菩薩には、真の観想《かんそう》(心で世界を見ること)・清浄な観想・広大な知恵の観想・悲《あわ》れみの観想・慈《いつく》しみの観想がそなわっているため、常にその姿が現れることを願い、仰ぎ見るべきである。

観世音菩薩は、無垢《むく》清浄に光輝く知恵の光と、災いのすべてを救う

悲《ひ》体《たい》戒《かい》雷《らい》震《しん》　慈《じ》意《い》妙《みょう》大《だい》雲《うん》
澍《じゅ》甘《かん》露《ろ》法《ほう》雨《う》　滅《めつ》除《じょ》煩《ぼん》悩《のう》燄《えん》
諍《じょう》訟《しょう》経《きょう》官《かん》処《じょ》　怖《ふ》畏《い》軍《ぐん》陣《じん》中《ちゅう》
念《ねん》彼《ぴ》観《かん》音《のん》力《りき》　衆《しゅ》怨《おん》悉《しつ》退《たい》散《さん》
妙《みょう》音《おん》観《かん》世《ぜ》音《おん》　梵《ぼん》音《のん》海《かい》潮《ちょう》音《おん》
勝《しょう》彼《ひ》世《せ》間《けん》音《のん》　是《ぜ》故《こ》須《しゅ》常《じょう》念《ねん》
念《ねん》念《ねん》勿《もつ》生《しょう》疑《ぎ》　観《かん》世《ぜ》音《おん》浄《じょう》聖《しょう》
於《お》苦《く》悩《のう》死《し》厄《やく》　能《のう》為《い》作《さ》依《え》怙《こ》
具《ぐ》一《いっ》切《さい》功《く》徳《どく》　慈《じ》眼《げん》視《じ》衆《しゅ》生《じょう》
福《ふく》聚《じゅ》海《かい》無《む》量《りょう》　是《ぜ》故《こ》応《おう》頂《ちょう》礼《らい》

爾《に》時《じ》持《じ》地《じ》菩《ぼ》薩《さつ》。即《そく》従《じゅう》座《ざ》起《き》。前《ぜん》白《びゃく》仏《ぶつ》言《ごん》。
世《せ》尊《そん》。若《にゃく》有《う》衆《しゅ》生《じょう》。聞《もん》是《ぜ》観《かん》世《ぜ》音《おん》菩《ぼ》薩《さつ》品《ぽん》。
自《じ》在《ざい》之《し》業《ごう》。普《ふ》門《もん》示《じ》現《げん》。神《じん》通《づう》力《りき》者《しゃ》。
当《とう》知《ち》是《ぜ》人《にん》。功《く》徳《どく》不《ふ》少《しょう》。
仏《ぶつ》説《せつ》是《ぜ》普《ふ》門《もん》品《ぼん》時《じ》。衆《しゅう》中《ちゅう》八《はち》万《まん》四《し》千《せん》衆《しゅ》生《じょう》。
皆《かい》発《ほつ》無《む》等《とう》等《とう》。阿《あ》耨《のく》多《た》羅《ら》三《さん》藐《みゃく》三《さん》菩《ぼ》提《だい》心《しん》。

火の光で、この世を照らす。観世音菩薩は悲の体と慈の心をもって、あたかも雷鳴が轟いて大雲が雨を降らせ草木を育成させるように、甘露の法雨《ほうう》を注ぎ、人々の煩悩の炎を消す。

訴訟を公の場で行ったり、戦場で恐れているときにも、観世音菩薩を念じれば、もろもろの怨念《おんねん》はことごとく退散するであろう。観世音菩薩の声は、私たちが耳にするどんな音よりもすばらしい。だから常に念じなさい。

たとえ、わずかであっても、疑ってはいけない。観世音菩薩という浄《きよ》い聖《ひじり》は、苦悩・死・災厄に見舞われたとき、最後のよりどころになるのだから……。

観世音菩薩は、すべての功徳《くどく》をそなえた慈しみの眼で私たちを見ていらっしゃる。その福徳の大きさは、海のようにはかり知れない。だから御足《みあし》を頭にいただいて礼拝《らいはい》するのである。

＊

そのとき持地菩薩が座から立ち上がり、釈尊の前に出て申し上げた。

「世尊よ、もし人々がこの観世音菩薩品に説かれる自由自在な行為、あらゆる所で示される神通力のことを聞いて信仰すれば、この人の功徳は大変なものでありましょう」

釈尊がこの普門品をお説きになったとき、八万四〇〇〇人の衆生はみな、このうえない悟りを求める心を起こしたのである。

阿弥陀経

『阿弥陀経《あみだきょう》』の内容は大きく四つに分かれる。

1　金銀財宝で飾られた極楽浄土の荘厳な様子の紹介。

2　極楽浄土へ往生するにはどうすればよいかを説き、「南無阿弥陀仏《なむあみだぶつ》」の念仏を教える。

3　この1、2が真実であることを証明する。

4　信仰でえられるご利益を説き、「阿弥陀仏の言葉を信じて、極楽浄土へ生まれたいと一心に願いなさい」と結ぶ。

天台密教三部大経

両部の大経といわれる『大日経《だいにちきょう》』と『金剛頂経《こんごうちょうきょう》』に、『蘇悉地経《そしつじきょう》』を加えたものが天台密教三部大経と呼ばれ、密教の経典のなかでも、もっとも重要な存在とされている。この三つの経典には、密教の教えの基本と実践が説かれている。

●大日経　『大日経』は正式名を『大毘盧遮那成仏神変加持経《だいびるしゃなじょうぶつじんぺんかじきょう》』といって、七世紀初めに西インドで成立したといわれる。

宇宙の真理を体現する大日如来が菩薩の代表、金剛薩埵《こんごうさった》の質問に答えるという形式をとっている。全七巻のうち、一巻は悟りという仏の知恵について語る理論編、二巻以降は密教の儀礼を解説した実践編である。

●金剛頂経　『金剛頂経』系の経典は多くあるが、一般的には『金剛頂《こんごうちょう》一切如来真実摂大乗現証大教王経《いっさいにょらいしんじつしょうだいじょうげんしょうだいきょうおうきょう》』三巻をさす。大日如来がお釈迦さまの質問に答えるという形式をとっていて、『大日経』が理性の世界である胎蔵界を明らかにしているの対して、知恵の世界である金剛界を明らかにしている。

●蘇悉地経　正式には『蘇悉地羯羅経《そしつじからきょう》』といい三七品に分かれ、仏部、蓮華部、金剛部の三部にわたり、成就法を説いている。

『大日経』と『金剛頂経』の両大経の主旨を完全に成就させてくれる役目をもっている。

梵網菩薩戒経

正しくは『梵網経盧舎那仏説菩薩心地戒品《ぼんもうきょうるしゃなぶっせつぼさつしんちかいほん》』といい、『華厳経』の結びに相当する経典で、蓮華蔵世界の盧舎那仏《るしゃなぶつ》を教主としている。

「梵網」とは、諸仏が衆生に応じて教えを説き、漏らすことなく救いとることが、大梵天王《だいぼんてんおう》の因陀羅網《いんだらもう》のごとくであるということに由来している。

二巻からなり、下巻で十重四十八《じゅうじゅうしじゅうはち》軽戒《きょうかい》が説明されている。

著作にみる 最澄の思想

最澄《さいちょう》は最初に比叡山に登ったときに著した『願文《がんもん》』にはじまり、後年は南都仏教諸派との対立に際して、数多くの著作を残しており、それらは天台宗の聖典となっている。著作の数々には、『法華経』に対する考え方や天台宗の根本理念など、最澄の思想がはっきりとあらわれていて、天台宗と最澄を理解するうえで、著作を知ることは欠かせない。

著作の数々

最澄《さいちょう》が最初に著したものとして知られるのが、比叡山に修行に入ったときにその決意を記した『願文《がんもん》』である。

その後は、大乗戒を受けて菩薩僧となることを説いた『山家学生式《さんげがくしょうしき》』や会津の徳一《とくいつ》との論争で三乗思想を批判した『守護国界章《しゅごこっかいしょう》』『照権実鏡《しょうごんじっきょう》』『依憑《えひょう》天台宗』、大乗戒壇設立で南都仏教に反論した『顕戒論《けんかいろん》』『内証仏法《ないしょうぶっぽう》相承血脈譜《そうじょうけちみゃくふ》』など数多くの著作を残している。

それらには、法華円教、一乗思想を説き、総合仏教としての天台宗をめざした最澄の思想がはっきりと伝えられ、重要な存在である。

また、光定《こうじょう》による『伝述一心戒文《でんじゅついっしんかいもん》』などの著述も残されているほか、直弟子の一人である仁忠が書いた伝記『叡山大師伝』もある

『願文』

●著作の背景　最澄は七八五(延暦《えんりゃく》四)年、東大寺で受戒したあと、比叡山に登り、修行にはいるが、そのときに、仏道修行者としていかに目的をすえて修行していくかを誓った決意をあらわすために記したのが『願文』である。

●著作の内容　きびしい自己反省のうえにたって、自己への規制、他者への心がけについて、五カ条の誓いをたてている。自己利他の両面を備えることとは大乗仏教の菩薩のあるべき修行の姿であり、最澄は比叡山での修行を菩薩になるための修行と決意していたことが『願文』の内容からわかる。

天台法華宗年分縁起(『山家学生式』の部分)　国宝／延暦寺蔵　最澄自筆の文書

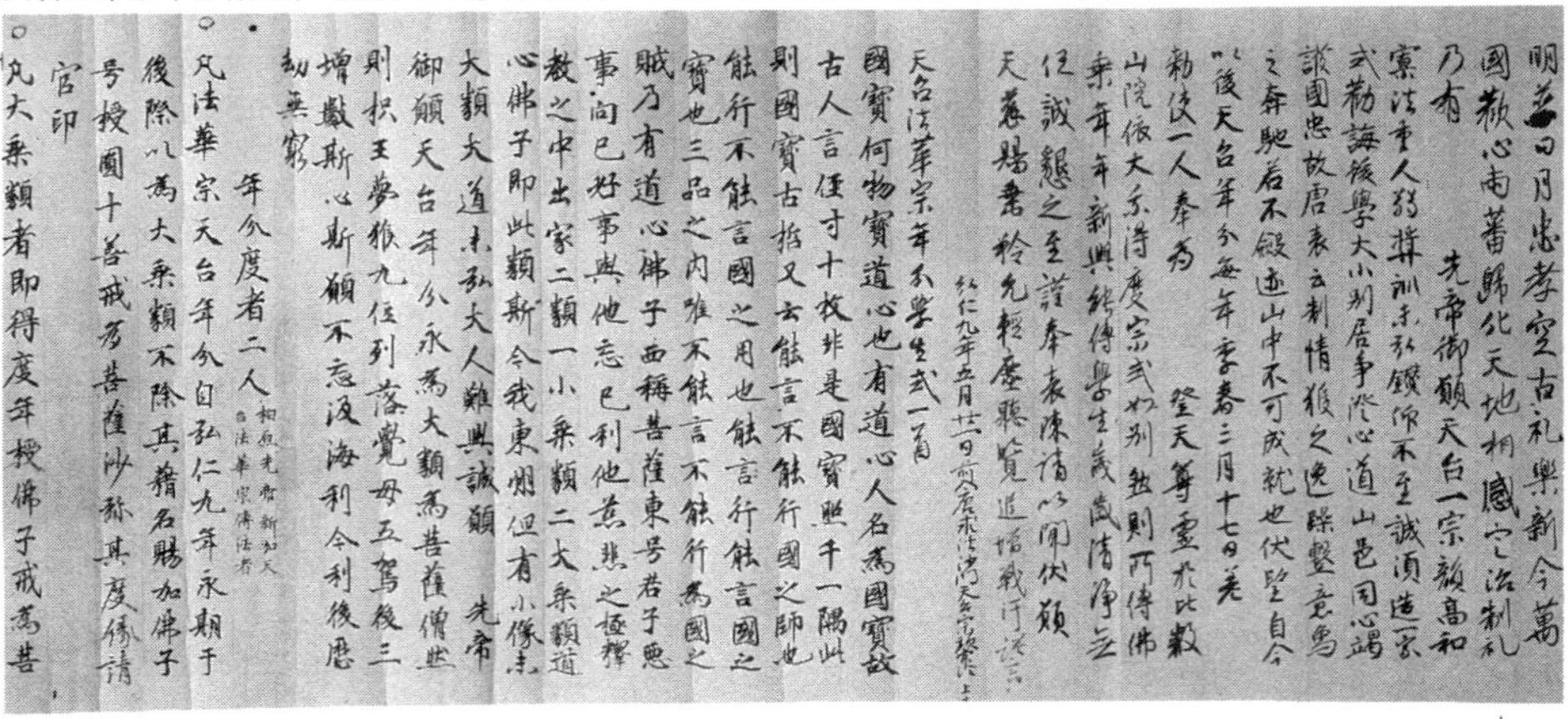

『願文』の代表的な一説

「悠悠たる三界は純《もっぱ》ら苦しみにして安きことなく、擾擾たる四生はただ患《うれい》にして楽しからず」

すべての人間が生死流転をくりかえす、憂いに満ちたこの世は、苦しみの世界である。人間ばかりでなく、騒ぎ乱れる生きとし生けるすべてのものが安楽ではなく患ばかりで、苦しみからのがれることはできない。

『山家学生式』

●著作の背景　唐より帰国した最澄は、中国天台教学を基本に、四宗融合の総合仏教としての日本天台宗の開創を決意し、年分得度者《ねんぶんとくどしゃ》を各宗二人ずつとする制度を上表し、認められる。

　この『山家学生式《さんげがくしょうしき》』は天台宗の得度、受戒をはじめ、修学の制式を定め、嵯峨《さが》天皇の勅許を請うために、八一八(弘仁《こうにん》九)年から翌年にかけて奉呈されたものである。

●著作の内容　比叡山で養成する学生の育成制度を制定するための法典で、「天台法華宗年分学生式《てんだいほっけしゅうねんぶんがくしょうしき》」「勧《かん》奨《しょう》天台宗年分学生式」「天台法華宗年分度者回《え》小向大式《しょうこうだいしき》」の三式に分かれている。

　得度の年に梵網《ぼんもう》の大戒を授けて大乗の出家者とし、一二年間比叡山に住まわせて、止観と遮那《しゃな》という二種類の実践をさせること、その二つの具体的な修学内容に関する規定など、大乗出家僧にかかわる条項が規定されている。

『山家学生式』の代表的な一説

「国宝とは何物ぞ。宝とは道心なり。道心あるの人を名づけて国宝となす。故に古人いわく、『径寸十枚、これ国宝に非ず。照千一隅、これ則ち国宝なり』と」

国の宝とは、どのようなものであるか。宝とは仏道を求める心である。仏道を求める心のある人を名づけて国の宝とするのである。そこで、古人は「直径一寸もあるような玉十個、これが国の宝ではなく、国のなかの一隅に光を与える、これが国の宝である」といっている。

『顕戒論』

●著作の背景　『山家学生式』によって、最澄が独自の大乗戒壇の設立をめざしていることがわかると、南都仏教諸派からは、いっせいに反論が起こった。それに再反論して、大乗戒壇設立を実現させようとして書かれたのが『顕戒論《けんかいろん》』である。

●著作の内容　序文と大綱を示す目次がつけられ、本論は五編に分かれている。大乗は十重四十八軽戒の菩薩戒をもって大僧戒とするという主張がはっきりとした形で展開されている。

引証が多く用いられ、細かい点まで注意が行き届いた論証が繰り広げられているという点で、戒律史上でもユニークで重要な存在となっている。この主張を補助する目的で、『顕戒論縁起』がつくられている。

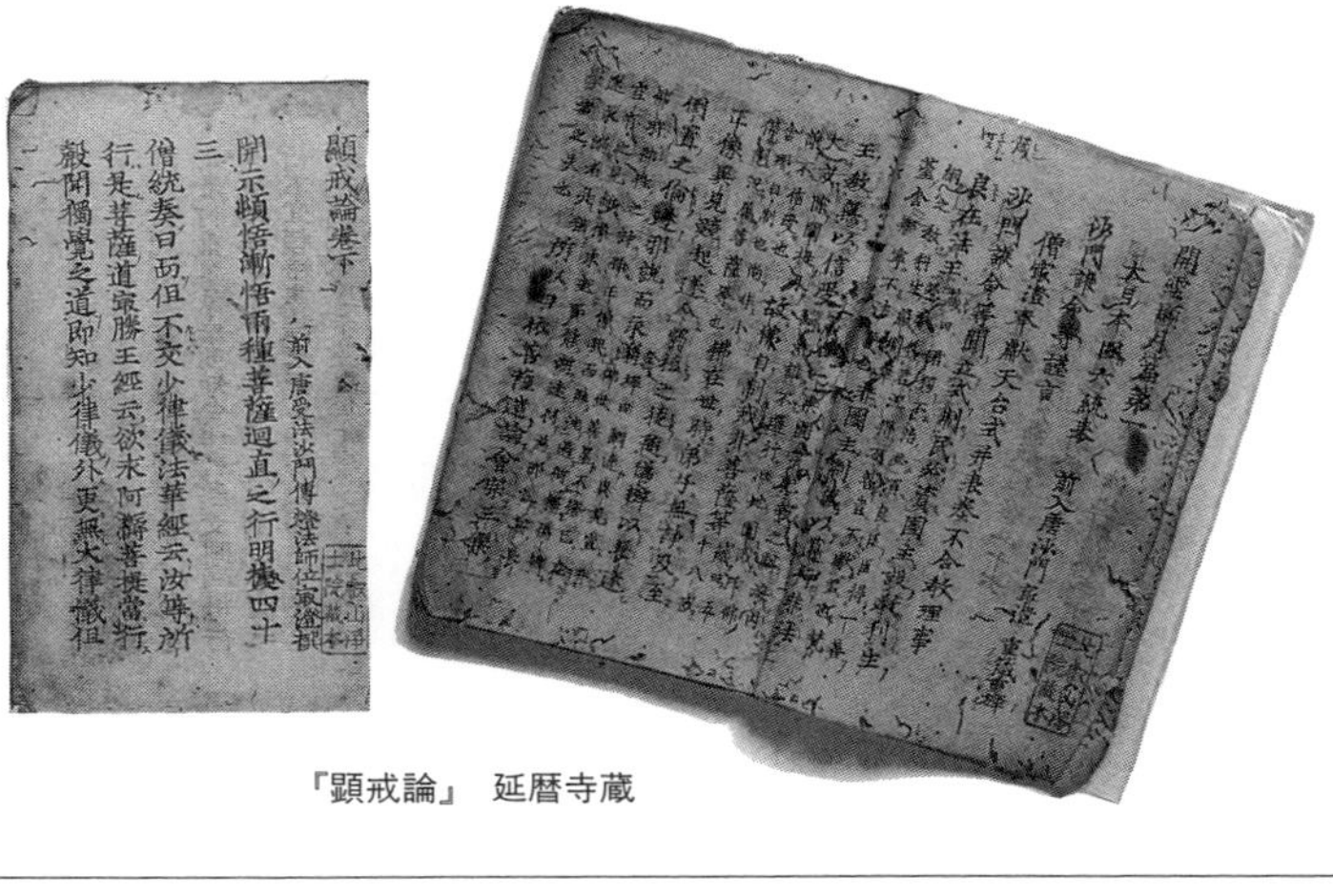

『顕戒論』　延暦寺蔵

その他の著作

『法華秀句《ほっけしゅうく》』（八二一年）

会津の徳一との一三権実論争のなかで生まれた撰述の書で、徳一に対する最後の著作である。上巻本・末、中巻本・末、下巻の全五巻からなっている。

『法華経』のすぐれている一〇の理由をあげ、さらに法相、三論《さんろん》、華厳、真言各宗に対して天台宗のすぐれている点、その理由を論証している。

法相宗の五性各別説を破って、法華一乗を鮮明にして、一切皆成を主張した。

『守護国界章』（八一八年）

これも徳一との一三権実論争で著された著作の代表的なものである。全九巻五一章からなり、はじめの六巻は天台教学に関する論争、後半三巻は一乗思想についての論争となっている。

徳一の批判に対して、最澄が反論して、天台教学の正義を主張したものとして、天台宗にとって非常に重要な著作といえる。

徳一を「麁食者《そじきしゃ》」(粗末なものばかり食べている)、「短翮者《たんかくしゃ》」(羽が短くて飛べない者)などと、痛烈な論調で批判している。

『内証仏法相承血脈譜』（八一九年）

大乗戒壇設立を南都諸派に反対されたことから、最澄が天台一宗相承の確証を示すために書いたものである。四宗融合の立場から、法華円教、密教、梵網戒、禅において、天台宗の系譜が正統であることを明らかにし、天台宗成立の必然性が説かれている。

『照権実鏡』（八一七年）

徳一との論争のなかで書かれたもので、徳一が『仏性抄《ぶっしょうしょう》』で『法華経』を方便の教えであると批判してきたのに対して、最澄は十鏡にわたって論破して、一乗思想こそが真実の教えであり、『法華経』こそが真実の教典であると主張している。

『末法灯明記《まっぽうとうみょうき》』

最澄の作と伝えられるが、真偽は不詳ともいう。「我延暦二〇年云々」とあることから、最澄作とすれば八〇一年の著となる。破戒僧を肯定すると同時に、僧綱や権門にへつらう僧徒を痛烈に批判している。

特集①

天台密教の仏たち

天台宗は真言宗と並んで、密教の二つの流れを形づくり、真言宗の東密《とうみつ》に対して、台密《たいみつ》と呼ばれてきた。最澄《さいちょう》ののちも、円仁《えんにん》、円珍《えんちん》といった歴代の名僧が唐に渡り、密教の教えを伝え、発展させてきたのである。『法華経』の教えを基本とする天台密教は、密教を最勝の教えとする真言宗とは異なり、法華円教と密教を同列の教えと考える円密一致が特徴となっている。

如意輪曼荼羅図《にょいりんまんだらず》

「諸観音図《しょかんのんず》」所収。「諸観音図」は清水寺《きよみずでら》別当定深《じょうしん》が1078（承《しょう》暦《りゃく》2）年に台密系図像に基づいて編纂した六観音図像集《ろくかんのんずぞう》を写したもので、この図は右脇の墨書から円仁請来本の転写であることがわかる。曼荼羅の外院の十二天が鳥獣座にのっている点が特徴である。

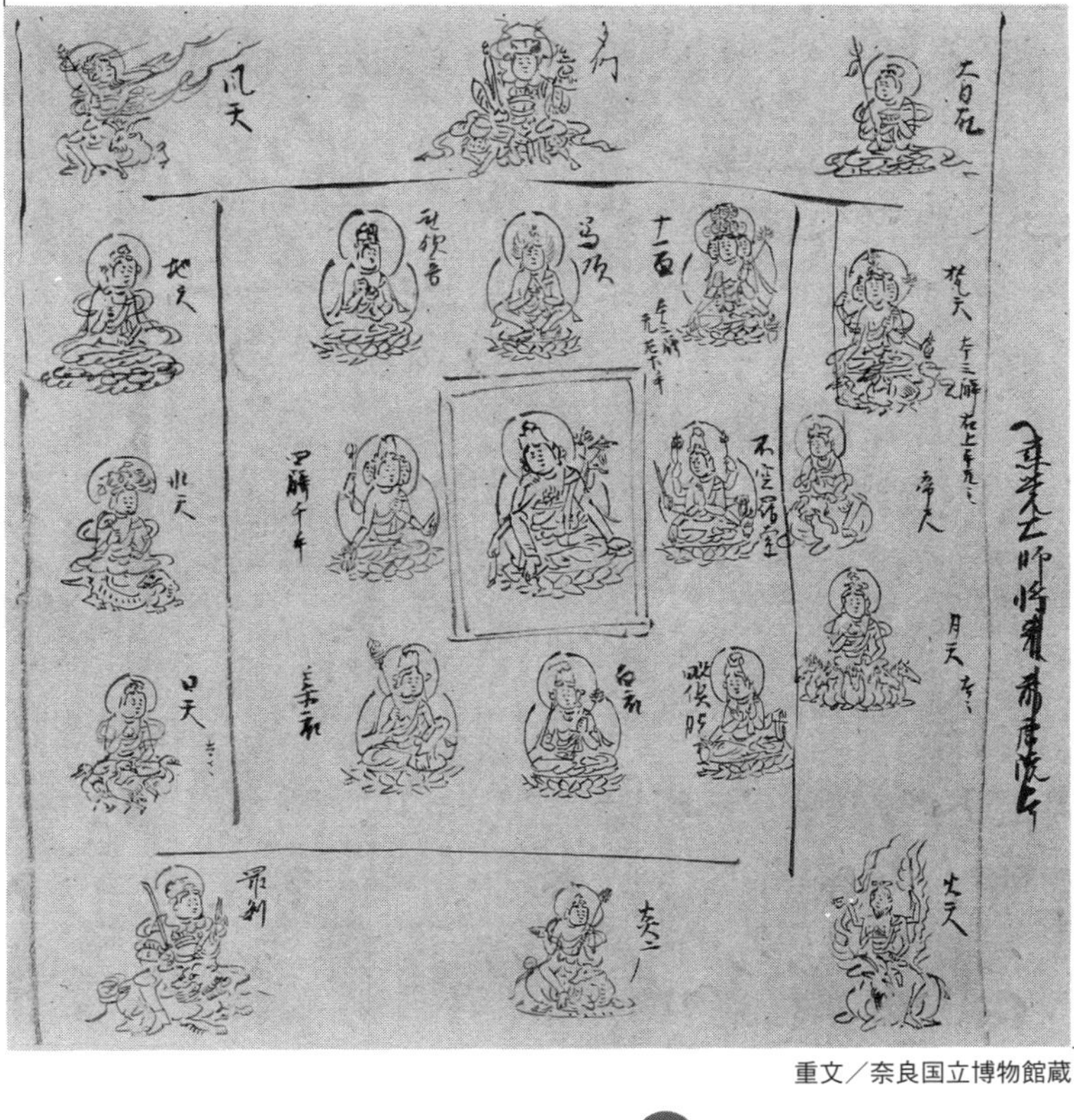

重文／奈良国立博物館蔵

最澄伝来の密教

最澄《さいちょう》は天台教学を修めることを目的に唐《とう》に渡ったのだが、天台山で天台の法門を授かると同時に、国清寺《こくせいじ》で惟象《ゆいしょう》から大仏頂曼荼羅《だいぶっちょうまんだら》の供養法を伝授され、大仏頂曼荼羅図や『蘇悉地経《そしつじきょう》』三巻なども伝えている。

また、天台山を下り、帰国の途につく直前、越州《えっしゅう》で順暁《じゅんぎょう》から胎蔵《たいぞう》・金剛《こんごう》両部の壇法を受けたほか、各種の雑密《ぞうみつ》の壇法も受けたといわれる。

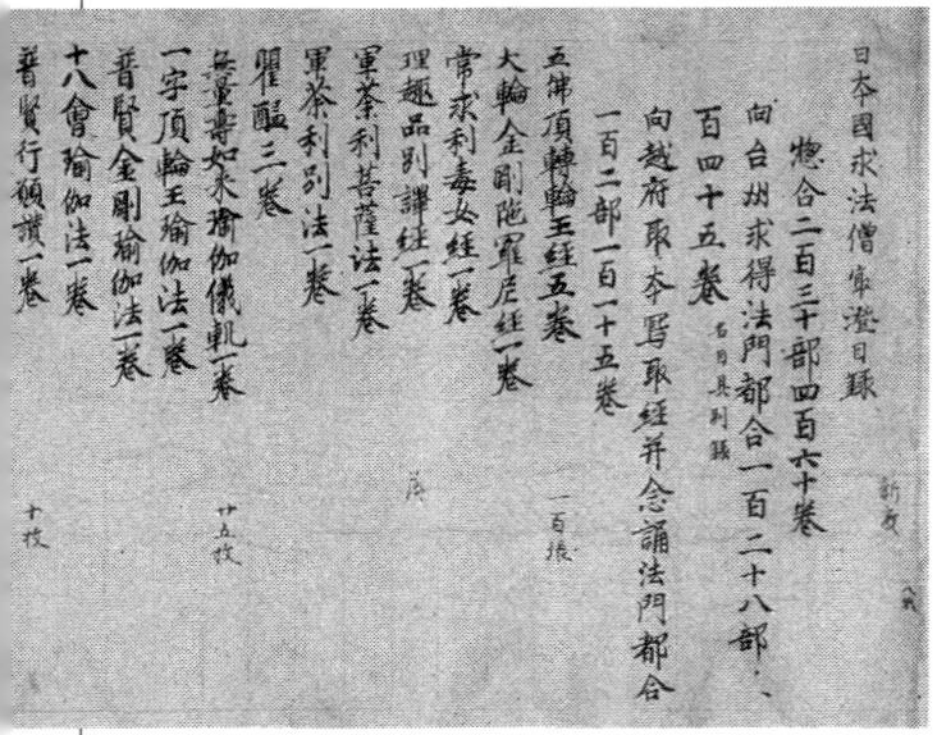
日本國求法僧最澄目録
惣合二百三十部四百六十巻
向台州求得法門都合一百二十八部、
百四十五巻
向越府取本寫取経并念誦法門都合
一百二部一百一十五巻
五佛頂轉輪王経五巻
大輪金剛陁羅尼経一巻
常求利毒女経一巻
理趣品別譯経一巻
軍荼利菩薩法一巻
軍荼利別法一巻
瞿醯三巻
無量壽如来瑜伽儀軌一巻
一字頂輪王瑜伽法一巻
普賢金剛瑜伽法一巻
十八會瑜伽法一巻
普賢行願讃一巻

伝教大師請来目録　国宝／滋賀・延暦寺蔵

最澄は八カ月の在唐で、天台教学だけでなく密教も学び、伝えたのである。しかし、のちに空海が正統の密教を相伝されて帰国すると、台密の密教教義は不十分で、東密に一歩遅れをとることになった。

天台密教の発展と特徴

最澄の密教の考え方は、空海とは違っていた。空海が釈迦《しゃか》は大日如来《だいにちにょらい》の化身であり、大日如来の教えである密教こそが最勝の教えであるとするのに対して、最澄は法華円教《ほっけえんぎょう》も密教も同じ一乗の教えで、両者は同列にあるという円密一致の立場をとったのである。この円密一致か密勝顕劣かが、台密と東密のいちばん大きな違いである。

最澄が円密一致を第一と考えていた証拠に年分度者《ねんぶんどしゃ》を、天台教学を学ぶ止観業《しかんごう》一名、密教を学ぶ遮那業《しゃなごう》一名としたことでもわかる。

最澄の没後、のちに三代天台座主《ざす》となる円仁《えんにん》は、唐に約一〇年滞在し、密教について多くを修め、たくさんの密教典籍、曼荼羅図を請来した。このことが台密発展の大きな力となった。

とくに、円仁が金剛界・胎蔵界のみならず、蘇悉地界の大法も授かってきたことは大きな意味があった。蘇悉界は空海も請来しなかったものであり、ここに台密は東密に劣らぬ密教教義の充実が図られた。

さらに、円珍《えんちん》が唐に渡り、最新の密教を伝え、多くの曼荼羅図や密教典籍を持ち帰ることによって、台密はいっそう発展していく。

そして、最澄の孫弟子にあたる安然《あんねん》が天台宗において円教を最上とする四教教判に代わって、その上に密教をおく五教教判を打ち立て、天台密教の教学の基礎は確立されたのである。

特集②

比叡山が生んだ祖師たち

比叡山は天台宗の総本山というだけにとどまらず、仏教の一大聖地といえる存在になっていった。そのため、仏法を志す者の多くが比叡山に登り、天台教学、密教をはじめとする多くの教えを学んだ。そのなかからは、比叡山を下りたのち、独自の道を歩んでいった名僧も数多い。鎌倉仏教の宗祖たちもみな比叡山に学んでいる。それだけ比叡山、天台宗の教えは懐が深いといえるだろう。

延暦寺瑠璃堂　信長の焼き討ちをのがれた唯一の建物

良忍上人

鎌倉仏教の俊英を生む

最澄《さいちょう》は天台宗を開創したとき、天台宗が単なる一宗派となるのではなく、総合仏教として発展することを考えていた。比叡山《ひえいざん》も同じように、天台宗の本山であるのみならず、総合仏教の学問所、修行場となることを願ったのである。

その最澄の理想にたがわず、比叡山には多くの修行者が集まり、優れた学僧を数多く輩出した。そのなかには、天台教学の発展に大きな貢献をした高僧たちもいるが、その一方で、天台の教えを基本に独自の道を歩み、仏教史に足跡を刻んだ名僧も数多い。

たとえば、『往生要集《おうじょうようしゅう》』を著したことで知られる源信《げんしん》は、比叡山の優れた学僧として将来を嘱望されていたが、のちに念仏に目覚め、日本浄土教の先駆けとなった。

また、忘れてはならないのは、鎌倉時代に誕生した宗派の開祖たちが、いずれも比叡山出身であることだ。浄土教の流れをくむ法然《ほうねん》や親鸞《しんらん》、一遍《いっぺん》、『法華経《ほけきょう》』を追究した日蓮《にちれん》も、さらには禅宗の祖となった栄西《えいさい》、道元《どうげん》も、いずれも比叡山で学び、巣立っていった俊英なのである。

良忍（1072～1132年）

聖応大師良忍《しょうおうだいしりょうにん》は、融通念仏宗《ゆうずうねんぶつしゅう》の祖として知られる。尾張知多《おわりちた》（愛知県）の荘園《しょうえん》領主の子に生まれ、一二歳で比叡山にのぼり、東塔の堂僧として天台教学と不断念仏を修めたのち、園城寺《おんじょうじ》で戒律、京都仁和寺《にんなじ》で密教を学んだ。

良忍は貴族化した比叡山を嫌い、円仁《えんにん》ゆかりの洛北《らくほく》大原に隠遁《いんとん》して来《らい》迎院《ごういん》を建立、『法華経』の読経と六万遍念仏の唱和にあけくれる日々を送った。

法然上人

栄西禅師

四六歳のとき、一人で念仏を唱えるよりも、多くの人と唱えるほうが互いの念仏が融通しあって救われるという「融通念仏」を感得。念仏勧《かん》進帳《じんちょう》を持ち、天皇から民衆まで幅広い層に融通念仏を説いて各地を回った。六一歳で来迎院にて往生《おうじょう》。

法然（1132〜1212年）

浄土宗の祖法然は、円光大師《えんこうだいし》ほか大師号を八つ持つ。美作久米《みまさかくめ》（岡山県）の役人の子に生まれ、一三歳で比叡山にのぼり、西塔の源光《げんこう》に入門。二年後、東塔の皇円《こうえん》のもとで得度し、天台三大部を学んだのち一八歳で黒谷の叡空《えいくう》に師事し、戒律や念仏を学んだ。

黒谷で修行中、四三歳のときに唐《とう》の念仏僧善導《ぜんどう》の『観経疏《かんぎょうしょ》』と出会い、念仏をひろめることを決意して比叡山を下りる。東山吉水《ひがしやまよしみず》に移り、貧しい者も仏の教えも知らない無知の者も念仏によって等しく救われるという「専修《せんじゅ》念仏」の教えを説いた。

関白九条兼実《くじょうかねざね》の帰依《きえ》を受け、『選《せん》択本願念仏集《ちゃくほんがんねんぶつしゅう》』を撰述するなど、教えはひろまっていったが、比叡山衆徒や奈良興福寺《こうふくじ》衆徒の妨害を受けるなど、苦難も多かった。

七五歳のとき、四国流罪となり、四年後に帰洛。翌年はじめ、『一枚《いちまい》起請文《きしょうもん》』を弟子源智《げんち》に渡し、のちの知恩院《ちおんいん》の地にて八〇歳で往生。

栄西（1141〜1215年）

千光国師《せんこうこくし》栄西は、備中吉備津宮《びっちゅうきびつぐう》（岡山市）の神官の子。一一歳で近くの安養寺《あんようじ》で天台密教を学び、一四歳で比叡山にのぼり、得度。二八歳のときに宋《そう》へ渡り、天台山で禅を知る。四七歳で再び宋に渡り、五年間滞在、臨済宗黄龍派《りんざいしゅうおうりょうは》の禅を修行する。

帰国後、九州を中心に布教をはじめ、博多《はかた》に日本初の禅寺聖福寺《しょうふくじ》を創

親鸞聖人

道元禅師

建。『興禅護国論《こうぜんごこくろん》』を著し、源頼家《みなもとのよりいえ》とその母北条政子《ほうじょうまさこ》の庇護《ひご》を受けて、京都に建仁寺《けんにんじ》を創建する。

栄西の説いた思想は、天台宗を復興するための「禅戒一致」の禅。そのため、建仁寺も天台・真言・禅の三宗兼学の寺として開創された。七五歳で建仁寺にて示寂《じじゃく》。

親鸞（1173〜1262年）

見真大師《けんしんだいし》親鸞は、藤原北家の流れをくむ日野一族に生まれ、九歳で慈《じ》円《えん》を戒師として得度。比叡山横川《よかわ》で修行するが、二九歳のときに比叡山を下りて、専修念仏を説いていた法然に弟子入りする。

法然門下で頭角をあらわした親鸞は、法然の四国流罪の際に、越後へ配流《はいる》となった。親鸞は越後で恵信尼《えしんに》と結婚、阿弥陀仏にすべてをまかせて念仏を唱えれば、だれでも成仏できるという「他力《たりき》念仏」の思想に到達。赦免《しゃめん》後、関東に移って、常陸稲《ひたちいな》田《だ》（茨城県）で布教を開始する。

親鸞の教えは民衆に受け入れられ、徐々に教団としての浄土真宗ができあがっていった。

約二〇年後、六三歳ころ京都に戻る。布教活動を展開するが、恵信尼との離別、息子善鸞《ぜんらん》を教義上の対立から絶縁するなど、波乱に満ちた晩年を送ることになった。九〇歳で京都にて往生。

道元（1200〜1253年）

承陽大師《じょうようだいし》道元は、名門貴族に生まれ、幼少のときに両親を失ったため、一三歳で比叡山にのぼり、翌年得度、横川で天台教学を学ぶようになる。

その後、仏教に疑問を持ち、比叡山を下りて園城寺の公胤《こういん》を訪ね、栄西が伝えた臨済禅《りんざいぜん》の存在を知り、建仁寺に学ぶ。

二四歳のとき、禅の修行のために

日蓮聖人

一遍上人

宋へ渡り、天童山《てんどうざん》で如浄《にょじょう》と出会い、坐禅そのものが悟りであるという曹《そう》洞禅《とうぜん》の「修証一如《しゅしょういちにょ》」の教えを体得し、五年間の修行ののちに帰国した。

帰国後、建仁寺に寄寓し、『普勧《ふかん》坐禅儀《ざぜんぎ》』を著す。三一歳のときに京都深草《ふかくさ》で布教をはじめ、興聖寺《こうしょうじ》を建立、『正法眼蔵《しょうぼうげんぞう》』を著し、積極的に布教活動を開始した。

比叡山の圧力が強まり、信者の招きで越前に移る。大仏寺を創建し、その後、「永平寺《えいへいじ》」と改める。

晩年は弟子の育成と『正法眼蔵』の完成に力を注ぎ、五四歳で京都の療養先で示寂。

日蓮（1222〜1282年）

立正大師《りっしょうだいし》日蓮は、安房小湊《あわこみなと》（千葉県）に漁師の子として生まれ、一二歳のときに近くの清澄寺《せいちょうじ》で得度した。その後、比叡山や園城寺、高野山《こうやさん》、大阪四天王寺《してんのうじ》などで修行を重ね、三二歳で『法華経』こそが真の仏の教えであると確信し、立教開宗。

以降、すべての仏教宗派は『法華経』の教えに従うべきであると説き、とくに念仏信仰を非難していく。

多くの信者を獲得する一方、『立《りっ》正安国論《しょうあんこくろん》』を鎌倉幕府に献上して『法華経』への帰依を迫るが、幕府から弾圧を受け、伊豆、さらに佐渡へ配流となる。赦免後、身延山《みのぶさん》（山梨県）に移り、弟子の育成につとめた。湯治のため常陸に向かう途中、武蔵池上《むさしいけがみ》（東京都）にて六一歳で入滅《にゅうめつ》。

一遍（1239〜1289年）

証誠大師《しょうじょうだいし》一遍は、踊り念仏で知られる時宗《じしゅう》の祖。伊予《いよ》松山（愛媛県）の豪族の子に生まれ、近くの天台宗寺院で出家、一三歳から太宰府《だざいふ》の聖達《しょうだつ》のもとで一二年間、浄土教を学ぶ。

父親の死によって還俗《げんぞく》するが、三三歳で再び出家し、長野善光寺《ぜんこうじ》、大

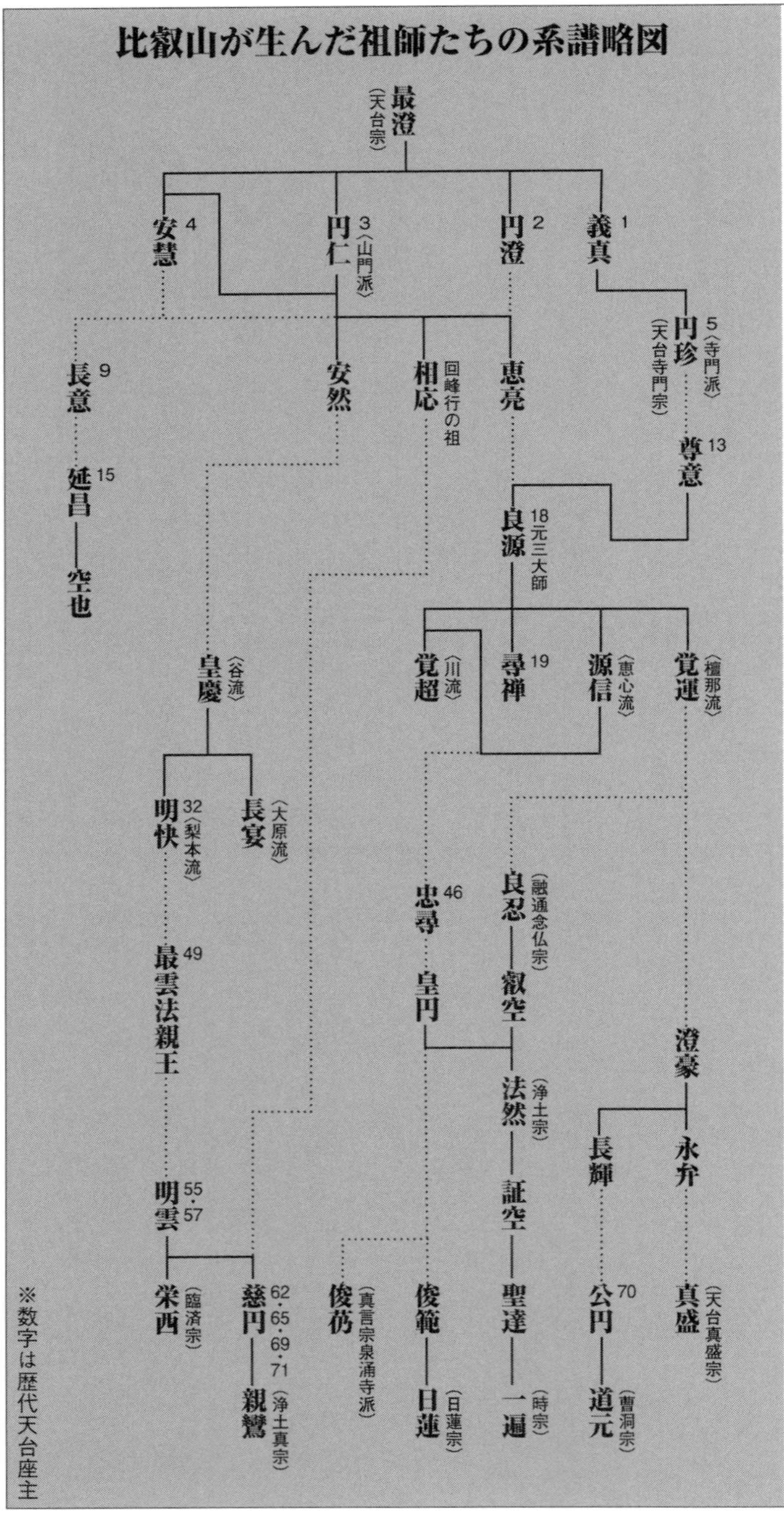

阪四天王寺などで修行したのち、熊《くま》野《の》権現《ごんげん》のお告げによって念仏こそが浄土往生への道であると悟り、「南《な》無阿弥陀仏《むあみだぶつ》」と書いた念仏札を配りはじめると、一遍を慕う民衆があとをついて踊り歩き、「踊り念仏」と呼ばれた。

奥州から武蔵、京都、奈良、瀬戸内地方など諸国を遊行《ゆぎょう》し、摂津和田《せっつわだ》（兵庫県）にて五一歳で往生。

第4章

宗門史に名を残す
「天台宗の名僧たち」

円仁　求法の道を歩みつづけた最澄の愛弟子

円珍　天台密教の充実を実現した異相の名僧

良源　比叡山を復興整備、多くの弟子を育成した中興の祖

源信　名利を捨て、浄土教の民衆化に尽くした『往生要集』の著書

慈円　仏法と政治のあいだで揺れ動きつづけた歌の名人

真盛　社会浄化に専心した天台真盛宗の祖

天海　比叡山を復興させた謎に包まれた名僧

円珍

源信

円仁

真盛

良源

慈円

天海

円仁《えんにん》

求法の道を歩みつづけた最澄の愛弟子

円仁プロフィール

794～864年。慈覚大師。下野国(栃木県)都賀郡に生まれる。下野の大慈寺の広智のもとで仏教を学び、15歳のときに比叡山にのぼって最澄の弟子となる。838年、念願の入唐を果たし、10年近くに及ぶ唐滞在のあいだに、五台山や長安などで天台教学と密教の奥義を修し、帰国。3代天台座主となり、天台宗の発展に寄与、70歳で没する。

『西遊記《さいゆうき》』のモデルとなった玄奘三蔵《げんじょうさんぞう》の『大唐西域記《だいとうせいいきき》』、マルコ・ポーロの『東方見聞録《とうほうけんぶんろく》』と並び、世界三大旅行記のひとつにあげられているのが、『入唐求法巡礼行記《にっとうぐほうじゅんれいこうき》』だ。

この旅行記を著したのが、三代天台座主《ざす》となる慈覚大師円仁《じかくだいしえんにん》である。八三八(承和《じょうわ》五)年、遣唐使《けんとうし》の一員として唐に渡った円仁は、あしかけ一〇年、唐に留まり、天台宗の密教強化に大きな役割を果たした。

その唐での日々とその前後のことが書かれたのが、『入唐求法巡礼行記』である。

師最澄との出会い

円仁は七九四(延暦《えんりゃく》一三)年、下野《しもつけの》国《くに》(栃木県)都賀《つが》郡に生まれた。桓武《かんむ》天皇によって都が平安京に移された年である。桓武天皇は、のちに円仁の師となる最澄《さいちょう》のよき理解者となった人物だ。その桓武天皇が、最澄とも対立することになる奈良仏教の権勢を嫌って遷都した年に生まれたのは、単なる偶然であろうか。

円仁が生まれた下野国は奈良時代から仏教が盛んな土地で、下野薬師《やくし》寺《じ》は、興福寺《こうふくじ》、法隆寺《ほうりゅうじ》などと並ぶ大寺院で、奈良の東大寺、筑紫《つくし》の観世《かんぜ》音寺《おんじ》とともに、三戒壇のひとつとして戒壇院《かいだんいん》が設けられていた。

下野薬師寺で戒師をつとめていたのは、鑑真《がんじん》の弟子である道忠《どうちゅう》である。道忠は鑑真から律宗《りっしゅう》の教えを学んだ人で、下野や上野《こうづけ》(群馬県)など、東国に多くの弟子をもっていた。

九歳のときに父を亡くした円仁は、やがて道忠の弟子のひとり、大慈寺《だいじじ》の広智《こうち》のもとに預けられ、仏法の道を歩みはじめる。

　このころの少年円仁を伝えるエピソードとして、こんな話が残されている。あるとき、大慈寺の経蔵に入った円仁は、自ら『観音経《かんのんぎょう》』を見つけだし、それ以来、仏教の修行に打ち込むようになったという。

　円仁が大慈寺に入ってしばらくしたころ、比叡山で最澄が一切経の書写をはじめた。一乗仏教をひろめ、経典を整備するためである。このとき、最澄は東大寺をはじめとする奈良七大寺の僧たちに援助を求めた。その求めに応えたひとりが道忠だった。道忠は円仁の師、広智をはじめ、多くの弟子たちを集めて二〇〇〇巻あまりの経典を書写し、最澄に送った。ここに、最澄と円仁をつなぐ糸ができたのである。

　このあと、道忠のもとから多くの弟子が比叡山へと送られ、天台宗発展の中心的役割を担っていく。二代天台座主となる円澄《えんちょう》は道忠の直弟子だし、安慧《あんえ》は広智門下の円仁の兄弟弟子だ。

　円仁も八〇八(大同《だいどう》三)年、一五歳のときに比叡山にのぼり、最澄の弟子となった。

　八一三(弘仁《こうにん》四)年、二〇歳になった円仁は、年分度試《ねんぶんどし》(出家得度のための国家試験)に合格、弘仁五年分《ぶん》止観業得度者《しかんごうとくどしゃ》となり、『摩訶止観《まかしかん》』の修行に日々を送ることになった。そして、その三年後、東大寺の戒壇院で具足戒《ぐそくかい》を受ける。

慈覚大師坐像　栃木・輪王寺

この年、最澄は円仁・円澄・安慧らを連れ、東国教化《きょうけ》の旅にでた。このとき、大慈寺で円仁は師広智や円澄らとともに、密教の灌頂《かんじょう》を受けている。

円仁が比叡山で修行の日々を送っていたころのことである。最澄は、後継者を育成すべく有望な年少の弟子一〇人を選んで、『摩訶止観』の教育をはじめたという。だが、この一種の英才教育についていけたのは円仁ただひとりで、あとの九人は脱落してしまった。

円仁は最澄の教えに従って、日々、懸命に勉学を続けただけでなく、一巻を学び終えると、高座に上がり、学び終わった内容を講じるということを最後まで続けた。この様子を見た最澄は、以来、『摩訶止観』の講説は円仁に任せるようになったといわれる。

最澄にその才能を認められ、充実した日々を送っていた円仁だが、八二二(弘仁一三)年、その最澄が五七歳で入滅する。円仁二九歳のときのことである。

苦難を乗り越え唐で求法

最澄の没後、円仁はその遺志を受けて、比叡山にこもって四種三昧《ししゅざんまい》の修行の日々を送った。一〇年後、法隆寺や四天王寺《してんのうじ》で講義を行うために山を下りたが、体を悪くして、また比叡山に戻り、横川《よかわ》の草庵での生活に入る。東塔、西塔と並ぶ比叡山の三大伽藍《がらん》のひとつ、横川はここにはじまるのである。

横川での修行は約三年に及ぶが、円仁にとって、この時期がもっとも辛かったであろう。体力と視力が衰え、一時は失明の危機にも瀕し、死を覚悟したこともあったという。

八三四年、年号が承和と改められたこの年、体調も回復した円仁に、ある知らせがもたらされる。三四年ぶりに遣唐使が任命されたのである。遣唐使派遣の報を聞いた円仁は、自らも入唐することを決意し、翌年、天台宗からは円仁、円載《えんさい》が唐へ渡ることが決まった。

八三六(承和三)年五月一四日、円仁らの乗った遣唐使船四隻は難波《なにわ》を出港するが、おりからの暴風雨に避難を余儀なくされ、足止めをくってしまう。

その後も、出航のたびに台風などに妨げられ、円仁が念願の唐の地を踏むことができたのは、八三八(同五)年七月二日のことであった。

ようやく唐についたものの、唐までの道のりが険しかったのと同様に、唐での求法の旅も思うようにはならなかった。長安《ちょうあん》へも天台山《てんだいさん》へもいく許可が下りず、円仁は失望と焦燥のなかで、揚州《ようしゅう》に留まらざるをえなかった。唐の朝廷から天台山行きを認

円仁入唐求法目録　重文／京都国立博物館蔵

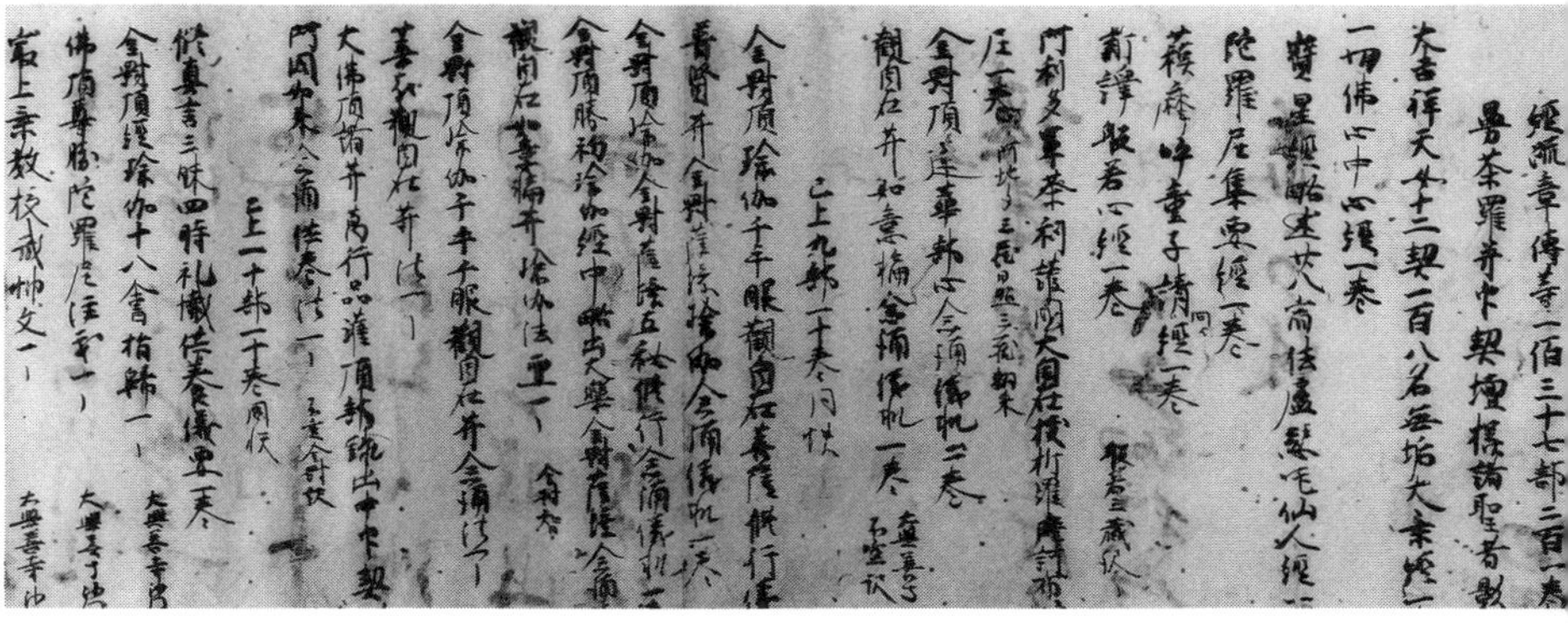

められたのは、留学僧の円載とその従僧二人だけだったのである。

翌年三月、還学僧《げんがくそう》である円仁は成果をえられないままに帰国の日を迎えることになった。思いあまった円仁は、遣唐大使藤原常嗣《ふじわらつねつぐ》に唐に留まりたいと申しでた。円仁の心中を察した常嗣は、円仁が留まることを認めたばかりか、餞別として金二〇両を送ってくれた。

こうして、円仁は密入国者として、唐で求法の旅を続けることになった。はじめは天台山にいくことを望んでいた円仁だが、相談に乗ってくれた唐の僧侶から、はるかに遠い天台山ではなく、近くの五台山《ごだいさん》にいくことを進められ、五台山から長安へと向かうことを決意する。

五台山に赴いた円仁は、竹林寺《ちくりんじ》、大華厳寺《だいけごんじ》を訪れる。大華厳寺には、志遠《しおん》・文鑑《ぶんかん》・玄亮《げんりょう》といった天台の名僧がいて、彼らから天台の教義を学ぶとともに、多くの典籍を書写することもできた。また、竹林寺では「五会念仏《ごえねんぶつ》」にふれ、感銘と影響を受けた。

五台山で天台教学を深めるという目的を達した円仁は、長安へ向かう。当時の長安は唐の都として、世界一の都市といわれるほど栄え、多くの仏教寺院があり、名僧たちも集まっていたのである。

長安で円仁が求めていたのは、密教である。台密《たいみつ》を東密《とうみつ》に劣らないものにするためにも、密教典籍を多く書写すると同時に、阿闍梨《あじゃり》となるための灌頂《かんじょう》を受ける必要があった。

円仁は長安で積極的に密教の典籍を書写し、曼荼羅《まんだら》の製作を依頼する。そして、そのあいだに金剛界《こんごうかい》、胎蔵《たいぞう》界《かい》の灌頂を受け、阿闍梨となるだけでなく、蘇悉地《そしつじ》の大法も受けたのである。

円仁が蘇悉地の大法を受けたこと

延暦寺の文殊楼　円仁の創建といわれる。
比叡山の総門的役割を果たしている

は、台密にとっては非常に大きなことであった。金剛界、胎蔵界は空海《くうかい》がすでに伝えていたが、蘇悉界は空海も伝えられなかったものである。それだけに、円仁が蘇悉地の大法を受け、伝えたことで、遅れをとっていた台密の密教が、東密に並ぶことができたのだ。

また、長安で円仁に大きな影響を与えたのは、俗講であった。民衆が分かりやすいように、経典を口語文で説いたり、経文に節をつけて読むもので、このときの感激が、円仁にのちに比叡山で舎利会《しゃりえ》を開かせたといわれる。

こうして実り多い長安での円仁の日々に暗雲が漂ってくる。「会昌《かいしょう》の廃仏《はいぶつ》」として知られる仏教弾圧がはじまったのである。

多くの僧が還俗《げんぞく》させられ、外国僧も還俗のうえ、追放、帰国させられることとなった。この廃仏の嵐のなか、円仁はあしかけ一〇年に及ぶ唐での生活を終え、八四七（承和一四）年、帰国した。円仁はこのとき五四歳になっていた。

比叡山の発展に心を砕く

翌年三月、京都に入った円仁はすぐに比叡山にのぼる。比叡山で、円仁は五台山で学んできた天台の教えを伝えることをまず、自らの責務としたのである。

続いて、円仁は朝廷に入唐求法の報告をしている。密教と天台の教えの重要性を説き、とくに、密教の灌頂が必要であることを強調した。

こうした円仁の都での活動は、朝廷や貴族のあいだで歓迎され、とくに文徳《もんとく》天皇の信望はあつく、比叡山に総持院《そうじいん》を建立する詔《みことのり》がくだされている。

唐から帰国後、精力的に活動を続ける円仁であったが、この時期のこ

【語録】

こいねがわくは、付法の阿闍梨安慧《あんえ》に従ってこれを稟学《ひんがく》せよ。

円仁の遺言の一つ。遍昭《へんじょう》が求めていた両部の灌頂を安慧から受けるよう告げたものである。弟子の将来を案ずると同時に、自分の死後に後継者を巡る対立が起こらないよう、安慧を後継に指名したものである。

ととして忘れてはならないのが、五台山で出会った五会念仏の作法を用いて、常行《じょうぎょう》念仏を修したことである。これは道場に阿弥陀仏を安置し、そのまわりをめぐりながら口に念仏をとなえるというもので、念仏のほかに、『阿弥陀経《あみだきょう》』の読誦や懺悔滅罪《さんげめつざい》の行なども取り入れられた。

この法会《ほうえ》は「山の念仏」ともいわれて貴族のあいだで評判になり、何度も営まれるようになったが、それによって念仏が浸透し、浄土教へと発展していくのである。

こうしたさまざまな活動によって円仁は、八五四（仁寿《にんじゅ》四）年、円澄の没後一七年ぶりに、三代天台座主《ざす》に任ぜられる。

八六三（貞観《じょうがん》五）年一〇月、太政《だじょう》大臣藤原良房《ふじわらよしふさ》の還暦の祝宴に招かれた円仁は、そこで二〇〇人あまりの皇族、貴族に結縁《けちえん》灌頂を行ったが、その直後、熱病に倒れる。

すでに七〇歳を迎えようとしていた円仁は、この病気を克服することができなかった。

翌年の一月一三日、弟子たちを集めて、遺言を伝えたあと、静かに入滅したのである。

円仁が没した二年後、円仁は慈覚大師の号を贈られ、同時に師最澄には伝教大師の号が贈られている。これはわが国初の大師号である。

円珍《えんちん》

天台密教の充実を実現した異相の名僧

　智証大師円珍《ちしょうだいしえんちん》は、異相の持ち主であったといわれる。伝えられる円珍像にみられるように、頭の頂が異様にとがっていて、ちょうど逆卵型のような形になっている。

　この円珍の特徴ある風貌については、円珍の伝記である『天台宗延暦《てんだいしゅうえんりゃく》寺座主円珍伝《じざすえんちんでん》』にも記されているし、円珍の没後に弟子たちが遺骨を胎内に納めてつくったという園城寺唐院《おんじょうじとういん》大師堂《だいしどう》の円珍像、いわゆる御骨《おこつ》大師も特徴ある頭の形をしている。

　こうした相の持ち主は、図抜けた明晰な頭脳をもっているといわれ、唐に滞在中には、その頭は福を招く前兆だが、心悪しき者が命をねらうだろうから気をつけたほうがいいと注意されたといわれる。

若くして学頭に

　円珍は、八一四(弘仁《こうにん》五)年、讃岐《さぬき》国(香川県)那珂《なか》郡に生まれている。母親は真言宗の祖、空海《くうかい》の姪であったといわれ、『円珍伝』にも「母は佐伯《さえき》氏、故僧正《そうじょう》空海阿闍梨《あじゃり》の姪なり」と記されている。また、母が空海の妹という説もある。

　いずれにしても、空海の血縁である円珍が、真言宗ではなく、天台宗の僧となったのは不思議といえば不思議だが、叔父のひとりが天台宗の僧であったことが、比叡山にのぼるきっかけになったらしい。

　円珍が比叡山にのぼったのは、八二八(天長《てんちょう》五)年、円珍が一五歳のときのことである。その六年前に最澄《さいちょう》は亡くなっており、少年円珍は最澄の有力な弟子のひとりで、初代天台座主《ざす》となった義真《ぎしん》のもとに預けられ

円珍プロフィール

814〜891年。智証大師。讃岐国(香川県)に生まれ、15歳で比叡山にのぼり、義真の弟子となる。若くして学頭となり、853年に唐に渡り、5年後に帰国。園城寺を寄託され、灌頂壇を設けるなどして、天台別院として整備する。5代天台座主となり、円密一致の教義の充実徹底につとめる。また、天台宗としては初の僧都に推される。比叡山にて没、78歳。

た。

　義真は、八歳のときから『因果経《いんがきょう》』を読み、漢学の素養も身につけていたという円珍の才能をすぐさま見抜き、『法華経《ほけきょう》』『金光明経《こんこうみょうきょう》』『大日経』などの教典や書物を与えて、将来を嘱望したという。

　八三三(天長一〇)年、二〇歳になった円珍は、天台宗年分度者《ねんぶんどしゃ》として得度、比叡山の戒壇院《かいだんいん》で菩薩戒を受けて、菩薩僧となった。園城寺《おんじょうじ》に伝わる得度の証明書「度縁《どえん》」には、師僧義真と証明され、三月一七日に得度し、四月一五日に菩薩戒を受けたと記されている。

　受戒した円珍は、最澄の定めた『学生式《がくしょうしき》』に従って、その後一二年間、比叡山にこもって、四種三昧《ししゅざんまい》を修する日々を送った。天台宗の年分度者はひとりは『摩訶止観《まかしかん》』を学ぶ止観業、もうひとりは『大日経』を学ぶ遮那業《しゃなごう》と決められていたが、四種三昧を修した円珍は止観業だったと推察される。

　八四六(承和《じょうわ》一三)年、一二年間の修行を終えた円珍は、推されて教理教学に責任をもつ学頭《がくとう》に任命されている。籠山《ろうざん》修行を終えたばかりで学頭に推されるというのは異例で、円珍の学識がいかばかりであったかを物語っているよう。

　しかも、「延暦寺政所牒《えんりゃくじまんどころちょう》」によれば、推薦の理由として、『摩訶止観』にも密教にも通じていることがあげ

智証大師坐像　国宝／滋賀・園城寺

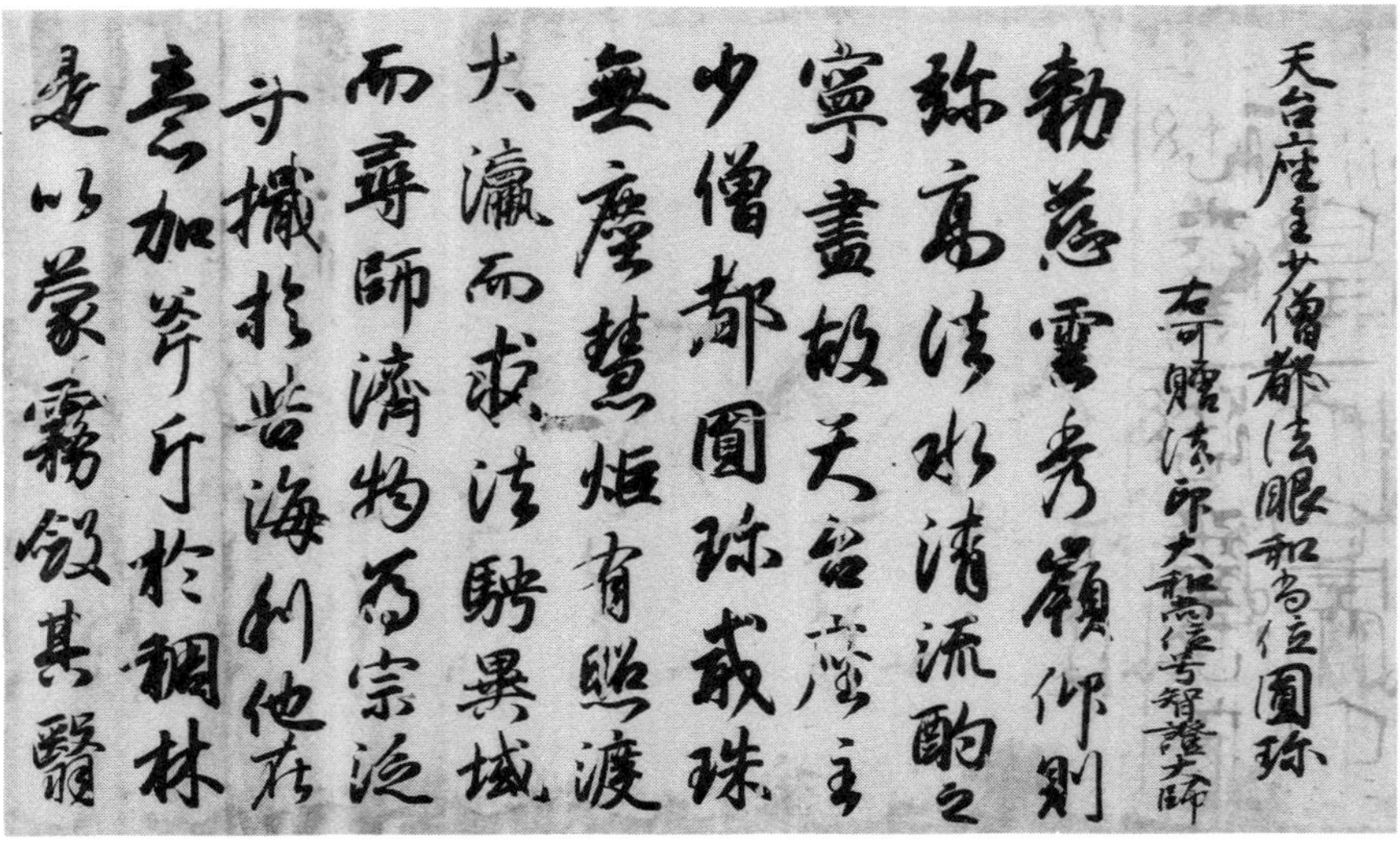

円珍贈法印大和尚位並びに智証大師諡号勅書　国宝／東京国立博物館蔵

　円珍没後36年目、円珍の弟子の10世延暦寺座主増命が没し、諡号を授けられたときに、その師にあたる円珍には上記の号が授けられた。この勅書は能書家小野道風によるもの

られ、真言学頭に任じられているのだ。『摩訶止観』を修する一二年のあいだに、円珍は同時に自ら密教も意欲的に学び、学頭となるほどの学識をもつにいたっていたのである。

　円珍が学頭となった翌年、あしかけ一〇年に及ぶ唐での求法の旅を終えて、円仁《えんにん》が帰国し、さらにその翌春には比叡山に入っている。

　円珍と円仁のあいだにどのような交流があったかははっきりとはわからないが、伝記や安然《あんねん》の『胎蔵界対《たいぞうかいたい》受記《じゅき》』によれば、円珍は円仁から大日如来胎蔵尊法を学び、印契《いんげい》を授かったとされる。

　円珍と円仁の交流を示す記録は少なく、むしろすれ違いが多かったという印象が強いが、円珍は円仁を法《ほう》兄《ひん》として尊敬していたといわれる。おそらく、唐から帰った円仁に、密教についての教えをいろいろと受けたのだろう。

ついに入唐を決意

　一二年の修行のあいだに『摩訶止観』と密教を修した円珍は、かねてから唐に渡ってさらに学びたいという希望をもっていた。

　しかし、円仁が一〇年近い求法の旅を終えて無事に帰国したことは円珍の心を揺るがせたようだ。円仁は天台山《てんだいさん》にこそいけなかったものの、五台山《ごだいさん》で天台教学を深め、長安では密教について多くを学び、金剛界・胎蔵界両部の灌頂《かんじょう》を受けただけでなく、蘇悉地《そしつじ》の大法まで授かり、多くの典籍をもち帰った。その成果を知った円珍は、このうえ、自分が唐に渡る意味があるのかと悩んだらしいのである。

伝記によれば、ある夜、円珍の夢のなかに比叡山の神である山王明神《さんのうみょうじん》があらわれ、「早く唐へいき、仏法を伝えよ」と告げたという。それに対して円珍は、「円仁が密教の奥義を究めて帰ったばかりで、自分が入唐するまでもない」と答えるが、山王明神は「世の中で僧になる人が多いからと、僧になることを諦めるか」と、なおも唐へ渡ることをうながし、円珍はついに入唐を決意したということである。

この夢の一件は、唐へ渡ることを願う気持ちをもちながらも、円仁のもち帰った成果に、心が揺れ動いていた円珍の当時の様子を物語っているといえる。

こうした迷いを振り切って、唐へ渡ることを決意した円珍は、太宰府へ赴く。唐の商人の船で渡航するためである。

円珍の入唐は、当時右大臣であった藤原良房《ふじわらよしふさ》とその弟良相《よしみ》のうしろだてが大きかった。一族の娘を次々と入内させ、外戚としての地位を固めていた良房は、当時、まだ一歳であったのちの清和《せいわ》天皇の無事息災を祈念して、金剛界・胎蔵界の両曼荼羅の請来を円珍に託したのであった。

円珍が唐船の来航をえて、唐に入ることができたのは、太宰府に赴いてから二年後の八五三(仁寿《にんじゅ》三)年のことである。

福州《ふくしゅう》から温州《おんしゅう》、台州《たいしゅう》を経由した円珍は、その年の終わりには、ついに念願であった天台山に入った。円仁が果たしえなかった天台山での修行を果たしたのだ。

天台山国清寺《こくせいじ》に落ちついた円珍は、天台大師《てんだいだいし》智顗《ちぎ》の旧跡を巡礼し、さらには、禅林寺《ぜんりんじ》にものぼっている。また、天台宗にかかわる典籍約三〇〇巻の書写も行った。

天台山で充実した日々を送っていた円珍を円載《えんさい》が訪ねてくる。円載は円仁とともに唐に入り、天台山に入ることを許された留学僧である。円載との出会いを涙を流して喜んだ円珍だったが、その喜びは長くは続かなかったらしい。

円珍が唐での道中に自ら記したといわれる『行歴抄《ぎょうれきしょう》』には、円載とのぎくしゃくした関係を語る記述が多く残されている。それによれば、円載は円珍が天台の教学について質問をしても、満足に答えてくれないばかりか、円珍が持ってきた五〇〇〇両の金のことばかりを気にして、従者にまで聞いて回るありさまだったという。

円珍はこのあと、円載とともに天台山から長安に向かうが、長安でも円載は円珍の密教受法を妨害しようとしたと記されている。

なぜ、円載が円珍にこうした態度をとったのかは、明らかにされていない。円載は日本への帰途、乗船が遭難してしまったからである。ただ、円載の名誉のためにつけ加えれば、インドをめざして唐へ渡った真如《しんにょ》親王のために、円載は宗派の違いを超えて、骨身を惜しまずに援助をしたという話も伝えられている。

ともかく、円載との気まずい旅を終えて、長安に入った円珍は、法全《ほっせん》から密教の教えを受け、胎蔵界・金剛界の灌頂を受けることができただけでなく、蘇悉地の大法までも授けられた。

長安で密教の伝法灌頂を受け、多くの典籍を書写、曼荼羅を手にした円珍は再び、天台山に戻る。このとき、円珍はかつて最澄が日本から渡ってきた僧のために築いたという僧院を復興させ、止観堂を建立した。その費用となったのは、藤原良相から渡された資金であった。

こうして唐で約五年間の求法の日々を送った円珍は、八五八(天安《てんなん》二)年、再び唐人商船に乗り、太宰府へと帰りついたのである。

天台宗初の少僧都の地位

帰国した円珍は、その年の暮れには都に入り、天皇に金剛界・胎蔵界両曼荼羅を納めている。太政大臣となっていた藤原良房は、以前以上に円珍を厚く遇し、庇護を与えるようになった。

帰国後、比叡山山王院《さんのういん》に住していた円珍だが、八五九(貞観《じょうがん》元)年、大《おお》友《とも》氏の氏寺であった園城寺を預けられる。円珍はこの寺を修理し、灌頂壇を設けるなどし、さらには、唐から持ち帰った典籍などを移し、自らの拠点としていった。八六六(同八)年には、園城寺は天台別院となり、円珍門流が長吏《ちょうり》(管理職)をつとめることとなった。

八六八(同一〇)年、円珍は五代天台座主となる。天台座主となった円珍は、比叡山にこもって、教団の経営に専念する。円珍が帰国以来、心を砕いてきたのは、円密一致という日本天台宗の基本理念を徹底させることであった。

『法華経』だけを教義とする中国天台宗では、密教は『法華経』よりも劣る教えであると考え、日本天台宗からの教義上の問にも、その考え方に基づいた回答を与えてきた。

日本と中国、両天台宗の教義の違いの狭間に立たされた円仁は、中国天台宗の考え方を無視することで解決をはかったが、円珍は批判した。『法華経』と密教は同列であると説いたのである。

八九〇(寛平《かんぴょう》二)年、円珍は少僧都《しょうそうず》となる。天台宗は最澄が南都仏教と

山王明神をまつる滋賀・日吉大社。円珍はこの山王明神の夢告により入唐求法を決意したと伝えられる

円珍が拠点とした滋賀・園城寺。現在も天台寺門宗の総本山として威風をはなっている

対立したこともあって、僧綱《そうごう》の職についたものはなかった。天台宗からはじめて僧綱についたのである。円珍自身は、僧綱につくことには消極的で、藤原良房らの推挙に断りきれず、受けるだけ受けておいて、すぐに辞退すればいいと思っていたらしいが、結局、辞表は受けつけられなかった。

少僧都となった翌年、円珍は体調を崩し、自らの最期が近いことを悟る。そして、一一カ条の遺言を残して、一〇月二九日、七八歳で入滅している。

遺言には、園城寺は延暦寺の末寺であること、円珍門徒が円仁門徒とわけ隔てなく交際するべきことなど、円仁派との融和に配慮されている。周囲の思惑にかかわらず、円仁を法兄として尊敬していた円珍ならではの遺言であった。

良源《りょうげん》

比叡山を復興整備、多くの弟子を育成した中興の祖

慈恵大師良源《じえだいしりょうげん》は、比叡山中興の祖として仰がれている。五五歳で一八代天台座主《ざす》になると、火災によって諸堂の大半を失うという不運にあいながらも、衰退していた比叡山の復興整備、乱れていた僧侶の綱紀粛正《こうきしゅくせい》、学制の確立など、改革を相次いで断行していく。

藤原摂関《せっかん》家と結びついた良源の教団経営には、比叡山を貴族化させたなどの批判も一面ではある。しかし、行基《ぎょうき》以来の大僧正《だいそうじょう》の地位にまでのぼりつめた良源は、強烈な個性をもった名僧であったのだろう。

ずば抜けた理論家

良源が生まれのは、九一二（延喜《えんぎ》一二）年、近江《おうみ》国（滋賀県）浅井《あざい》郡

慈恵大師坐像　重文／延暦寺蔵

良源プロフィール

912〜985年。慈恵大師。近江国（滋賀県）の生まれ。12歳で比叡山にのぼり、17歳のときに受戒。藤原忠平・師輔父子の知遇をえて、横川の整備を進める。18代天台座主となってからは、焼失した東塔の再建につとめるほか、教学の発展、戒律の徹底をはかり、比叡山を学問的にも教団的にもかつてないほどに発展させた。行基以来の大僧正に任じられる。坂本の求法寺で没する。74歳。元三大師。

延暦寺の四季講堂．967（康保４）年以来、四季に法華経を議論したことからこの名がついた。元は良源の住房だったので〝元三大師堂〟の名で親しまれている

である。父は帰化人を先祖にもつ木《こ》津《つ》氏の人、母は物部《もののべ》氏の人であったという。

早くに父を失った良源は、梵釈寺《ぼんしゃくじ》に入り、覚阿《かくあ》に資質を認められて、一二歳のときに比叡山にのぼる。

比叡山に入った良源の師となったのは、理仙《りせん》であった。理仙のもとで五年間、修学につとめたのち、九二八(延長《えんちょう》六)年、尊意《そんい》について得度、受戒、正式に僧としての生活がはじまった。

受戒する直前に、良源は師理仙を失っている。そのため、年分度《ねんぶんど》者《しゃ》となるには曲折があったらしい。また、師をなくし、よるところのなくなったことは、良源のその後に少なからぬ影響を与えている。

受戒後の良源は、最澄《さいちょう》の定めた学《がく》生式《しょうしき》に従い、一二年の籠山《ろうざん》修行に入ったが、そのあいだにも、良源の優れた学生を示すエピソードがいくつも残されている。

受戒の翌年、非公式の論議で実恵《じちえ》と対論した良源は、優れた弁舌で実恵を圧倒し、感嘆した実恵の師で、のちに一七代天台座主となる喜慶《きけい》は、すぐさま実恵を良源の弟子としたという。

九三七(承平《じょうへい》七)年、二六歳の良源は、興福寺《こうふくじ》の維摩会《ゆいまえ》に講師の基増《きぞう》につき従う威儀《いぎ》僧として参加する。維摩会では、竪義《りゅうぎ》のほかにも、非公式の論議が行われる。その論議に参加した良源は、鋭い舌鋒で法相《ほっそう》宗の義《ぎ》昭《しょう》を論破し、一躍、比叡山外にもそ

の名を知られることとなった。

　この維摩会は良源の人生にとって大きなポイントとなった。のちのち、良源の庇護者となり、深いつながりをもつようになった摂政《せっしょう》藤原忠平《ただひら》の耳に、良源の名がはじめて伝わったのがこのときだったのである。

　良源は覚恵・喜慶・雲晴らのもとで、台密の三部の大法、胎蔵界、金剛界、蘇悉地《そしつじ》などを学び、一二年間の比叡山での修行を終える。そして、忠平率いる藤原北家《ほっけ》とのつながりを強めていく

　九四八（天暦《てんりゃく》二）年、良源は一般僧としては最高の位である大法師《だいほっし》についている。これは忠平の庇護なしにはありえなかっただろう。

　当時の比叡山で地位を得るには、師から弟子へという一門の力が不可欠だった。しかし、前述したように、良源は入山の師理仙を得度の直前に失っている。良源には自分を引き立て、バックアップしてくれる勢力がなかったのである。

　良源は系統としては円仁《えんにん》派ということになる。だが、そのなかでも大きなよりどころをもたない、傍流の小さな存在でしかなかった。そんな良源が比叡山のなかで地位を確立していくには、藤原北家という有力貴族のうしろだてを受けるしかなかったのだろう。

横川に基盤を築く

　良源が比叡山における自らの基盤にしようとしたのは、横川《よかわ》である。比叡山の最北端にある横川は、三代天台座主円仁が開発した地で、円仁が建てた首楞厳院《しゅりょうごんいん》（横川中堂）周辺を整備し、東塔・西塔と並ぶ比叡山三塔体制にしたのは良源である。

　しかし、良源の時代の横川は荒れ果て、住僧わずか二、三名という状態だったといわれる。円珍《えんちん》以降、円珍門徒が比叡山の中枢を支配することが多かったため、円仁ゆかりの横川はかえりみられることがなくなっていたのである。

　九四九（天暦三）年、藤原忠平が没すると、良源は横川で忠平の菩提を弔うとともに、忠平の次男、右大臣師輔《もろすけ》の娘で村上《むらかみ》天皇の女御《にょうご》安子《あんし》の皇《み》子《こ》誕生を祈願するための修法《しゅほう》を行っている。

　翌年、安子は無事にのちの冷泉《れいぜい》天皇となる皇子、憲平《のりひら》親王を出産する。これによって、藤原北家と良源のつながりはますます強くなった。

　忠平は死のまえに、師輔に良源に師事するようにとの遺言を伝えているが、憲平親王誕生以来、良源は藤原北家の守護僧のような存在となっていった。憲平親王が生後二カ月で皇太子となると、良源は東宮護持僧《とうぐうごじそう》に任じられているのである。

　良源は師輔の庇護をバックに、横

【語録】

登壇受戒以後、山には提奨《ていしょう》の師縁なく、
里には顧眄《こべん》の檀越《だんのつ》を欠く。

師理仙を受戒直前に失った良源が、門閥も庇護者もなかった若き日をふりかえった言葉。藤原北家の後援を受け、栄達していった良源だが、比叡山内にうしろだてのない立場では、ほかに出世の方法はなかったのだろう。

川の整備を進め、比叡山での地位を確立していく。九五一(天暦五)年には四〇歳で早くも阿闍梨《あじゃり》となった。また、九五八(天徳《てんとく》二)年には師輔の一〇男尋禅《じんぜん》が受戒し、良源の弟子となっている。

　しかし、この二年後、師輔が五三歳で没する。良源にとって、師輔の死は大きな痛手であった。横川の整備も自らの栄達も、ここに足踏みせざるをえなかった。

天台座主への道

　師輔の死によって、一時的に停滞を余儀なくされた良源が、再び華々しい活躍をはじめるきっかけとなったのは、九六三(応和《おうわ》三)年に行われた宮中での南都と比叡山との論議、応和宗論《おうわしゅうろん》であった。この論議は双方が勝利を主張し、決着はつかなかったようだが、良源はその鮮やかな弁舌で朝廷、貴族に強い印象を与え、檜舞台へと戻っていくのである。

　翌年には内供奉十禅師《ないぐぶじゅうぜんじ》となり、さらにその翌年、九六五(康保《こうほう》二)年には五四歳で権律師《ごんのりっし》として僧綱《そうごう》入りし、九六六(同三)年には、ついに一八代天台座主へとのぼりつめた。五〇代での僧綱入りは前例がなく、天台座主も円珍以来の若さであった。

　天台座主となった良源は、次々と改革を断行していく。最澄の忌日に催される法華会《ほっけえ》に広学竪義《こうがくりゅうぎ》を加え、論議の場とすることで、教学の発展の基盤を整えた。また、東塔総持院の阿闍梨の増員も勅許される。

　だが、良源が座主となったその年の一〇月、比叡山東塔が火災にあい、三〇以上の諸堂が焼失してしまう。改革をはじめたばかりの良源にとって大きなショックではあったが、藤原師輔が良源の弟子となった息子尋

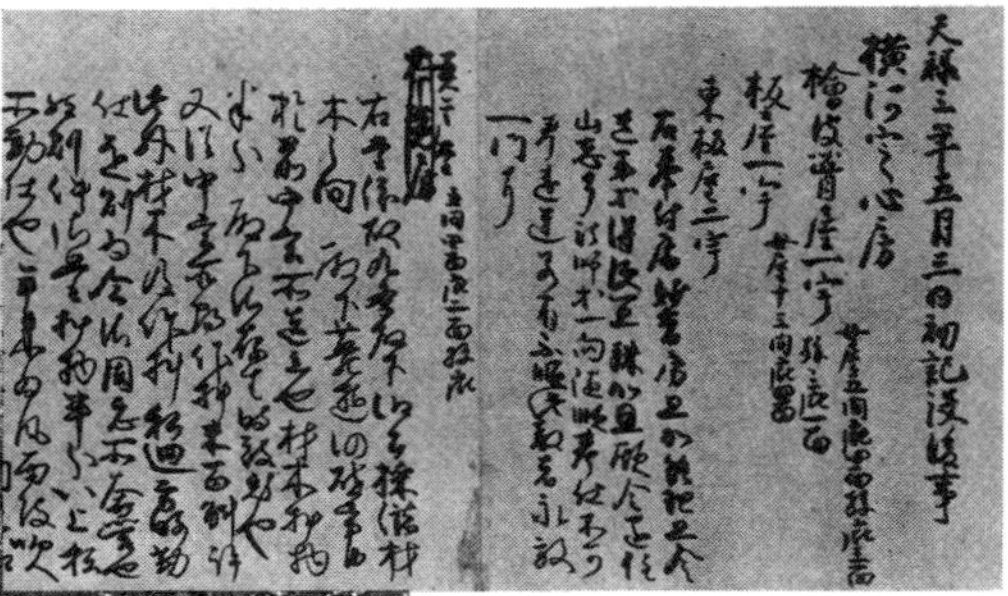

慈恵大師自筆遺告　国宝／京都・廬山寺蔵
一時病に冒されたとき（61歳）に記した遺言状

延暦寺の元三大師御廟　遺言で立派な墓をつくることを禁じたので、石柱だけの墓がある

禅に残した荘園や良源自身が寄進を受けた荘園などからの財力を駆使して、この危機を乗りきっていく。

翌年には主要な堂塔は再建され、即位したばかりの冷泉天皇によって横川に常行三昧《じょうぎょうざんまい》堂《どう》が建立されるなど、横川の整備も進んでいった。横川では四季の講会《こうえ》、春秋の広学竪義が盛んに行われ、数多くの学僧たちが競いあって、比叡山の教学をかつてないほどに発展させていった。

また、良源は最澄や円仁などが制定した禁制などをもとに、二六カ条の制式を布告して、門閥間の争いがやまなかった比叡山の秩序回復をはかっていった。

九七二（天禄《てんろく》三）年には、横川が制度的にも東塔、西塔から独立、東塔・西塔・横川の三塔体制が確立する。さらには、根本中堂《こんぽんちゅうどう》の大改装、食堂《じきどう》の再建など、良源のもとで、比叡山はいっそう整備されていく。

こうして座主として比叡山をひっぱりつづけた良源は、九八一（天元《てんげん》四）年、僧としての最高位、大僧正《だいそうじょう》に任じられる。大僧正は奈良時代の行基《ぎょうき》以来のことである。比叡山の最盛期を築いた良源は、自身も最高の栄達を果たしたのであった。

九八四（永観《えいかん》二）年、走りつづけてきた良源も、体の不調を覚え、死期が近いことを悟る。翌年一月三日、比叡山中興の祖は七四歳で入滅した。

源信《げんしん》

名利を捨て、浄土教の民衆化に尽くした『往生要集』の著者

優れた学僧の転機

日本文化史上に輝く名著であり、比叡山仏教ばかりでなく、法然《ほうねん》や親鸞《しんらん》といった鎌倉浄土教にも大きな影響を与えた『往生要集《おうじょうようしゅう》』。その著者源信《げんしん》は、九四二(天慶《てんぎょう》五)年、大和国《やまと》(奈良県)葛城郡《かつらぎ》に生まれた。父は卜部《うらべ》正親《まさちか》、母は清原《きよはら》氏の人という。幼くして父を失い、信心深かった母親の影響もあり、九歳で比叡山にのぼって、良源《りょうげん》門下に入っている。

良源門下は、最盛期には門弟三〇〇〇人といわれ、優れた学僧が多く輩出されたが、源信はなかでも才覚と学識に優れ、早くから良源に認められていたという。

九七三(天延《てんえん》元)年には、天台学問僧にとっての登龍門である広学竪義《こうがくりゅうぎ》

源信プロフィール

942〜1017。恵心僧都、横川僧都という。大和国(奈良県)に生まれ、9歳で比叡山にのぼり、良源の弟子となり、13歳で得度、受戒する。若いころは学識豊かで論議の名手として知られるが、その後、名利を捨て、学問と念仏に没頭。『往生要集』は念仏と極楽浄土の信仰を幅広い層に浸透させ、浄土教信仰の先駆けとなる。鎌倉時代の浄土教、民衆仏教に大きな影響を与えている。

恵心僧都像　滋賀・聖衆来迎寺蔵

に及科《きゅうか》し、翌年には宮中の論議で一躍、名を挙げて、内供奉十禅師《ないぐぶじゅうぜんじ》に任じられている。三〇代前半の若さである。

このころ、源信は『六即義私記《りっそくぎしき》』をはじめ、いくつもの著書を記しているが、論議のうまさと高い学識は良源門下でも秀でていて、将来を嘱望されていた。

そんな源信が九八〇(天元《てんげん》三)年の延暦寺根本中堂《こんぽんちゅうどう》供養法会以降、ぷっつりと表舞台から消えてしまう。当時、良源が比叡山の実権を掌握し、教団の改革、再建を進めるとともに、円仁《えんにん》派・円珍《えんちん》派の対立も目だつようになっていた。そうした比叡山の状況や藤原氏の庇護を受けた良源のやり方に疑問を感じる僧は少なくなく、良源門下からも離脱者がでていた。源信も師良源の生き方に疑問を抱き、違った道を選ぼうとしていたのかも知れない。

源信が表舞台から姿を消したいきさつについては、『今昔物語集《こんじゃくものがたりしゅう》』や鴨長明《かものちょうめい》の『発心集《ほっしんしゅう》』に紹介されていて、有名である。

それによると、源信が冷泉《れいぜい》天皇の皇后に召されたとき、下賜された供《く》物《もつ》を母に届けたところ、母は、「そのような名利を求めるためにあなたを僧侶にしたのではない。真の仏道をきわめ、聖《ひじり》といわれるような人になって、私の来世を弔ってほしかったのだ」といわれた。

この母の言葉に源信はわが身を反省し、それ以降は、名利を捨て、横《よ》川《かわ》にこもって、修学と著述に専念したという。

この説話の真偽のほどは確かではないが、源信の人となりを語っているのだろう。

『今昔物語集』には源信と母にまつわるこんな逸話も収められている。母から、「こちらから告げるまで、会いにくることはならない」といわれていた源信だが、あるとき、予感があったので、すぐに山をおり、実家へと向かった。家についてみると、母は臨終の床についていて、源信から予感があったことを聞くと、仏の契りと喜んで、念仏を唱えて亡くなったというのである。

極楽浄土の念仏

源信が『往生要集』の執筆をはじめたのは、母の死がきっかけで、九八四(永観《えいかん》二)年、四三歳のときだったといわれ、翌年には完成している。『往生要集』は、日本の浄土信仰の発展に大きな影響を与えた名著であり、宋の天台山にも伝えられ、それを読んだ天台山の高僧行辿《ぎょうてん》が激賞したともいわれる。

一章から一〇章まであり、一、二章でむごたらしい地獄について語られ、三章で荘厳にして華麗な極楽浄

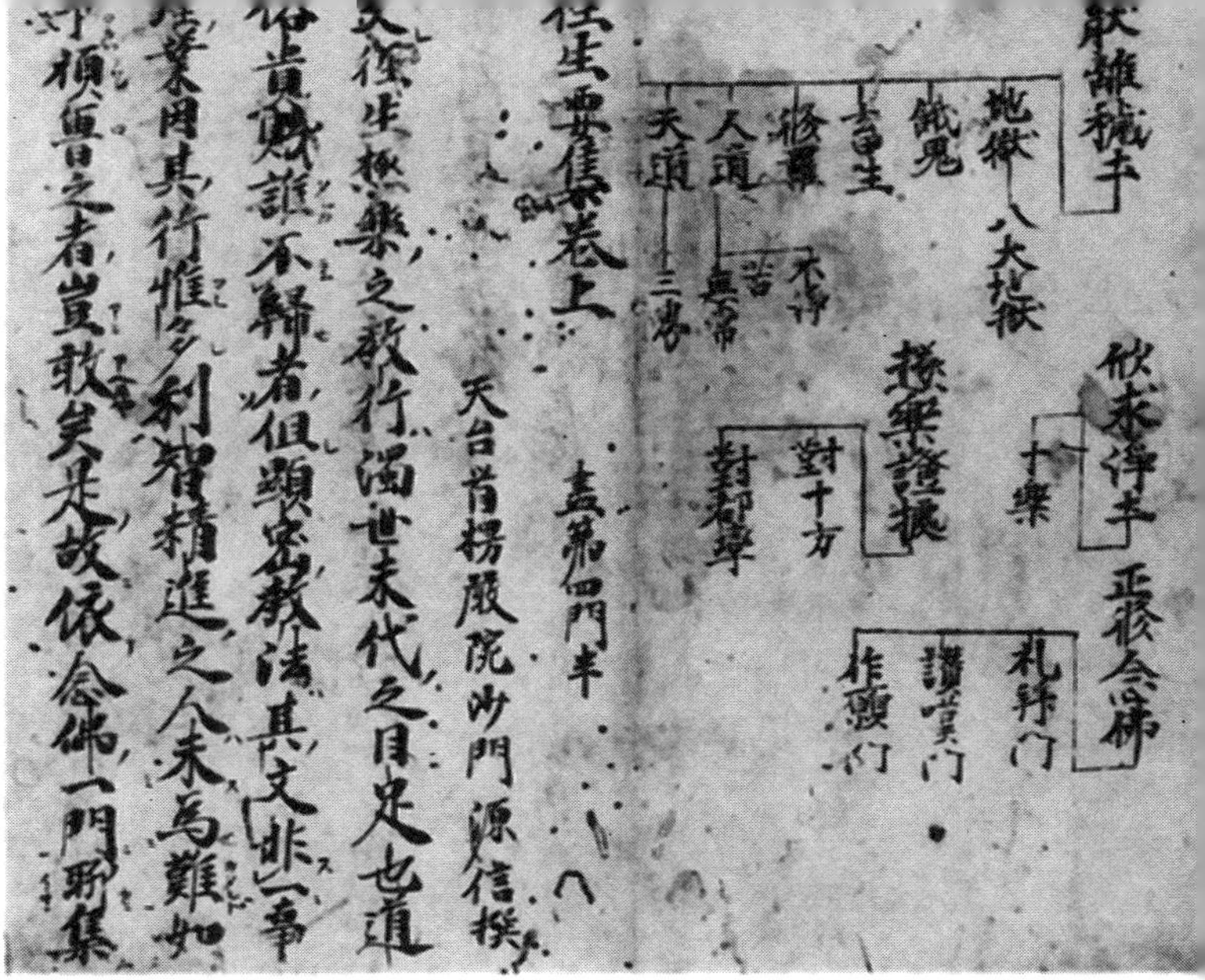

往生要集　延暦寺蔵　一四世紀（鎌倉時代）のもの

土のすばらしさが語られている。そのあとの四章から六章までが、極楽往生するための念仏と修行の方法の説明となっていて、七章から九章に念仏をすすめる根拠の経文が示され、最後の一〇章は、問答形式でこれまでの内容をまた説明するというものとなっている。

『往生要集』は、比叡山のみならず、貴族社会にも大きな影響を与えた。権力者藤原道長《みちなが》は源信に心酔し、何度も招いたというが、名利を捨てた源信は、その招きに応じようとしなかったという。

源信は比叡山の僧として、宮中の法会《ほうえ》に召されることもあり、貴族たちのあいだでの名声は、本人の意志にかかわりなく高まっていった。一〇〇四（寛弘《かんこう》元）年には、権少僧都《ごんのしょうそうず》にも任じられている。だが、源信は地位にはまったく興味がなく、翌年には辞退している。

源信はもっぱら横川で浄土教の研究に没頭し、念仏運動に専心しようとしていたのである。

権少僧都を辞退したころには、念仏結社二十五三昧会《ざんまいえ》の運動にいっそう力を注いで、在俗者と念仏結縁して、浄土教を民衆化させようとしていた。

源信の念仏運動は、幅広い層に広がっていった。都の皇族や上流貴族ばかりでなく、下級貴族や民衆までがその対象となっていたのである。

こうした念仏運動の一方で、霊山《りょうぜん》院《いん》の釈迦講で、釈迦が健在であったころの弟子たちの威儀を再現して、末法《まっぽう》の克服をめざしたり、多くの注釈などの著述を残したりと、天台教

延暦寺の恵心堂　源信がはじめて念仏三昧を修したお堂

学の発展にも大きな貢献をしている。

『恵心僧都全集《えしんそうづぜんしゅう》』によれば、源信が残した著述は、七五部一三〇巻に及ぶという。

一〇一四(長和《ちょうわ》三)年に、藤原道綱《みちつな》の求めに応じて著《あらわ》した『阿弥陀経略《あみだきょうりゃく》記《き》』を著し終えたころから、源信は体調を崩して、ほとんど寝たきりの生活を余儀なくされた。

そして、一〇一七(寛仁元《かんにん》)年六月一〇日朝、身をきよめ、口をすすいだ源信は、手に念珠と阿弥陀仏の手に結んだ糸をもち、念仏を唱えながら、眠るようにして入滅した。七六歳であった。顔色は美しく、わらっているかのようであったと伝えられる。

源信は入滅して数カ月後、弟子の夢のなかにあらわれて、往生について問答をしたという。弟子が「極楽に往生されたのですか」と問うと、源信は「したともいえるし、しないともいえる」と答えた。不思議に思った弟子がさらに問うと、「聖衆が阿弥陀仏を囲むとき、私はそのいちばん外側にいる。だから、往生しないともいえる、といったのだ」と答え、「およそ、極楽往生とは、たいへんむずかしいことなのだ」と告げたという。

【語録】

当《まさ》に知るべし、
苦海を離れて浄土に往生すべきは、
ただ今生にあることを。

『往生要集』のなかの言葉である。天台宗では、生き物は輪廻転生《りんねてんせい》を繰り返し、苦界をさまよい続けるが、人間に生まれ変わるチャンスは少ないと考えられている。それだけに、極楽往生するには、人に生まれたこのときに、ひたすら修行をしなければならないのだと説いている。

慈円《じえん》

仏法と政治のあいだで揺れ動きつづけた歌の名人

名門出身のエリート僧

後鳥羽上皇《ごとばじょうこう》の勅命によって撰せられた『新古今和歌集《しんこきんわかしゅう》』にもっとも多くの歌が収められているのは、有名な西行《さいぎょう》の九四首だが、それに次ぐ九一首が入集しているのが、天台座主《ざす》であった慈円《じえん》である。

慈円は一一五五（久寿《きゅうじゅ》二）年、摂政《せっしょう》関白《かんぱく》藤原忠通《ただみち》の子として、京都に生まれた。兄は関白九条兼実《くじょうかねざね》で、名門貴族の出身であった。

二歳のときに母を、一〇歳で父を

慈円（慈鎮）像　東京国立博物館蔵

慈円プロフィール

1155〜1225。藤原摂関家の子として京都に生まれる。13歳で延暦寺にのぼり、摂関家という家柄を背景に順調に階位を上がり、38歳で天台座主となり、49歳で大僧正。60歳で辞すまでに4度座主となる。『新古今和歌集』に91首が入集した歌人としても有名。歴史書『愚管抄』を著す。東坂本小島坊で71歳で没し、無動寺に埋葬される。

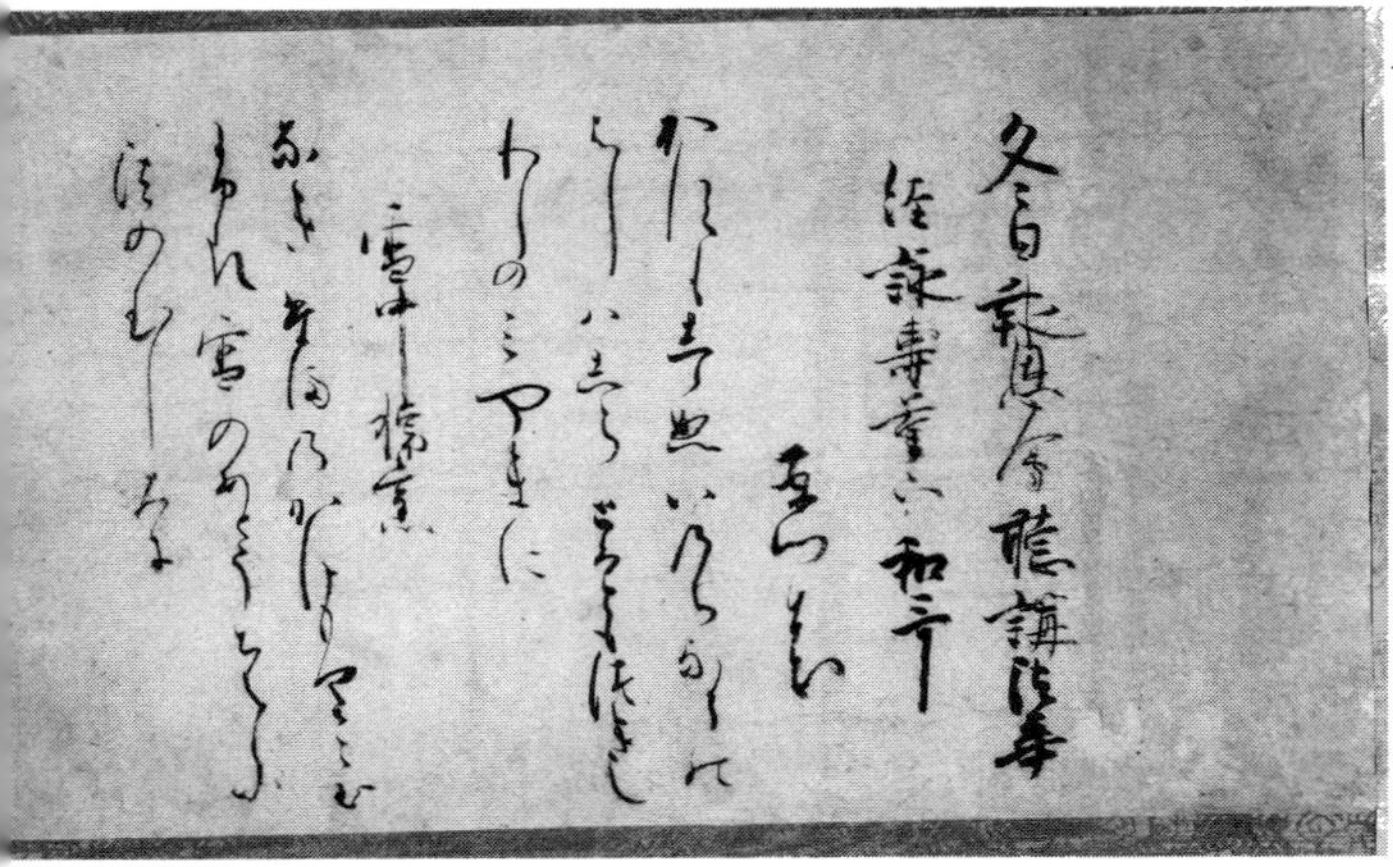

懐紙（慈円）筆　重文／奈良国立博物館蔵

亡くした慈円は一一歳のときに青蓮《しょうれん》院《いん》の覚快《かくかい》法親王に入門、道快《どうかい》と称す。一三歳で天台座主明雲《みょううん》を戒師として得度受戒する。

当時の比叡山には名門貴族の師弟も多く、権力争いに明け暮れ、家柄で僧としての出世が決まるということも珍しくなかった。

天台座主明雲《みょううん》に師事した慈円は、そうした教団のあり方に疑問を感じつつも、名門中の名門であるために、異例の出世を遂げ、その矛盾に悩むこともあったという。

一一七〇（嘉応《かおう》二）年には一身阿闍梨《いっしんあじゃり》、法眼《ほうげん》となっている。この時期、比叡山無動寺《むどうじ》や西山善峯寺《よしみねでら》で、修行の日々をおくっていた慈円は、無動寺で千日入堂の苦行を、葛川明王院《くずかわみょうおういん》では断食行を行っている。矛盾に悩む心を静めるには、きびしい修行に打ち込むしかなかったのだろう。

慈円の出世は留まるところを知らなかった。一一七八（治承《じしょう》二）年には法性寺《ほっしょうじ》座主に、一一八一（養和《ようわ》元）年には法印となり、このときに慈円と改名している。

さらに、覚快《かくかい》法親王の入滅後には、三昧院・法興院・極楽院の検校《けんぎょう》・別当《べっとう》を兼ねるまでになった。そして、兄兼実が政治の実権を握ると、平等院《びょうどういん》、法成寺《ほうじょうじ》の執印《しゅういん》となり、三八歳の若さで天台座主にまでのぼりつめたのである。

家柄や親、兄弟の権力による出世、本来、慈円が反発を感じ、嫌っていたことのはずである。しかし、慈円はいやおうなくそうした権力と権謀術数の渦中に巻きこまれていった。

天台座主となった慈円は、無動寺大乗院で勧学講を開いて、学僧を養成するなど、座主としての職務に打ち込もうとする。しかし、ほどなくして兄の兼実が失脚、慈円も天台座主を辞任することになる。

歌人慈円として

天台座主の座を降りた慈円は、好きな歌の道にますます精進するようになっていく。

もともと、慈円が歌の道に入った

のは、西行《さいぎょう》の影響であったといわれる。西行に天台真言の教えを乞うたときに、西行から「歌の心得がないと真言の大事はわからない」といわれ、真言を学びたいがゆえに歌をはじめた。

歌を学んだことで、西行から無事、天台真言の大事を学ぶことはできたのだが、歌の魅力にとりつかれて、歌への情熱は増すばかり、という状態になってしまったらしい。

現在伝えられている慈円作の歌は約六〇〇〇首。わずかの時間で多くの歌を詠む速詠の人だった。説法をしていても、言葉の調子が七五調になることさえあったといわれるほどである。

そんな慈円の歌への情熱と才能を高く評価したのが、後鳥羽《ごとば》上皇だ。上皇は平安王朝文化に強く憧れて、それが『新古今和歌集』の編纂《へんさん》にもつながっている。歌会も頻繁に催していたが、慈円はその上皇主催の歌会に、藤原俊成《としなり》、定家《ていか》らとともに常連として出席していた。

後鳥羽上皇と『愚管抄《ぐかんしょう》』

歌を通じて深いつながりをもつようになった後鳥羽上皇の要請で、慈円は一度は退いた天台座主、上皇の護持僧を再びつとめることになる。結局、慈円は六〇歳で座主を辞すまで、都合四度も座主をつとめたのである。

座主としての慈円は、やはり権門藤原家の人であった。兄兼実の孫、道家《みちいえ》を摂政の座につけ、道家の姉を入内させる。さらには、将軍実朝《さねとも》が暗殺されたあと、道家の三男（のちの将軍頼経《よりつね》）を鎌倉に送りこむ。天台座主としての権力があったからこそのことであった。

慈円が考えていたのは、公武共存の体制であったといわれる。朝廷と

【語録】

おほけなく浮き世の民におほうかな
わがたつ杣《そま》にすみぞめの袖

藤原定家の『百人一首』に選ばれた歌である。関白家に生まれてエリート僧の道を歩むことになった慈円が、身分不相応でおそれおおいが、人々の悩みを解決するために、修行する身となったと、仏法の道に入った心情を歌に託している。

慈円が門主をつとめたこともある京都・青蓮院

幕府が両立し、摂関家がコントロールするという体制である。

しかし、あくまで平安王朝文化に憧れ、天皇親政の復活を夢みる後鳥羽院は、慈円の考えを受け入れようとはしなかった。

慈円は何度も後鳥羽院に行き過ぎを思いとどまるようにとの歌を贈り、ついには『愚管抄《ぐかんしょう》』を著す。そこには、公武二つの権力を認め、九条家から将軍となった頼経を接点として、摂関家の主導で、政治を円滑に進めていこうという慈円の考え方が示されている。

慈円は反発を感じながらも、藤原摂関家《せっかんけ》出身という出自から逃れられなかったのである。

しかし、慈円の願いもむなしく、後鳥羽院はついに執権北条義時追討《しっけんほうじょうよしときついとう》の宣旨《せんじ》をだし、幕府打倒をめざす。承久《じょうきゅう》の乱だ。そして、この企ては失敗に終わり、後鳥羽院は隠岐《おき》に配流《はいる》となり、武家政治が確立されていったのだ。『愚管抄』を著したときには、すでに天台座主の地位も去り、体調も衰えていた慈円にとって、後鳥羽院の暴走とその結末は大きな失意をもたらした。

その後、慈円は表舞台に登場することもなくなり、一二二五(嘉禄《かろく》元)年、東坂本の小島坊で七一歳の生涯を終える。源平の争乱から鎌倉幕府の成立という激動の時代のなかで、その出自ゆえに政治に巻きこまれつづけた一生であった。

しかし、慈円がこの時代を代表する教養人・文化人であったことは事実で、とくに、わかりやすい言葉で素直に心情をあらわしたその歌才は疑いようがない。『愚管抄』は貴重な歴史書として、いまも高い評価を受けている。

真盛

しんぜい／しんせい

社会浄化に専心した天台真盛宗の祖

天台真盛宗の祖となった真盛《しんぜい》は、無欲の人として知られていたという。宮中に呼ばれ『往生要集《おうじょうようしゅう》』の講釈をしたとき、布施として出された品の数々をすべて返上し、皇族や貴族を驚かせたという。

その無欲さは広く聞こえていて、奈良興福寺《こうふくじ》の尋尊《じんそん》は、「京都に説法の智者あり。無欲の人なり」と真盛について述べている。

比叡山に入る

真盛は一四四三（嘉吉《かきつ》三）年、伊勢《いせ》

真盛上人像　滋賀・西教寺蔵

真盛プロフィール

1443～1495年。伊勢国（三重県）一志郡に生まれる。14歳で出家、19歳のときに比叡山にのぼり、20年間比叡山にこもり、修学につとめる。1473年には大乗会の講師をつとめ、権大僧都となる。母の死、『往生要集』との出会いをきっかけに念仏と教化活動を決意し、朝廷から民衆まで、幅広い層を対象に戒称一致の教化を続けた。伊賀（三重県）上野の西蓮寺で53歳で滅した。

国(三重県)一志《いちし》郡に生まれている。父は伊勢国司北畠《きたばたけ》家の家臣で小泉藤《こいずみふじ》能《よし》、母は西川氏の人で、平安王朝歌人として有名な紀貫之《きのつらゆき》の末であるともいわれる。

　両親ともに菩提心のあつい人であったらしく、真盛を出家させたいと願い、七歳のときに近くの川口光明《こうみょう》寺《じ》に預けられ、一四歳のときに出家している。

　一六歳で父を失った真盛は、その年に尾張《おわり》国(愛知県)篠木《しのぎ》の密蔵院《みつぞういん》に移り、一九歳のときに比叡山にのぼって、慶秀《けいしゅう》の弟子となった。

　比叡山に入った真盛は、以後二〇年間、一度も山をおりることなく、ひたすら天台教学の修学に励み、その才能と学識で将来を嘱望される存在となる。

　二五歳で阿闍梨《あじゃり》となり、さらに伝灯大法師の地位に進み、一四七三(文明《ぶんめい》五)年には、大乗会《だいじょうえ》の講師をつとめて、権大僧都《ごんだいそうず》にまでなっている。いずれは、天台座主《ざす》、大僧正《だいそうじょう》も夢ではない栄達ぶりであった。

教化活動を決意

　二〇年間の比叡山での修学中は、真盛自身もわき目もふらずに学問に打ち込み、座主、大僧正への道を思い描いていたのかもしれない。

　ところが、一四八二(文明一四)年、母の死という転機が訪れる。比叡山の真盛のもとに、母の病が重いとの知らせがあり、急いで郷里へと帰った真盛は、母の最期を看取ることができた。

　しかし、母親を失った真盛は、世のはかなさを感じて、これまでの修学一筋に栄達をめざす生活に無常を感じたのである。

　真盛の心にあったのは、生死の問題をどうすれば解決することができるかということであった。その答えを見つけるために、浄土宗の祖、法《ほう》然《ねん》のゆかりの地でもある比叡山西塔の黒谷青龍寺《くろだにせいりゅうじ》で隠遁生活に入る。

　この隠遁生活のあいだに真盛がたどりついたのは、念仏の道であった。日課念仏六万遍を実行し、念仏こそがおのれの道であるとの決意を固めていったのだ。

　そんな真盛の心をさらに強くしたのが、源信《げんしん》の著した『往生要集』との出会いだった。

　黒谷青龍寺での隠遁生活を終えたあと、一四八五(文明一七)年に祖師最澄《さいちょう》の墓がある比叡山浄土院《じょうどいん》にこもった真盛は、ここで『往生要集』と出会い、大きな感動を受けた。そして、念仏こそが衆生を救う方法と確信し、教化活動をはじめることを決心する。

　比叡山をおりた真盛は、教化《きょうけ》活動に入り、京都東山真如堂《しんにょどう》で法談を行い、さらに岩倉長谷《はせ》で『往生要集』

真盛が不断念仏の道場として再興した滋賀・西教寺

を講じて、非常に高い評判を得る。その評判は朝廷にも聞こえ、宮中でも『往生要集』を講義することになる。

　このときの講義には多くの貴族たちが集まって、講義が終わったあとには感激のあまり、受戒を願い出る人の列ができるほどであったともいわれる。この講義が大好評であったことは、翌年の五月に、再び宮中に招かれ、講義をしたことでも明らかで、真盛に感銘を受けた後土《ごつち》御門《みかど》天皇から上人号を授かっている。

　また、一四八六(文明一八)年には、最澄ゆかりの近江《おうみ》国(滋賀県)坂本生源寺《しょうげんじ》で、『往生要集』を講義し、集まった学徒たちに大きな感動を与えたといわれている。

西教寺に入る

　生源寺で講義を行った真盛は、比叡山横川戒心谷の衆徒たちの希望もあって、西教寺《さいきょうじ》に入った。西教寺は聖徳太子の草創とも伝えられる名刹で、良源《りょうげん》、源信にもゆかりの寺である。

　真盛は西教寺を不断念仏の根本道場として、仏殿、方丈、鐘楼など、四〇あまりの諸堂を整備し、再興に尽くした。

　西教寺の整備と並行して、真盛は積極的に教化活動をしていった。真盛の教化の特徴は、対象が非常に幅広かったことである。後土御門天皇に円頓戒《えんどんかい》を授け、皇太子勝仁《かつひと》親王に十念を授けたのをはじめ、三条西実《さんじょうにしさね》隆《たか》にも十念を授けるなど、朝廷、公家を筆頭に、将軍足利義政《あしかがよしまさ》や日野富《ひのとみ》

【語録】

無欲清浄に念仏せよ

真盛の弟子たちへの遺言である。無欲の人としていくつものエピソードを残した真盛は、無欲清浄専勤の念仏を説き、社会浄化に心を砕きつづけたが、入滅をまえにしても、信念であった無欲清浄を弟子たちに説いたのである。

子《こ》のまえでも法談を講じるといった具合に、武家社会もその対象となっている。

とくに、越前朝倉《あさくら》氏とは、一四八八(長享《ちょうきょう》二)年に信州(長野県)善光寺《ぜんこうじ》の参詣の帰路に立ち寄って以来、何度も朝倉氏の招きに応じて訪れている。一四九三(明応《めいおう》二)年に近江坂本で一揆が起こり、日吉大社が炎上した。それを真盛に責任があるとして比叡山門徒が西教寺に押し寄せたときには、身の危険を感じた真盛は、朝倉氏を頼って越前に逃げたほどである。

また、伊勢国司北畠材親《ただちか》が伊勢神宮を攻めようとしたとき、その前線に乗りこんで材親をいさめたという話は有名だ。

もちろん、真盛の教化の対象には、多くの名もない民衆たちも含まれていた。無欲清浄をいいつづけた真盛の精神は、民衆たちにも歓迎され、多くの帰依者をえた。

こうして、天台の円頓戒の厳守と称名念仏の励行を合致させた「戒称一致」の宗風を打ち立て、幅広い層への教化活動をつづけた真盛は、一四九五(明応《めいおう》四)年、五三歳という年齢で惜しまれながら入滅した。

この入滅前のある日のエピソードとして、無欲の人真盛らしい話が伝えられる。真盛が入滅の地、伊賀《いが》(三重県)西蓮寺《さいれんじ》で別時念仏《べつじねんぶつ》を修していたとき、それに参加していた奈良の僧が土産として、奈良特産の墨をもってきた。しかし、真盛はいまひとつもっているからそれで十分。生死無常の人間だから、余分にあっても寿命がきてしまえば無駄になるといって受け取らず、その五日後に世を去ったという。

天海《てんかい》

比叡山を復興させた謎に包まれた名僧

天海《てんかい》は徳川家康《とくがわいえやす》に重用されたことで知られている。家康の側近として、ことあるごとに助言を与え、家康も天海が住持をつとめる川越喜多院《かわごえきたいん》を関東天台宗本山と認め、寺領四万八〇〇〇坪、五〇〇石を寄進している。

さらには、関東天台法度《かんとうてんだいはっと》を定めて、天台宗の中心を関東に移し、その関東天台宗の全権を喜多院に与えている。家康によって、天海は天台宗の実権を握るまでになったのだ。

不思議なことに、これほどの名僧でありながら、天海の一生にはわからないことが多い。とくに、生年や出自には謎が多く、生年には諸説あり、早いものと遅いものとでは最大四五年の差がある。没年ははっきりしているから、その生涯は一三五年から九〇年までの幅があるのだ。

また、出自も足利将軍の子という

天海プロフィール

1536?～1643。陸奥国（福島県）会津生まれといわれる。前半生は謎にみちているが、11歳で出家し、比叡山、園城寺などで学んだのち、甲斐に赴き、その後、川越喜多院に入る。徳川家康の帰依を受けて、比叡山の復興に尽くし、上野に寛永寺を開いて、関東天台宗の中心とした。日本初の大蔵経『天海版一切経』の出版でも知られる。寛永寺で没する。

天海僧正木像　埼玉・喜多院

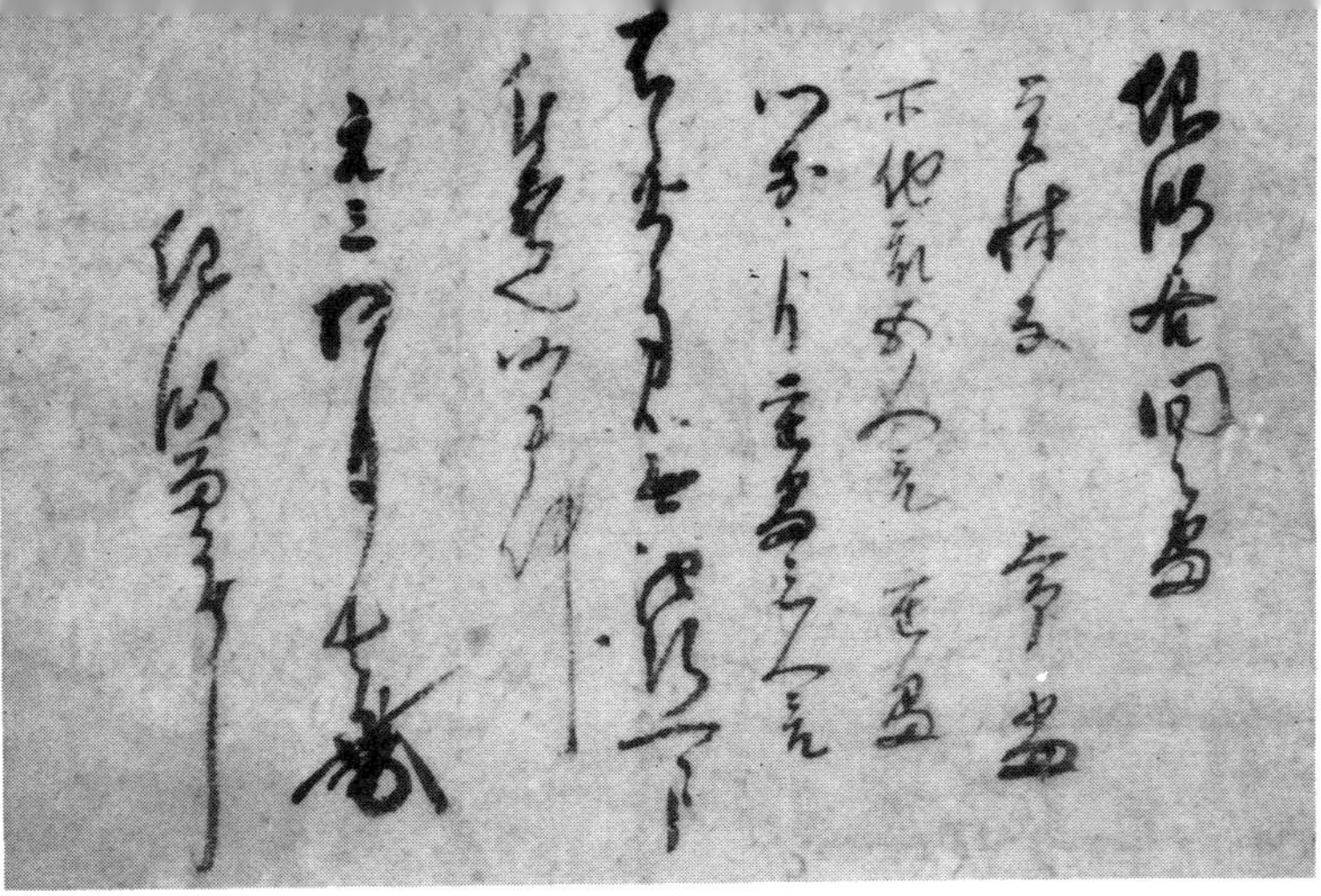

天海筆蹟(仙波居間火之用心の掟) 埼玉・喜多院

説、明智光秀《あけちみつひで》その人であるという説までである。

比叡山復興に尽力

もっとも一般的な説によると、天海は一五三六(天文《てんぶん》五)年に会津《あいづ》領主芦名《あしな》氏の一族に生まれたという。一一歳で出家して台密を学び、一四歳のときから諸国を遍歴、その後、比叡山、園城寺《おんじょうじ》、興福寺《こうふくじ》などで修学したといわれる。

織田信長《おだのぶなが》による比叡山焼き討ちが行われたときに、甲斐武田《かいたけだ》氏のもとに逃れた豪盛《ごうせい》らに従って、天海も武田氏のもとに身を寄せる。その後、故郷会津に戻るが、伊達正宗《だてまさむね》の会津攻めで芦名一族が常陸《ひたち》(茨城県)に逃れたため、天海も常陸へいき、その後、川越無量寿寺仏蔵院《むりょうじゅじぶつぞういん》(北院)の豪海《ごうかい》に師事し、一五九九(慶長《けいちょう》四)年に豪海のあとを受けて住持となり、「喜多院」と改称。

天海が家康に認められるきっかけとなったのは、江戸城内で行われた論議の席だったといわれる。家康の天海への信任は増すばかりで、一六〇七(慶長一二)年、比叡山の復興を家康から命じられて、比叡山に入り、信長の焼き討ちによって荒廃していた諸堂の再建に力を尽くした。

比叡山の復興はその後、数十年にわたってつづけられるが、それも天海が家康・秀忠《ひでただ》・家光《いえみつ》と三代の将軍の信任を受けたからのことである。比叡山がいまも仏教の殿堂としての位置を保っているのも、天海の功績といえるかもしれない。

関東天台宗の確立

前述したように、家康は関東天台法度を定め、天台教団の中心を関東に移し、その全権を天海の喜多院に与えた。これは比叡山が朝廷の権力のもとにあったため、幕府権力の誇示のためにとられた策であるといわれている。天海を重用した家康は一六一六(元和《げんな》二)年に没する。このとき、葬儀や神号について、吉田神道による金地院崇伝《こんちいんすうでん》と山王一実神道の天海が対立したが、最終的に天海の主張が通る。

崇伝は神号に「明神《みょうじん》」を、天海は「権現《ごんげん》」を主張して譲らなかったのだが、天海の「豊国《ほうこく》大明神の行く末をごらんあれ」というひと言が決め手になったという。秀吉は大明神としてまつられたが、豊臣家は滅びてしまったということを天海は指摘したのだった。この天海の主張した山王一実神道は、だれも知らない謎の神道といっていいものだったが、最近の研究では、天台宗に伝わる山王神道に天海自身が工夫を加えたものだとされている。

家康の葬儀でも、自らの主張を認められた天海は、日光東照宮《にっこうとうしょうぐう》の造営にも参画するが、その後には、関東天台宗の中心となる上野の東叡山寛永寺《とうえいざんかんえいじ》を秀忠、家光の援助を受けて建立する。以後、関東天台宗の中心は川越喜多院から寛永寺に移され、関東天台宗は天台宗の歴史のなかでも、確固たる地位を築いていくことになるのだ。

天海というと、徳川家との結びつきばかりが強調されるが、徳川家の庇護を受けて、天台宗史上でも貴重な業績を数々あげている。

比叡山の復興はその筆頭だが、滋《し》賀《が》院門跡《いんもんぜき》や毘沙門堂門跡《びしゃもんどうもんぜき》の発展にも貢献、さらには日本で最初の大蔵経いわゆる『天海版一切経《てんかいばんいっさいきょう》』を出版している。また、戦火をまぬがれた天台典籍を整理統合し、天海蔵も築いている。

謎に包まれた人生

天海は一六四三(寛永《かんえい》二〇)年、寛永寺で入滅した。将軍家光は、必死の看護もむなしく天海が入滅したこ

【語録】

国文学が盛んとなったので、花の色も増した。

徳川秀忠が自慢の椿を天海に見せたときの言葉である。国が平安だから文学が盛んになり、花の表現も豊かになったという意味で、その裏に、天下泰平のすばらしさ、平和の大切さをにじませている。

天海が開基の東京・寛永寺

とに、悲嘆に暮れたという。

前半生が謎に包まれた天海が、なぜこれほど家康から家光まで三代の将軍に深く帰依《きえ》され、厚い信任を受けたかだが、時代の流れと権力者の心境を見抜いた機知に満ちた言葉が、信頼を勝ち得たのだといわれる。

鷹狩りにまつわる家康とのエピソードは、その代表として有名である。家康は鷹狩りに出かけるとき、必ず、前日に何時に出かければよいかを天海に占わせたという。しかし、天海の答はいつも四つ時(午前一〇時)であった。疑問に思った家康がその理由を訪ねたところ、天海は「戦乱の世であれば、日時、方角の吉凶も重要でしょうが、いまは天下泰平、鷹狩りも楽しみでなされるのですから、供の者のことを考えますと、四つ時は早からず遅からず、よろしいでしょう」と答えたという。

天海はまた恐ろしい呪法の持ち主との伝説もある。大坂冬の陣をまえに、浅野《あさの》長政《ながまさ》、加藤清正《かとうきよまさ》、前田利長《まえだとしなが》、真田昌幸《さなだまさゆき》といった秀吉恩顧の武将が相次いで亡くなったのも、天海が呪殺したのだという噂はその当時からあり、豊臣方の間者は天海暗殺をねらったともいわれる。

天海はその死後、慈眼《じげん》大師の号を贈られているが、日本仏教の歴史のなかで、大師号を贈られた僧はわずか二五人しかおらず、大師号の持ち主で天海ほど、その人生がわかっていない人物はほかにはいない。

あるとき、弟子から出自について質問された天海はこう答えたという。「氏姓も生年も忘れて久しい。一度、仏門に入った以上、俗人であったときのことなど、知ったところで仕方がない」。

これが天海の本心であったのか、あるいはあえて前半生を謎として隠したことへの言い訳なのかは、これもまたわからない。

第5章

「天台宗ゆかりの名刹」

ぜひ訪ねたい

比叡山延暦寺
滋賀院
中尊寺
毛越寺
立石寺（山寺）
日光山輪王寺
喜多院
瀧泉寺（目黒不動尊）
寛永寺
深大寺　ほか

比叡山延暦寺にない堂

比叡山《ひえいざん》 延暦寺《えんりゃくじ》

天台宗総本山

データ

住所＝滋賀県大津市坂本本町《さかもとほんまち》

祖師最澄以来の不滅の法灯がともる

七八五（延暦《えんりゃく》四）年、最澄《さいちょう》が比叡山《ひえいざん》に草庵を結んだことにはじまり、三年後、小堂を建てて「比叡山寺一乗《いちじょう》止観院《しかんいん》」と号した。そして最澄の滅後二三（弘仁《こうにん》一四）年に嵯峨《さが》天皇から「延暦寺《えんりゃくじ》」の勅号を賜った。

延暦寺には多くの修行僧が集まり、高僧、名僧を輩出している。そのなかには、法然《ほうねん》、親鸞《しんらん》、日蓮《にちれん》、栄西《えいさい》、道元《どうげん》といった鎌倉仏教各派の開祖たちもおり、〝日本仏教の母山〟といわれている。

比叡山全体が延暦寺の境内であり、三塔一六谷といわれるように、東《とう》塔《どう》・西塔《さいとう》・横川《よかわ》の三塔からなる。中心となるのは、最澄が草庵を結んだ地、根本中堂《こんぽんちゅうどう》が建つ東塔である。

東塔の中心、根本中堂は国宝で、

*日本仏教の母山

回廊の総延長だけでも九〇メートルあり、壮大なスケールを誇る。内部には、本尊の薬師如来《やくしにょらい》像が安置され、その前には不滅の法灯が一二〇〇年間ともりつづけている。

また、最澄の宿願であった戒壇院《かいだんいん》があるのも東塔である。そのほか、大講堂、文殊楼《もんじゅろう》、阿弥陀《あみだ》堂、法華総《ほっけそう》持院東塔《じいんとうとう》、大黒堂などがある。

東塔から西塔へ向かう途中には、最澄の霊廟《れいびょう》である浄土院《じょうどいん》があり、一二年籠山行《ろうざんぎょう》の修行僧によって塵《ちり》ひとつなく掃ききよめられている。

西塔は、二代天台座《ざ》主《す》円澄《えんちょう》によって開かれた。釈迦堂《しゃかどう》（転法輪堂《てんぽうりんどう》）を中心として、常行堂《じょうぎょうどう》と法華堂《ほっけどう》を回廊で連ねた「にない堂」が並ぶ。釈迦堂は織田信長《おだのぶなが》による焼き討ち後、豊臣《とよとみ》

秀吉《ひでよし》が園城寺《おんじょうじ》(三井寺《みいでら》)から移築した比叡山最古の建物として知られる。西塔の奥にある瑠璃堂《るりどう》は焼き討ちをまぬがれた唯一の建物である。

横川は、三代天台座主《ざす》円仁《えんにん》によって開かれた修行の場。遣唐使《けんとうし》船《せん》をモデルとした舞台造りの横川中堂を中心に、元三大師堂《がんざんだいしどう》(四季講堂)、『往《おう》生要集《じょうようしゅう》』を著した源信《げんしん》(恵心僧都《えしんそうず》)ゆかりの恵心堂《えしんどう》などがある。

延暦寺は数度の大火にあい、さらには信長の焼き討ちがあったため、創建当時の建物は残っていないが、現存する諸堂は、江戸初期、徳川家《とくがわいえ》康《やす》の命《めい》によって天海《てんかい》が指揮をとり、再建されたものが多い。

滋賀県側のふもと坂本《さかもと》にある日吉《ひよし》大社(山王権現《さんのうごんげん》)は、比叡山の守護神であり、今も密接な関係にある。

比叡山に登るには、滋賀県側からは坂本ケーブル、京都府側からは叡山ケーブルとロープウェイがある。

滋《し》賀《が》院《いん》　天台宗

＊天台宗門跡寺院筆頭

データ
住所＝滋賀県大津市坂本

慈眼大師天海が創建した天台座主の里坊

比叡山《ひえいざん》の東麓《とうろく》、琵琶湖《びわこ》の西岸に位置する坂本は、古くから延暦寺《えんりゃくじ》と日《ひ》吉《よし》大社の門前町として栄えてきたが、織田信長《おだのぶなが》の焼き討ちによって荒廃。江戸初期一六一五（元和《げんな》元）年、天海《てんかい》が後陽成《ごようぜい》上皇から京都北白川《きたしらかわ》にあった法勝寺《ほっしょうじ》の建物を賜り、現在地に移築し、一六五五（明暦《めいれき》元）年、後水尾《ごみずのお》上皇から「滋賀院《しがいん》」の勅号を賜った。そして天台宗管領《かんれい》として比叡山・東《とう》叡山《えいざん》・日光山《にっこうさん》を統轄する初代輪王寺《りんのうじ》宮門跡《みやもんぜき》となった守澄法親王《しゅちょうほっしんのう》（後水尾上皇第六皇子《みこ》）が滋賀院に住したことから延暦寺の本坊（総里坊《さとぼう》）として機能するようになり、明治になるまで法親王が天台座主《ざす》をつとめていたため、「滋賀院御殿」「滋賀院門跡」と呼ばれた。

坂本には延暦寺山内住持の里坊（隠居所）が建ち並び、各地の城造りに貢献した穴太衆《あのうしゅう》積みといわれる石垣が続き、独特の景観と雰囲気をつくりだしている。なかでも滋賀院はひときわ背の高い石垣と白壁に囲まれて堂々とした外構えを見せている。

二階書院・内仏殿・宸殿《しんでん》・庫裏《くり》・客殿が連なる現在の滋賀院は、一八七七（明治一〇）年の火災後の再建だが、書院には狩野《かのう》派の貴重な襖絵《ふすまえ》が数多く見られる。宸殿の西側に造られた池泉鑑賞式庭園は小堀遠州《こぼりえんしゅう》作といわれ、国の名勝「延暦寺坂本里坊庭園」の一つに指定されている。

また、滋賀院の南西には、徳川《とくがわ》三代将軍家光《いえみつ》によって一六四六（寛永《かんえい》二三）年に建立された慈眼堂《じげんどう》があり、一〇八歳まで生きた慈眼大師天海がまつられている。

関山《かんざん》 中尊寺《ちゅうそんじ》 天台宗東北大本山

＊円仁開創のお寺

データ

住所＝岩手県西磐井《にしいわい》郡平泉町《ひらいずみちょう》平泉

奥州藤原氏ゆかりの金色堂で知られる

寺伝によれば、平安初期の八五〇（嘉祥《かしょう》三）年、東国教化《きょうけ》の旅をしていた円仁《えんにん》によって開創され、八五九（貞観《じょうがん》元）年に清和《せいわ》天皇から「中尊寺《ちゅうそんじ》」の勅号を賜った。

その後、堀河《ほりかわ》天皇の勅願によって奥州藤原氏《おうしゅうふじわらし》初代清衡《きよひら》が一一〇五（長治《ちょうじ》二）年から二十数年の歳月をかけて堂塔四十余、僧坊三百余を建て、奥州きっての大寺が完成した。

国宝の金色堂《こんじきどう》は、三間四面（間口奥行ともに約五・四五メートル）、単層宝形《ほうぎょう》造り、木瓦形板葺《きがわらがたいたぶ》きの小さな阿弥陀堂《あみだどう》である。内部外側天井すべてを黒漆《くろうるし》で塗り、その上に金箔《きんぱく》を押して埋めつくし、「光堂《ひかりどう》」とも呼ばれている。極楽浄土を地上に現した平泉文化の象徴であり、現存する唯一の遺構である。

内部は三壇の須彌壇《しゅみだん》を構え、金銀、螺鈿《らでん》、蒔絵《まきえ》を施して荘厳《しょうごん》している。

金銀の加工細工は長押《なげし》、中央壇上《うわ》框《がまち》金具の金銅透かし彫り宝相華《ほうそうげ》唐草《からくさ》文《もん》、各壇狭間《はざま》の金銅鍍金《ときん》の孔雀《くじゃく》・牡《ぼ》丹《たん》と胡蝶《こちょう》などに見られる。

四本の柱は「七宝荘厳《しっぽうそうごん》の巻柱《まきばしら》」といわれ、螺鈿細工で周囲を荘厳し、蒔絵によって四八体の菩薩《ぼさつ》像が描かれている。螺鈿細工に用いられたのは、南方産の夜光貝である。その細工は精緻《せいち》を極め、宝相華文を切り出し、さらに刀で細い線彫りを入れて表現している。

ほかに、奥州藤原氏の遺品である『紺紙金銀字交書一切経《こんしきんぎんじこうしょいっさいきょう》』、丈六仏《じょうろくぶつ》、金光明最勝王経金字宝塔曼荼羅図《こんこうみょうさいしょうおうきょうきんじほうとうまんだらず》など三千数余の国宝・国重要文化財を所蔵している。

医王山《いおうざん》 毛越寺《もうつうじ》 金剛王院《こんごういん》 天台宗別格本山

＊盛時には中尊寺をしのぐ

データ
住所＝岩手県西磐井《にしいわい》郡平泉町《ひらいずみちょう》平泉

奥州平泉の極楽浄土をしのぶ

中尊寺《ちゅうそんじ》と同じく円仁《えんにん》が八五〇（嘉《か》祥《しょう》三）年に創建し、自刻の薬師如来《やくしにょらい》をまつり、「嘉祥寺《かしょうじ》」と号したとされる。

その後、奥州藤原氏《おうしゅうふじわらし》初代清衡《きよひら》・二代基衡《もとひら》によって、一一五六（保元《ほうげん》元）年までに造営され、鳥羽法皇《とばほうおう》から国家鎮護の勅願文を賜った。その規模は中尊寺よりも広大で、堂塔四十余り、僧坊五百余と伝えられる。

「毛越寺《もうつうじ》」の寺号の由来は、地名の「毛越《けごし》」からとされる。現在、往時の建物はまったく残っていないが、金堂《こんどう》跡や講堂跡などの礎石や土壇などによって、往時の様子をうかがい知ることができ、国の特別史跡、特別名勝に二重指定されている。

平安時代に流行した浄土庭園の代表とされる毛越寺は、中尊寺と、三代秀衡《ひでひら》が建立した無量光院《むりょうこういん》によって、奥州平泉の地に極楽浄土を誇っていたのである。

現在の本堂は一九八九（平成元）年に建造されたもので、大泉が池の前に南大門跡、池の向こうに金堂跡、講堂跡などがある。

かつての常行堂《じょうぎょうどう》・法華堂《ほっけどう》跡地の西、池に面した常行堂では、毎年正月二〇日夜に祈禱《きとう》後の法楽として「延年《えんねん》の舞《まい》」が舞われ、国の重要無形民俗文化財に指定されている。

また、池の対面には松尾《まつお》芭蕉《ばしょう》の直筆「夏草や兵共《つわものども》が夢《ゆめ》乃《の》跡《あと》」の句碑がある。

宝物館は校倉《あぜくら》風高床式で、毛越寺に伝わる平安期の仏像、書籍、工芸品、発掘遺品、調査資料、延年の舞用具などが収蔵、陳列されている。

宝珠山《ほうじゅさん》 立石寺《りっしゃくじ》（山寺《やまでら》） 天台宗

データ
住所＝山形市山寺

芭蕉の句で有名な東北の名刹

「山寺《やまでら》」と呼ばれ、松尾芭蕉《まつおばしょう》の句「閑《しずか》さや岩にしみ入る蟬《せみ》の声」で有名な東北の名刹である。『奥《おく》の細道《ほそみち》』には、「山形領に立石《りっしゃく》寺《じ》と云《いう》山寺あり。慈覚大師《じかくだいし》の開基にて、殊《ことに》清閑の地也《なり》」と書かれており、境内には芭蕉の句にちなんだ「せみ塚」がある。

寺伝によれば八六〇（貞観《じょうがん》二）年、三代天台座主《ざす》円仁《えんにん》（慈覚大師）が清和《せいわ》天皇の勅願を受け、比叡山延暦寺《ひえいざんえんりゃくじ》の別院として開創。円仁は四年後に比叡山で没し、遺骸《いがい》は立石寺に運ばれて奇岩岩山の南面絶壁の入定窟《にゅうじょうくつ》に安置されたと伝わる。

山形市郊外の宝珠山《ほうじゅさん》の山腹に広がる境内全体が国の名勝。山門から一〇一五段の石段を休み休み登っていく参詣者、観光客の姿が見られる。

＊五大堂からの眺めは圧巻

登山口にある根本中堂《こんぽんちゅうどう》は一三五六（延文《えんぶん》元）年に初代山形城主斯波兼頼《しばかねより》（最上《もがみ》氏の祖）が再建したもので、国の重要文化財となっている。

三百余もあった堂塔は戦国期の兵乱で焼け、延暦寺の根本中堂から受けた不滅の法灯も消失したが、一五四三（天文《てんぶん》一二）年に延暦寺から再度分灯され、二八年後に比叡山が織田《おだ》信長《のぶなが》の焼き討ちで焼失した際には立石寺から延暦寺へ分灯された。

江戸時代に最上家や徳川《とくがわ》将軍家の外護《げご》を受けて再興され、現在三十余の堂塔が残る。見どころは、入定窟の真上に建つ開山堂と山内最古の建物である納経堂、その奥の懸造《かけづく》りの五大堂だ。石段終点に控える奥の院は「如法堂《にょほうどう》」といい、円仁がはじめた如法写経の道場である。

日光山《にっこうさん》 輪《りん》王《のう》寺《じ》 天台宗大本山

＊徳川家康の霊廟を守る

データ

住所＝栃木県日光市山内

比叡山、東叡山と並ぶ天台宗三大本山

日光山輪王寺《にっこうさんりんのうじ》は、二荒山《ふたらさん》神社、日光東照宮《とうしょうぐう》とともに、「日光山内」として国の史跡、「日光の社寺」として世界遺産になっている。

輪王寺は、日光山中にある寺院群の総称であり、奈良時代の僧、勝道《しょうどう》が七六六（天平神護《てんぴょうじんご》二）年に開いた四《し》本龍寺《ほんりゅうじ》がはじまりとされる。さらに勝道は二荒山神社も創建した。

平安時代に嵯峨《さが》天皇から「満願寺《まんがんじ》」の勅号を賜り、八四八（嘉祥《かしょう》元）年に円仁《えんにん》が天台宗の寺院として三仏堂《さんぶつどう》（本堂）と、比叡山延暦寺の「にない堂」に模して常行堂《じょうぎょうどう》と法華堂《ほっけどう》を建立した。

鎌倉・室町時代には天台修験道《しゅげんどう》の関東一大霊場として隆盛を極めた。戦国期に衰退したが、江戸初期に天《てん》海《かい》が貫首となり、一六一六（元和《げんな》二）年に死去した徳川《とくがわ》初代将軍家康《いえやす》の遺言を受けて駿河久能山《するがくのうざん》から家康の遺《い》骸《がい》を移し、東照大権現《とうしょうだいごんげん》としてまつることを進言した。翌年、二代将軍秀《ひで》忠《ただ》によって日光東照宮を創建。三代将軍家光《いえみつ》が現在の荘厳な造りに改修した。一六五三（承応《じょうおう》二）年には、家光の霊廟《れいびょう》として大猷院《たいゆういん》が完成。大猷院は国宝、三仏堂はじめ多数が国重要文化財となっている。

さらに一六五五（明暦《めいれき》元）年、後水《ごみず》尾《のお》上皇から「輪王寺《りんのうじ》」の勅号を賜り、東叡山《とうえいざん》貫首と比叡山《ひえいざん》天台座主《ざす》を兼務する守澄法親王《しゅちょうほっしんのう》（後水尾上皇第六皇《み》子《こ》）が日光山も統轄したことから「輪《りん》王寺宮門跡《のうじのみやもんぜき》」と呼ばれるようになった。明治の神仏分離令によって輪王寺と東照宮は分離されたが、神仏習合の歴史を今に伝えている。

＊天海ゆかりのお寺

星野山《せいやさん》 無量寿寺《むりょうじゅじ》 喜多院《きたいん》 天台宗

データ
住所＝埼玉県川越市小仙波町《こせんばまち》

「厄除けの川越大師」として親しまれている

八三〇（天長《てんちょう》七）年、淳和《じゅんな》天皇の勅願によって円仁《えんにん》が創建した星野山《せいやさん》無《む》量寿寺《りょうじゅじ》が起源と伝わる。

鎌倉初期の兵火によって全焼したが、一二九六（永仁《えいにん》四）年、伏見《ふしみ》天皇の勅願を受けて尊海《そんかい》が再興し、比叡《ひえい》山《ざん》中興の祖良源《りょうげん》（元三大師《がんざんだいし》）をまつり、五百八十余の関東の中心として位置づけられた。

戦国期一五三七（天文《てんぶん》六）年の川越城落城の戦火に巻き込まれ、諸堂や典籍などを、ことごとく焼失。一五九九（慶長《けいちょう》四）年に天海《てんかい》が無量寿寺仏《ぶつ》蔵院《ぞういん》（北院）の住持となって再び復興し、「喜多院《きたいん》」と改称した。そして後陽成《ごようぜい》天皇から「東叡山《とうえいざん》」の山号を賜り、徳川《とくがわ》将軍家の庇護《ひご》によって伽《が》藍《らん》が整備された。

一六二五（寛永《かんえい》二）年、天海は上野に寛永寺《かんえいじ》を創建して関東の天台宗総本山とすると同時に「東叡山《とうえいざん》」の山号も移し、喜多院は旧山号に戻した。

一六三八（寛永一五）年の川越大火で山門以外のすべてを焼失したため、徳川三代将軍家光《いえみつ》の命で江戸城紅葉《もみじ》山《やま》の別殿を移築して客殿と書院が建てられた。そのため、家光誕生間《たんじょうのま》、春日局《かすがのつぼね》の化粧間《けしょうのま》がある。続いて慈眼《じげん》堂《どう》、庫裏《くり》、鐘楼門《しょうろうもん》が再建された。山門、客殿、書院を含めていずれも現存し、国重要文化財となっている。

「厄除《やくよ》けの川越大師」として古くから庶民の信仰を集め、正月七日間の初護摩《はつごま》の日、とくに元三大師の忌日である一月三日には「だるま市」が立って、縁起物のだるまを買い求める参詣者でごったがえすほどのにぎわいを見せる。

泰叡山《たいえいざん》 護國院《ごこくいん》 瀧泉寺《りゅうせんじ》（目黒不動尊《めぐろふどうそん》） 天台宗

＊関東最古の不動霊場

データ
住所＝東京都目黒区下目黒

徳川三代将軍家光の帰依を受けた名刹

八〇八（大同《だいどう》三）年、一五歳の円仁《えんにん》が師広智《こうち》に伴われ、郷里の下野国《しもつけのくに》（栃木県）を出て比叡山《ひえいざん》の最澄《さいちょう》のもとへ赴く途中、当地で不動明王《ふどうみょうおう》の夢告《むこく》を受け、像を刻んで安置したのが瀧泉《りゅうせん》寺《じ》の起源とされる。

その後、唐《とう》に渡った円仁は、夢告の主が長安青竜寺《ちょうあんせいりゅうじ》の不動明王だったとわかり、帰国後、当地に諸堂を建立した。寺号は、寺地を定めるために円仁が独鈷《とっこ》を投じたところ泉が湧きだしたことに由来する。山号は、円仁死去の四年前、清和《せいわ》天皇から「泰叡《たいえい》」の勅額を賜ったことによる。

江戸初期の一六二四（寛永《かんえい》元）年、徳川《とくがわ》三代将軍家光《いえみつ》が鷹狩りに訪れて帰依《きえ》し、大伽藍《だいがらん》が整備された。そして後水尾《ごみずのお》天皇から再度「泰叡山《たいえいざん》」の勅額を、後西《ごさい》天皇から「不動明王」の宸筆《しんぴつ》を賜った。

瀧泉寺は、江戸城守護として要所にまつられた江戸五色《ごしき》不動の一つで「目黒《めぐろ》不動」と呼ばれた。ほかは、関口新長谷寺《しんはせでら》の「目白《めじろ》不動」、駒込《こまごめ》南谷寺《なんこくじ》の「目赤《めあか》不動」、世田谷教学《きょうがく》院《いん》の「目青《めあお》不動」、浅草勝蔵院《しょうぞういん》の「目《め》黄《き》不動」がはじまりとされる。このうち「目黒」と「目白」は駅名となって現在に残る。

今も流れを絶やさない独鈷の滝の近くにある前不動堂《まえふどうどう》は、将軍や大名の参拝があると本堂へ近づけなかった庶民のために建立されたもので、戦災を焼け残り、江戸中期の仏堂建築様式をよく保っている。

毎月二十八日のお不動さまの縁日には、境内に露店が並び、多くの参詣者でにぎわう。

東叡山《とうえいざん》 円頓院《えんどんいん》 寛永寺《かんえいじ》

天台宗別格大本山

＊徳川将軍家の菩提寺

データ

住所＝東京都台東区上野桜木

関東の天台宗総本山だった巨刹

最澄《さいちょう》が国家鎮護を願って比叡山延《ひえいざんえん》暦寺《りゃくじ》を開創したのに習って、天海《てんかい》が一六二五（寛永《かんえい》二）年、徳川家《とくがわ》の祈禱《きとう》所《じょ》として江戸城の鬼門《きもん》（東北）にあたる上野台地に大伽藍《だいがらん》を造営し、延暦寺と同様に創建時の年号から「寛永《かんえい》寺《じ》」とした。そして川越喜多院《きたいん》から「東叡山《とうえいざん》」の山号を移し、関東の天台宗総本山とした。

一六四七（正保《しょうほ》四）年、守澄法親王《しゅちょうほっしんのう》が東叡山三代貫首となると比叡山・東叡山・日光山の三山を統轄するようになり、「輪王寺宮門跡《りんのうじのみやもんぜき》」と呼ばれた。また、一六八〇（延宝《えんぽう》八）年に徳川四代将軍家綱《いえつな》の霊廟《れいびょう》が造営され、徳川将軍家の菩提寺《ぼだいじ》となった。

しかし幕末の上野戦争で彰義隊《しょうぎたい》と新政府軍の戦場となり、堂塔、霊廟のほとんどを焼失。明治維新後は官有地とされ、一九二四（大正一三）年に当時の宮内省を経て東京市に下賜されて上野恩賜《おんし》公園となった。

不忍池《しのばずのいけ》の弁天堂は琵琶湖《びわこ》の竹生島《ちくぶしま》に見立て、清水観音堂《きよみずかんのんどう》は京都清水寺《きよみずでら》の舞台を模して造られたとされる。

旧根本中堂は大噴水の場所にあったが、一八七九（明治一二）年、支院があった現在地に川越喜多院《きたいん》の本地《ほんじ》堂《どう》を移築し再建された。そして、退避されていた江戸中期の東山《ひがしやま》天皇宸《しん》筆《ぴつ》「瑠璃殿《るりでん》」の勅額を掲げ、まつられた秘仏本尊は最澄自刻とされる薬《やく》師《し》瑠璃光如来像《るりこうにょらいぞう》で国重要文化財だ。

関東大震災や太平洋戦争もあり、往時の偉容を見ることはできないが、かろうじて焼け残った清水観音堂、旧本坊表門（黒門）、五重塔《ごじゅうのとう》などが国重要文化財となっている。

浮岳山《ふがくさん》　晶楽院《しょうらくいん》

深《じん》大《だい》寺《じ》

天台宗別格本山

＊厄除元三大師

データ

住所＝東京都調布市深大寺元町《もとまち》

水と緑の武蔵野の面影を今なお伝える

奈良時代の僧満巧《まんくう》が七三三（天平《てんぴょう》五）年に水神深沙大王《じんじゃだいおう》をまつったのが深大寺《じんだいじ》のはじまりとされる。

八六〇（貞観《じょうがん》二）年ころ、武蔵《むさし》国司が反乱を起こし、清和《せいわ》天皇の勅命を受けて比叡山《ひえいざん》の恵亮《えりょう》が深大寺で密教の修法を行い、平定の功により下賜された。その後、比叡山中興の祖良《りょう》源《げん》（元三大師《がんざんだいし》）の自刻像がまつられ、幅広い人々の信仰を集めて隆盛した。

鎌倉期以降は兵火などで荒廃したが、小田原北条《おだわらほうじょう》氏の家臣である世田谷城主吉良《きら》氏の外護《げご》で再興された。その後、関東に入った徳川家康《とくがわいえやす》の庇《ひ》護《ご》を受けてますます寺運が高まり、江戸中期には両国回向院《えこういん》で二度の出《で》開帳《がいちょう》が行われた。

ところが幕末一八六五（慶応《けいおう》元）年の火災で伽藍《がらん》を焼失、焼け残ったのは山門と常香楼《じょうこうろう》のみ。早くも二年後に元三大師堂が再建され、本堂（阿《あ》弥陀堂《みだどう》）は一九一九（大正八）年の再建。深沙大王堂や開山堂などは昭和後半以降に整備された。

江戸中期一六九五（元禄《げんろく》八）年建立の山門が最も古い建物だ。寺宝では、明治末期に元三大師堂の壇の下から発見され、釈迦堂《しゃかどう》にまつられている銅造釈迦如来倚像《どうぞうしゃかにょらいいぞう》が白鳳《はくほう》期作として国宝。また、南北朝期の梵鐘《ぼんしょう》が残り、国重要文化財となっている。

深大寺の名物として三月三日・四日の「厄除《やくよけ》元三大師大祭《たいさい》」のだるま市がよく知られている。また、深大寺といえば、そばが有名だが、江戸中期にはすでに名物となっていたようで、今も門前には何軒もの店が味を競っている。

魚山《ぎょざん》 三千院《さんぜんいん》 天台宗

＊天台三門跡の一つ

データ
住所＝京都市左京区大原来迎院町《おおはららいこういんちょう》

円仁ゆかりの魚山流声明の里、大原の名刹

ヒット曲『女ひとり』に歌われて今も多くの観光客が訪れる三千院《さんぜんいん》は、最澄《さいちょう》が比叡山東塔《ひえいざんとうどう》南谷の梨《なし》の大木の下にかまえた円融坊《えんゆうぼう》にはじまる。「円融院」として比叡山東麓《とうろく》の坂本梶井《かじい》に移ったのち、最雲法親王《さいうんほっしんのう》(堀《ほり》河《かわ》天皇第三皇子《みこ》、第四皇子とも)が入寺して一一三〇(大治五《だいじ》)年に天台宗初の門跡《もんぜき》寺院となり、「梨本《なしもと》門跡」「梶井門跡」の名で知られる。

一一五六(保元元)年、最雲法親王が天台座主《ざす》に任命されると同時に、比叡山西麓《せいろく》、洛北《らくほく》大原に梶井門跡の政所《まんどころ》が設置された。

大原は、円仁《えんにん》が唐《とう》から伝えた五会《ごえ》念仏の拠点として、お経を独特の節回しで唱える天台声明《しょうみょう》の発祥地となった勝林院《しょうりんいん》と、融通念仏宗《ゆうずうねんぶつしゅう》の祖良忍《りょうにん》が再興した来迎院《らいごういん》が「魚山大原寺《ぎょざんおおはらじ》」と総称されて念仏僧が集まっていた。その魚山一帯を統治する役割を担ったのが梶井門跡である。

大原に梶井門跡の本坊が移転したのは明治維新後。梶井御殿の持仏堂に掲げられていた霊元《れいげん》天皇の勅額から「三千院《さんぜんいん》」と改称された。

境内にある往生極楽院《おうじょうごくらくいん》は、阿弥陀《あみだ》来迎《らいこう》信仰が盛んだった藤原《ふじわら》期に創建された極楽院を前身とし、源信《げんしん》(恵《え》心僧都《しんそうず》)作と伝えられる国宝の阿弥陀三尊像がまつられている。本尊阿《あ》弥陀如来坐像《みだにょらいざぞう》は来迎印《らいこういん》を結び、脇侍《きょうじ》の観音《かんのん》・勢至《せいし》両菩薩《ぼさつ》像は「大和坐《やまとずわ》り」と呼ばれる珍しい姿で、往生者《おうじょうしゃ》を迎えるためにまさに立ち上がらんとする瞬間といわれる。藤原期一一四八(久安四《きゅうあん》)年の銘が残る傑作だ。建物は国重要文化財。

青蓮院《しょうれんいん》 天台宗

＊天台三門跡の一つ

データ
住所＝京都市東山区粟田口三条坊町《あわたぐちさんじょうぼうちょう》

楠《くすのき》の大木に囲まれ、落ちついた風情の古刹

　円山《まるやま》公園から知恩院《ちおんいん》へ続く神宮道《じんぐうみち》のゆるやかな坂道を歩いていくと、その途中にある青蓮院《しょうれんいん》は、最澄《さいちょう》が比《ひ》叡山東塔《えいざんとうどう》南谷にかまえた青蓮坊《しょうれんぼう》にはじまる。鳥羽《とば》法皇が青蓮坊の行玄《ぎょうげん》に帰依《きえ》し、一一五三(仁平《にんぺい》三)年に第七皇子《みこ》の覚快法親王《かくかいほっしんのう》が入寺して景勝地として知られた粟田《あわた》の地に移され、青蓮院とされた。以来、「粟田御所《あわたごしょ》」「青蓮院宮《しょうれんいんのみや》」と呼ばれ、皇族、摂関家、将軍の子弟を門主とした。

　青蓮院の最盛期は鎌倉時代、四度天台座主《ざす》をつとめた慈円《じえん》が三代門主のころといわれる。関白九条兼実《くじょうかねざね》の弟であり、歴史書として名高い『愚《ぐ》管抄《かんしょう》』や歌集『拾玉集《しゅうぎょくしゅう》』の著者、慈円のもとで得度したのが、浄土真宗の開祖となる親鸞《しんらん》である。青蓮院の車寄せの前には親鸞童形像《どうぎょう》が立ち、境内には親鸞が得度のときに剃《そ》り落とした頭髪を納めた植髪堂《うえがみどう》があって、親鸞ゆかりの地であることがわかる。

　南北朝時代の一七代門主尊円《そんえん》法親王(伏見《ふしみ》天皇第六皇子)は名筆家で、和風と唐《から》風を融合した独自の書風を確立した。それは青蓮院流と呼ばれ、江戸時代に広く普及した書道の家元「御家《おいえ》流」の源流である。

　江戸後期一七八八(天明《てんめい》八)年の京都大火のとき、最後の女帝である後《ご》桜町《さくらまち》上皇が青蓮院を仮御所として避難されたことから国の史跡となっている。

　日本三大不動にかぞえられる青蓮院の「青不動」は、曼殊院《まんしゅいん》の「黄不動」とともに国宝。ほか、園城寺《おんじょうじ》(三井寺《みいでら》)の「黄不動」と高野山明王《こうやさんみょうおう》院《いん》の「赤不動」は国重要文化財。

南叡山《なんえいざん》 妙《みょう》法《ほう》院《いん》 天台宗

＊天台三門跡の一つ

データ

住所＝京都市東山区妙法院前側町《まえかわちょう》

後白河法皇勅願の三十三間堂を所有

妙法院《みょうほういん》は一一七〇（嘉応《かおう》二）年ころ、比叡山西塔《ひえいざんさいとう》の昌雲《しょううん》が後白河法皇《ごしらかわほうおう》の護《ご》持僧《じそう》に任命され、法皇の御所「法住《ほうじゅう》寺殿《じどの》」に隣接して里坊を開いたことにはじまる。

それ以前の変遷ははっきりしないが、妙法院の門主系譜では、最澄《さいちょう》を初代とし、円仁《えんにん》・恵亮《えりょう》へ継承され、一五代が行真《ぎょうしん》（後白河法皇）、一六代が昌雲となっている。鎌倉後期、二度天台座主《ざす》をつとめた一八代尊性法《そんしょうほっ》親王《しんのう》（後堀河《ごほりかわ》天皇の兄）以降、法親王が代々門主をつとめる宮門跡《みやもんぜき》寺院となり、幕末まで栄えてきた。青蓮院《しょうれんいん》、三千院《さんぜんいん》とともに「天台三門跡」にかぞえられる名門である。

妙法院から歩いて五分ほどにある三十三間堂《さんじゅうさんげんどう》は、妙法院が所有・管理する境外《けいがい》仏堂である。後白河法皇の勅願により平清盛《たいらのきよもり》が法住寺殿の一画に建立し、一千一体もの千手観音《せんじゅかんのん》像を安置した。正式名称を「蓮華王《れんげおう》院《いん》」といい、現在の建物は一二六六（文永《ぶんえい》三）年の再建だが、観音像すべてとともに国宝に指定されている。

また、妙法院は豊臣秀吉《とよとみひでよし》ともゆかりが深く、秀吉が大仏殿（方広寺《ほうこうじ》）を造営したとき、妙法院を大仏経堂《きょうどう》に定めたことから大きく発展した。庫《く》裏《り》は国宝で、秀吉が千僧供養会《せんそうくようえ》を行った際の台所とされる桃山時代の建築だ。また、秀吉宛ての「ポルトガル国印度《いんど》副王信書」もあり、国宝だ。

狩野《かのう》派の襖絵《ふすまえ》で飾られた妙法院の大書院《おおしょいん》は、一六一九（元和《げんな》五）年に後《ご》水尾《みずのお》天皇の中宮東福門院《ちゅうぐうとうふくもんいん》の旧殿を移築したと伝わり、玄関とともに国重要文化財となっている。

曼《まん》殊《しゅ》院《いん》 天台宗

*天台五門跡の一つ

データ
住所＝京都市左京区一乗寺竹ノ内町《いちじょうじたけのうちちょう》

侘《わ》び・寂《さ》びの趣きあふれる名刹

曼殊院《まんしゅいん》は、天台三大門跡の三千院《さんぜんいん》、青蓮院《しょうれんいん》、妙法院《みょうほういん》に加え、毘沙門堂《びしゃもんどう》と並ぶ天台五門跡の一つ。

最澄《さいちょう》が比叡山《ひえいざん》にかまえた一坊にはじまり、平安中期村上《むらかみ》天皇の時代に是算《ぜさん》が比叡山西塔《ひえいざんさいとう》北谷に移し、「東《とう》尾坊《びぼう》」と称した。

九四七（天暦《てんりゃく》元）年、菅原道真《すがわらのみちざね》をまつる北野天満宮が創建され、菅原家出身の是算が初代別当（管理職）に任命され、明治維新まで曼殊院住持が北野天満宮別当を兼務した。

「曼殊院」と改称されたのは平安後期で、洛北《らくほく》北山に移ったのち、戦国期に伏見宮《ふしみのみや》家の慈運法親王《じうんほっしんのう》が入寺して門跡《もんぜき》寺院となった。そして、江戸前期一六五六（明暦《めいれき》二）年に良尚《りょうしょう》法親王によって現在地へ移転されたことから「竹内《たけのうち》門跡」と呼ばれた。

良尚法親王は、桂離宮《かつらりきゅう》を創建した八条宮智仁《はちじょうのみやとしひと》親王の第二皇子《みこ》で、後陽《ごよう》成《ぜい》天皇の甥《おい》、後水尾《ごみずのお》天皇の従兄弟《いとこ》にあたる。国学、和歌、書、茶の湯、立花《りっか》、香、画、作庭に通じた文化人だったという。

曼殊院は、桂離宮を完成させたとされる兄智忠《としただ》親王の助言を受けて造営された。宸殿《しんでん》は明治初期に失われたが、国重要文化財に指定される大《おお》書院《しょいん》・小書院《こしょいん》には桂離宮と共通した意匠が見られる。枯山水《かれさんすい》の書院庭園は国の名勝。

また、曼殊院の「黄不動」は園城《おんじょう》寺《じ》（三井寺《みいでら》）の黄不動の現存最古平安後期の模写とされ、平安中期の古今《こきん》和歌集《わかしゅう》（曼殊院版）とともに国宝だ。

二〇二二（令和四）年、約一五〇年ぶりに宸殿が再建された。

護法山《ごほうざん》 安国院《あんこくいん》 出雲寺《いずもじ》（毘沙門堂《びしゃもんどう》） 天台宗

＊天台五門跡の一つ

データ
住所＝京都市山科《やましな》区安朱稲荷山町《あんしゅいなりやまちょう》

最澄自刻の毘沙門天をまつる名刹

飛鳥《あすか》時代、文武《もんむ》天皇の発願《ほつがん》により行基《ぎょうき》が京都出雲路《いずもじ》（御所の北）に創建した護法山出雲寺《ごほうざんいずもじ》が起源とされる。

平安京遷都《せんと》の翌七九五（延暦《えんりゃく》一四）年、桓武《かんむ》天皇が最澄《さいちょう》を招いて出雲寺に最澄自刻の毘沙門天《びしゃもんてん》像を本尊としてまつった。これは、比叡山延暦寺《ひえいざんえんりゃくじ》根本中堂《こんぽんちゅうどう》の本尊薬師如来《やくしにょらい》像と同じ木で刻んだものと伝えられ、秘仏となっている。

鎌倉時代になって、桓武平氏の流れをくみ、大原極楽院《ごくらくいん》で出家した円智《えんち》（平親範《たいらのちかのり》）が旧地に出雲寺を再興して「毘沙門堂」と呼ばれた。

毘沙門堂はその後のたび重なる兵火で焼失し、江戸初期、後陽成《ごようぜい》天皇の勅願を受けて徳川家康《とくがわいえやす》が山科《やましな》の地を寄進し、天海《てんかい》によって再建が開始された。そして天海没後、弟子の公海《こうかい》が意志を引き継ぎ、一六六五（寛文《かんぶん》五）年に伽藍《がらん》を完成させた。

公海の時代一六七四（延宝《えんぽう》二）年に公弁法親王《こうべんほっしんのう》（後西《ごさい》天皇第六皇子《みこ》）が入寺したことから「毘沙門堂門跡《もんぜき》」といわれるようになった。

公弁は、東叡山《とうえいざん》・日光山輪王寺宮《にっこうさんりんのうじのみや》門跡と天台座主《ざす》を兼務したのち、毘沙門堂に隠居し死去した。狩野益信《かのうますのぶ》の山水画で飾られた宸殿《しんでん》、霊殿《れいでん》、勅《ちょく》使門《しもん》は、公弁が天台座主に就任した一六九三（元禄《げんろく》六）年に、父後西院によって御所から移築された。

現在、大阪府和泉《いずみ》市久保惣《くぼそう》記念美術館が収蔵する国宝「青磁鳳凰耳花生《せいじほうおうみみはないけ》 銘万声《めいばんせい》」は、公弁が祖父後水尾《ごみずのお》天皇の中宮東福門院《ちゅうぐうとうふくもんいん》から譲り受けたもので、銘は後西院による。「砧《きぬた》青磁」と呼ばれる中国南宋《なんそう》時代の名品。

小倉山《おぐらやま》 二尊院《にそんいん》 天台宗

＊紅葉の名所

データ

住所＝京都市右京区嵯峨《さが》二尊院

釈迦・阿弥陀、二つの本尊がその名の起こり

正式名称は「小倉山二尊教院華台寺《おぐらやまにそんきょういんけだいじ》」といい、極楽往生《ごくらくおうじょう》する人を、この世から送る釈迦如来立像《しゃかにょらいりゅうぞう》と、極楽浄土で迎える阿弥陀如来《あみだにょらい》立像の二尊を本尊としてまつっていることから「二尊院《にそんいん》」と呼ばれる。

円仁《えんにん》が唐《とう》に渡る前の八三五（承和《じょうわ》二）年ころ、嵯峨《さが》天皇の勅願を受けて創建したといわれる。天台・律《りつ》・密教・浄土教の四宗兼学の道場として隆盛し、天台宗寺院となったのは明治維新後だ。

鎌倉時代には、浄土宗の開祖法然《ほうねん》が二尊院に住し、関白九条兼実《くじょうかねざね》の帰依《きえ》を受け、常行念仏堂《じょうぎょうねんぶつどう》として再興したことから中興の祖とされる。

室町時代の応仁《おうにん》の乱で焼失したが、後土御門《ごつちみかど》・後柏原《ごかしわばら》・後奈良《ごなら》の三天皇に仕えた三条西実隆《さんじょうにしさねたか》の庇護《ひご》によって再興され、唐門《からもん》の勅額「小倉山」は後柏原《ごかしわばら》天皇宸筆《しんぴつ》、本堂の勅額「二尊院」は後奈良《ごなら》天皇宸筆だ。

正面の小倉山は古来、紅葉の名所として知られ、藤原定家《ふじわらていか》が小倉百人一首を選定した山荘「時雨亭《しぐれてい》」があった地として名高い。江戸初期に豊臣秀吉《とよとみひでよし》の伏見城《ふしみじょう》から移築された総門の先の参道は「紅葉《もみじ》の馬場」と呼ばれ、秋には紅葉のトンネルとなる。

また、茶室「御園亭《みそのてい》」は江戸中期、後水尾《ごみずのお》天皇の第六皇女賀子《よしこ》内親王の化粧間《けしょうのま》を下賜されたもの。

本尊二尊像は、鎌倉期の運慶《うんけい》・快慶《かいけい》に代表される春日仏師《かすがぶっし》の作と伝えられ、国重要文化財である。

数多い寺宝のなかでも室町時代の「二十五菩薩来迎図《にじゅうごぼさつらいごうず》」一七幅は、重要美術品認定を受けた傑作。

書寫山《しょしゃざん》 圓教寺《えんぎょうじ》

天台宗別格本山

＊西の比叡山

データ
住所＝兵庫県姫路市書写

西国三十三所観音霊場を再興した花山院の勅願寺

比叡山《ひえいざん》中興の祖良源《りょうげん》（元三大師《がんざんだいし》）の弟子、性空《しょうくう》が九七〇（天禄《てんろく》元）年、書《しょ》写山《しゃざん》に観音堂（摩尼殿《まにでん》）を建てたのが圓教寺《えんぎょうじ》のはじまりとされる。

性空は、九州の霧島山《きりしまやま》や脊振山《せふりさん》で修行したのち書写山に入り、天人が桜の木を礼拝《らいはい》するのを見て、根がついたままの生木に観音像を刻んだという。同木作成とされる高さ約二〇センチの如意輪観音坐像《にょいりんかんのんざぞう》が今も残る。

九八六（寛和《かんな》二）年に退位出家した花山院《かざんいん》が行幸《ぎょうこう》し、性空に帰依《きえ》したことから、祈願寺として「圓教寺」の勅号を下賜された。花山院はまた、性空のすすめで、奈良時代の西国三十三所観音霊場を巡礼したとされる。

後白河法皇《ごしらかわほうおう》も七日間参籠《さんろう》し、「摩尼殿」の勅号を授けた。隠岐《おき》に流された後醍醐《ごだいご》天皇も帰途、参詣したといわれる。その後も皇族や武将の帰依を受けて隆盛を極め、比叡山、大《だい》山《せん》と並ぶ天台宗三大道場として「播《はり》磨《ま》の比叡山延暦寺《ひえいざんえんりゃくじ》」「西の比叡山」と呼ばれた。

境内は書写山一帯に広がり、国の史跡となっている。六つの登山道があったが、一九五八（昭和三三）年に東坂に沿ってロープウェイが開通し、東谷の仁王門《におうもん》から中谷の摩尼殿、西谷の三之堂《みつのどう》（大講堂・常行堂《じょうぎょうどう》・食堂《じきどう》の総称）、開山堂と護法堂《ごほうどう》が建つ奥《おく》之院《のいん》へ登る参道が主となっている。

摩尼殿をはじめとする諸堂の多くと、大講堂の本尊釈迦《しゃか》・文殊《もんじゅ》・普賢《ふげん》三尊像、常行堂の本尊阿弥陀如来坐《あみだにょらいざ》像《ぞう》、食堂の本尊僧形文殊菩薩《そうぎょうもんじゅぼさつ》坐像、開山堂の性空坐像、創建当時の四天《してん》王《のう》像が国重要文化財となっている。

清水山《せいすいざん》 普門院《ふもんいん》 観世音寺《かんぜおんじ》

天台宗

＊天下三戒壇の一つ

データ

住所＝福岡県太宰府《だざいふ》市観世音寺

天智天皇の発願に始まる九州最古のお寺

飛鳥《あすか》時代、六六一年に筑紫朝倉宮《つくしあさくらのみや》で崩御《ほうぎょ》した母斉明《さいめい》天皇と将兵の菩提《ぼだい》を弔うため天智《てんじ》天皇が発願《ほつがん》したと日本書紀は伝えている。前年に朝鮮半島で百済《くだら》が滅亡し、日本に危機が迫っていた時代である。伽藍《がらん》の造営は容易ではなく、観世音寺《かんぜおんじ》が完成したのは、八五年後の七四六（天平《てんぴょう》一八年）とされる。

そして観世音寺は、奈良東大寺《とうだいじ》に続き、七六一（天平宝字《てんぴょうほうじ》五）年に下野《しもつけ》薬師寺《やくしじ》とともに戒壇院《かいだんいん》が設けられて九州随一の大寺を誇った。

国の史跡となっている境内および支院跡の礎石の状態から、中門《ちゅうもん》を入ると五重塔《ごじゅうのとう》と金堂《こんどう》が東西に並び、南面して講堂が建つ奈良法隆寺《ほうりゅうじ》式の伽藍配置だったと推定されている。

平安前期九〇五（延喜《えんぎ》五）年の古文書に記される戒壇院・南大門・菩薩《ぼさつ》院《いん》・客僧房《きゃくそうぼう》など旧堂塔は、火災や台風によってことごとく失われ、平安後期に東大寺の末寺となった。

江戸前期に福岡藩主黒田《くろだ》家によって金堂と講堂、戒壇院が再建され、明治維新後、観世音寺は天台宗、戒壇院は臨済宗に改宗された。

現在の講堂はかつての半分近くに縮小されたが、五メートルを超える創建時の本尊不空羂索観音立像《ふくうけんじゃくかんのんりゅうぞう》、馬《ば》頭観音《とうかんのん》立像など一八体の仏像が残り、国重要文化財となっている。

また、九州国立博物館に寄託されている国宝の梵鐘《ぼんしょう》はわが国最古、観世音寺創建時のものと考えられ、太《だ》宰府《ざいふ》に左遷されて九〇三（延喜三）年に死去した菅原道真《すがわらみちざね》が鐘の音を聞いて和歌に詠《よ》んでいるという。

定額山《じょうがくさん》

善光寺《ぜんこうじ》

単立(天台宗・浄土宗共同管理)

＊日本最古の仏像をまつる

データ

住所＝長野市元善町《もとよしちょう》

一生に一度は善光寺詣り

善光寺《ぜんこうじ》には、日本仏教の「原点」といえる金銅造《こんどうづくり》阿弥陀《あみだ》三尊像がまつられており、全国から年間六〇〇万人もの参詣者が訪れる。

『善光寺縁起《えんぎ》』によれば、インドから中国、朝鮮半島の百済《くだら》をへて五五二年に日本へ伝えられ、廃仏《はいぶつ》派の物《もの》部《のべ》氏によって難波《なにわ》の堀江(大阪市の大川)に捨てられたが、推古《すいこ》天皇の時代に信濃《しなの》国司の従者本田善光《ほんだよしみつ》が故郷に持ち帰り、六四四年に皇極《こうぎょく》天皇によって善光寺が創建されたという。

平安時代、東国教化《きょうけ》に向かう最澄《さいちょう》が善光寺に参籠《さんろう》したといわれる。また、良忍《りょうにん》はじめ、法然《ほうねん》、親鸞《しんらん》、一遍《いっぺん》など浄土系宗派の開祖たちも参詣し、浄土信仰の隆盛とともに「善光寺」と本尊「一光三尊阿弥陀如来《いっこうさんぞんあみだにょらい》」の名が全国に広まった。

鎌倉時代には源頼朝《みなもとのよりとも》や北条《ほうじょう》一族の帰依《きえ》を受け、戦国期に武田信玄《たけだしんげん》が甲斐《かい》善光寺を建立して本尊を移したのち、織田信長《おだのぶなが》や徳川家康《とくがわいえやす》、豊臣秀《とよとみひで》吉《よし》の所有となり、一五四九(慶長《けいちょう》三)年にようやく現地に戻された。

本堂は江戸時代一七〇七(宝永《ほうえい》四)年の再建で国宝。本尊は絶対秘仏として、国重要文化財に指定される鎌倉時代につくられた前立《まえだち》本尊が七年に一度御開帳される。

現在、善光寺は無宗派の単立寺院として、門前に並ぶ天台宗二五坊の本坊「大勧進《だいかんじん》」と、浄土宗一四坊の本坊「大本願《だいほんがん》」によって護持運営されている。両住職が毎朝のおつとめ(お朝事《あさじ》)を交互につとめ、その往復に参詣者の頭を数珠《じゅず》でなでて功徳《くどく》を授ける「お数珠頂戴《ちょうだい》」が行われる。

長等山《ながらさん》 園城寺《おんじょうじ》(三井寺《みいでら》)

天台寺門宗《てんだいじもんしゅう》総本山

＊国宝・重文を多数所有

データ

住所＝滋賀県大津市園城寺町《おんじょうじちょう》

智証大師円珍が再興した古刹

正式名称は「長等山園城寺《ながらさんおんじょうじ》」というが、「三井寺《みいでら》」として親しまれている。その由来は、天智《てんじ》・天武《てんむ》・持統《じとう》三天皇の産湯に用いられた「御井《みい》」からといい、今も残る。

六七二年の壬申《じんしん》の乱で天武天皇と皇位継承を争って敗れた大友皇子《おおとものみこ》を弔うため大友氏が創建し、天武天皇から「園城寺」の勅額を賜ったと伝えられる。天武天皇は同年、飛鳥浄御原宮《あすかきよみはらのみや》に遷都し、園城寺が建つ近江《おうみ》大津宮《おおつのみや》は廃都となった。

荒廃した園城寺は平安時代、唐《とう》から帰国した円珍《えんちん》が初代長吏《ちょうり》(管理職)となり、密教伝法灌頂《でんぽうかんじょう》の道場として再興され、八六六(貞観《じょうがん》八)年に比叡《ひえい》山延暦寺《ざんえんりゃくじ》の別院となる。円珍は二年後、五代天台座主《ざす》となり、没するまで二四年間つとめた。

円珍没後、比叡山の円仁《えんにん》派と園城寺の円珍派の対立が激化し、ついに九九三(正暦《しょうりゃく》四)年、円珍派は比叡山を下り、園城寺を本山として「寺門《じもん》宗」と称するようになった。

園城寺は山門派との争いだけでなく、戦乱で何度も伽藍《がらん》を焼失しているが、有力者の帰依《きえ》があったため、そのたびに再建され、貴重な寺宝が多く残っている。

国宝の金堂《こんどう》は豊臣秀吉《とよとみひでよし》の正室北政所《きたのまんどころ》によって一五九九(慶長《けいちょう》四)年に再建され、絶対秘仏の本尊弥勒菩薩《みろくぼさつ》は天智天皇の念持仏と伝えられる。

また、唐院《とういん》に安置される智証大師《ちしょうだいし》円珍坐像《ざぞう》二体、円珍が伝えた新羅善神《しんらぜんしん》像は、いずれも秘仏で国宝だ。

日本三大不動の一つ「黄不動」も円珍ゆかりの仏画で国重要文化財。

戒光山《かいこうさん》 西《さい》教《きょう》寺《じ》

天台真盛宗《てんだいしんぜいしゅう》総本山

＊明智光秀の菩提寺

データ
住所＝滋賀県大津市坂本

真盛が提唱した戒称二門不断念仏の道場

西教寺《さいきょうじ》は比叡山横川《ひえいざんよかわ》への登り口にある。室町時代の一四八六(文明《ぶんめい》一八)年、比叡山を下りた真盛《しんぜい》が入寺し、諸堂を整備したことから西教寺中興の祖といわれる。

寺伝によれば、聖徳太子《しょうとくたいし》が六一八年に創建し、六六九年に天智《てんじ》天皇から「西教寺」の勅額を賜ったとされる。平安後期に良源《りょうげん》(元三大師《がんざんだいし》)や源信《げんしん》(恵心僧都《えしんそうず》)が常行念仏の道場とし、鎌倉後期に後醍醐《ごだいご》天皇の帰依《きえ》を受けた円観《えんかん》が円頓戒《えんどんかい》を復興したと伝わる。

戦国期一五七一(元亀《げんき》二)年、織田《おだ》信長《のぶなが》の比叡山焼き討ちによって西教寺も焼失した。焼き討ちの功によって坂本城主となった明智光秀《あけちみつひで》は、西教寺の復興に尽力した。そして一五九〇(天正《てんしょう》一八)年、後陽成《ごようぜい》天皇によって京都法勝寺《ほっしょうじ》が西教寺に併合されたことから、正式名称を「戒光山兼《かいこうさんけん》法勝西教寺《ほっしょうさいきょうじ》」という。法勝寺は平安後期白河《しらかわ》天皇創建の古刹で、円観が再興したが応仁《おうにん》の乱で荒廃していた。

一五九八(慶長《けいちょう》三)年に豊臣秀吉《とよとみひでよし》の伏見城《ふしみじょう》からの移築された客殿に安置される秘仏薬師如来坐像《やくしにょらいざぞう》は法勝寺の遺物とされる。本堂は紀州徳川《とくがわ》家が寄進した用材で一七三九年(元文《げんぶん》四)に再建され、本尊には平安後期定朝《じょうちょう》様式の丈六《じょうろく》阿弥陀如来《あみだにょらい》坐像がまつられている。客殿、本堂、仏像、いずれも国重要文化財となっている。

総門は坂本城の城門が移築され、鐘楼堂の鐘は一九八七(昭和六二)年まで陣鐘《じんがね》だった。境内には明智光秀供養塔と一族の墓があり、本堂や客殿などを見下ろす高台に真盛上人廟《しんぜいしょうにんびょう》がある。

松尾山《しょうびざん》　金剛寿命院《こんごうじゅみょういん》

鞍馬寺《くらまでら》

鞍馬《くらま》弘教《こうきょう》総本山

＊牛若丸伝説で名高い

データ
住所＝京都市左京区鞍馬本町《くらまほんまち》

本殿金堂前の「金剛床《こんごうしょう》」はパワースポット

鞍馬寺《くらまでら》といえば、牛若丸《うしわかまる》（源義経《みなもとのよしつね》）のお寺としてよく知られている。義経は父義朝《よしとも》の死後、鞍馬寺に預けられ、天狗から霊力を与えられたという。その真偽はともかく、鞍馬寺には、義経堂、背くらべ石、義経所有とされる太刀《たち》などが残る。源平合戦《げんぺいかっせん》で活躍しながら、奥州《おうしゅう》で悲劇の死を遂げた義経に対して、それだけ哀惜の念がもたれてきたのだろう。

鞍馬寺の起源は『鞍馬蓋寺縁起《あんばがいじえんぎ》』によれば、奈良唐招提寺《とうしょうだいじ》の鑑真《がんじん》の弟子、鑑禎《がんてい》が七七〇（宝亀元《ほうき》）年に鞍馬山《くらまやま》で霊験を得て毘沙門天像《びしゃもんてん》を安置し、平安前期七九六（延暦《えんりゃく》一五）年に造東寺《ぞうとうじ》長官の藤原伊勢人《ふじわらのいせと》が一堂を建て、毘沙門天像とともに千手観音像《せんじゅかんのん》をまつったのがはじまりという。

真言宗の影響も受けて、平安後期に天台宗青蓮院《しょうれんいん》の末寺となった。洛北《らくほく》きっての霊山として、白河《しらかわ》上皇や藤原道長《みちなが》、清少納言《せいしょうなごん》、紫式部《むらさきしきぶ》、戦国武将も参詣したという。

昔は急坂の九十九折《つづらおり》参道を登ったが、現在は仁王門《におうもん》から多宝塔《たほうとう》までケーブルカーで登れる。そこから本殿金堂《こんどう》までは一〇分ほど石畳を歩く。

鞍馬寺は神代からの古神道《こしんとう》や陰陽道《おんみょうどう》、修験道《しゅげんどう》など山岳宗教の要素をもち、戦後、鞍馬弘教《くらまこうきょう》になってからは、すべての生命を存在させる宇宙エネルギーそのものである「尊天」を本尊としている。

国宝の毘沙門天・吉祥天《きちじょうてん》・善膩師童子《ぜんにしどうじ》三尊立像《りゅうぞう》は霊宝殿（鞍馬山博物館）に安置されている。また、平安・鎌倉時代に埋納された経塚《きょうづか》出土遺物二〇〇点以上が国宝となっている。

荒陵山《こうりょうさん》

四天王寺《してんのうじ》

和宗《わしゅう》総本山

＊聖徳太子開創のお寺

データ
住所＝大阪市天王寺区四天王寺

一四〇〇年の歴史をもつ、わが国最古のお寺

四天王寺《してんのうじ》は、推古《すいこ》天皇の時代五九三年に聖徳太子《しょうとくたいし》が難波荒陵《なにわあらはか》に建立したわが国最古の寺院である。

日本書紀は、仏教の受容をめぐって崇仏《すうぶつ》派の蘇我馬子《そがのうまこ》と廃仏《はいぶつ》派の物部《もののべ》氏が争った際、一六歳の聖徳太子が自ら四天王像を刻み、崇仏派の勝利の暁《あかつき》には四天王寺を建立して生涯をかけて衆生《しゅじょう》救済につとめることを誓ったと伝える。

聖徳太子は、四天王寺を仏教による国家建設のため八宗兼学の寺院とした。そして寺院そのものである敬《けい》田院《でんいん》のほかに、貧困者救済の悲田院《ひでんいん》、薬をつくり施す施薬院《せやくいん》、病人のための療病院《りょうびょういん》をつくった。平安期には真言宗と天台宗が共同で管理し、のち長く天台宗に属したが、太子の精神は現在の和宗《わしゅう》に継承されている。

伽藍《がらん》は戦火や災害で失われるたびに再建され、現在の一九六三(昭和三八)年に完成した中心伽藍は、中《ちゅう》門《もん》(仁王門《におうもん》)、五重塔《ごじゅうのとう》、金堂《こんどう》、講堂が南北に並び、中門と講堂を結ぶ回廊が囲む「四天王寺式」と呼ばれる創建当時の伽藍配置を踏襲している。その北に修正会《しゅしょうえ》や聖霊会《しょうりょうえ》などを行う六時礼讃堂《ろくじらいさんどう》(国重要文化財)、東に聖徳太子をまつる聖霊院《しょうりょういん》の諸堂がある。

金堂には、本尊救世観音《ぐぜかんのん》、両脇《わき》に舎利塔《しゃりとう》と六重塔、仏壇周囲に四天王像がまつられ、宝物館には、国宝の懸守《かけまもり》、扇面法華経冊子《せんめんほけきょうさっし》、後醍醐《ごだいご》天皇宸翰《しんかん》「四天王寺縁起《えんぎ》」をはじめ、国重要文化財が多数所蔵されている。

毎月二一日の弘法大師忌《こうぼうだいしき》と二二日の聖徳太子忌、春秋の彼岸会《ひがんえ》には、中心伽藍が無料開放される。

金龍山《きんりゅうざん》 浅草寺《せんそうじ》 聖観音宗《しょうかんのんしゅう》総本山

*浅草の観音さま

データ
住所＝東京都台東区浅草

庶民の信仰を集める都内最古のお寺

「浅草《あさくさ》の観音《かんのん》さま」として知られ、雷門《かみなりもん》から続く表参道の仲見世《なかみせ》はいつも多くの参詣者でにぎわっている。

寺伝によれば、推古《すいこ》天皇の時代、六二八年に宮戸《みやと》川（隅田《すみだ》川）で漁をしていた檜前浜成《ひのくまのはまなり》・竹成《たけなり》兄弟が網にかかった観音像を引き上げ、識者の土師中知《はじのなかとも》が自邸にまつったのがはじまりとされる。六四五（大化《たいか》元）年、勝海《しょうかい》という僧が訪れ、お堂を建立し、秘仏として観音像を厨子《ずし》に入れて安置したという。

平安時代になって八五七（天安《てんなん》元）年、三代天台座主《ざす》円仁《えんにん》が前立《まえだち》本尊と御影板木《みえいはんぎ》をつくって安置、諸堂の整備を行い、中興の祖といわれる。

源 義家《みなもとのよしいえ》が奥州《おうしゅう》征討に向かう途中、浅草寺に戦勝祈願し、その子孫である義朝《よしとも》、頼朝《よりとも》、足利尊氏《あしかがたかうじ》も参詣した。

鎌倉公方《くぼう》足利氏や小田原北条《おだわらほうじょう》氏も帰依《きえ》し、徳川家康《とくがわいえやす》も江戸入府の際、浅草寺に寺領五〇〇石を寄進。徳川将軍家の祈願所として、また観音霊場として庶民の信仰を集めた。何度も焼失しているが、有力武将の庇護《ひご》によってそのたびに再建されている。

江戸中期、表参道に仲見世の前身である商店が設けられたことで、浅草の町は庶民の娯楽場として発達してきた。しかし、一九四五（昭和二〇）年の東京大空襲で伽藍《がらん》のほとんどを焼失した。すぐに仮本堂が建てられ、一〇年後には本堂と雷門が完成、さらに五重塔《ごじゅうのとう》が一九七三（昭和四八）年に再建された。

焼け残った二天門《にてんもん》と伝法院《でんぽういん》は国重要文化財、伝法院庭園は国の名勝となっている。

国軸山《こくじくせん》 金峯山寺《きんぷせんじ》

金峯山修験本宗《きんぷせんしゅげんほんしゅう》総本山

＊吉野山の中心

データ
住所＝奈良県吉野郡吉野町《よしのちょう》吉野山

役行者が開いた修験道の根本道場

紀伊熊野《きいくまの》から大峰《おおみね》山脈の八経ヶ岳《はっきょうがたけ》、山上ヶ岳《さんじょうがたけ》、吉野山《よしのやま》へ至る大峰奥駈道《おおみねおくがけみち》は、世界遺産「紀伊山地の霊場と参《さん》詣道《けいみち》」の一つである。山上ヶ岳から吉野山にかけての一帯を「金峯山《きんぷせん》」といい、古代から聖地として「金《かね》の御岳《みたけ》」と呼ばれていた。

飛鳥《あすか》時代白鳳《はくほう》期、役行者《えんのぎょうじゃ》(役小角《えんのおづぬ》)が山上ヶ岳山上で一〇〇〇日間の参《さん》籠《ろう》修行をし、霊験を得て山桜の木で金剛蔵王大権現《こんごうざおうだいごんげん》を刻み、山上(山上ヶ岳)に一体、山下(吉野山)に三体をまつったのが金峯山寺のはじまりとされる。山号「国軸山《こくじくせん》」は、宇宙の中心の山を意味している。

それから役行者は修験道《しゅげんどう》の祖とされる。呪術《じゅじゅつ》にすぐれ、鬼を自在に操ったともいわれ、役行者像にはしばしば夫婦の鬼が従っている。また、平安初期、真言宗の高僧聖宝《しょうぼう》が金峯山の大蛇を退治したことから中興の祖といわれる。以来、金峯山寺は修験道の根本道場として修験者(山伏)、皇族・貴族が参詣して隆盛した。

南朝《なんちょう》の後醍醐《ごだいご》天皇は建武《けんむ》の新政に失敗し、吉野の実城寺《じつじょうじ》を皇居とした。その地には現在、南朝妙法殿《みょうほうでん》が建つ。

国宝の本堂蔵王堂《ざおうどう》は桃山時代の再建で高さ約三四メートル。巨大な厨子《ずし》に納められた秘仏本尊金剛蔵王大権現三体は七メートルもあるという。仁王門《におうもん》も国宝で、高さ約二〇メートル、南北朝時代の建立とされる。

明治新政府によって修験道が禁止されて廃寺となったが、篤《あつ》い信仰に支えられ、天台宗末寺として復興し、一九四八(昭和二三)年に金峯山修験《きんぷせんしゅげん》本宗《ほんしゅう》として独立した。

聖《しょう》護《ご》院《いん》 本山修験宗《ほんざんしゅげんしゅう》総本山

＊円珍開創と伝わる

データ
住所＝京都市左京区聖護院中町《なかまち》

天台修験道の本山として山伏を管轄

聖護院《しょうごいん》は、智証大師円珍《ちしょうだいしえんちん》が開創した常光院《じょうこういん》にはじまり、天台宗寺門《じもん》派三門跡《もんぜき》の一つだったが（ほかは近江《おうみ》圓満院《えんまんいん》と京都実相院《じっそういん》）、現在は本山《ほんざん》修験宗《しゅげんしゅう》の総本山となっている。

平安後期の一〇九〇（寛治《かんじ》四）年、園城寺《おんじょうじ》（三井寺《みいでら》）の増誉《ぞうよ》が白河《しらかわ》上皇の熊野《くまの》参詣に先達《せんだつ》をつとめ、上皇から「聖護院」の勅号を授かって常光院を再興した。静恵法親王《じょうえほっしんのう》（後白河法皇《ごしらかわほうおう》第八皇子《みこ》・四代門主）が入寺して門跡寺院となり、園城寺長吏《ちょうり》と熊野三山検校《けんぎょう》を兼務するようになった。

江戸初期一六一三（慶長《けいちょう》一八）年、本山派（天台修験道《しゅげんどう》）の本山となり、当山派（真言修験道・本山醍醐寺三宝院《だいごじさんぼういん》）とともに全国の修験者（山伏）の管轄に当たることとなる。

戦乱や火災によって京都を転々とし、一六七六（延宝《えんぽう》四）年に創建地である現在地に再建された。

また、天明《てんめい》の京都大火のときに光格《こうかく》天皇が三年ほど御座所とし、幕末には孝明《こうめい》天皇が仮御所としたことから玉座や学問所、茶室が残り、「聖護院旧仮皇居」として国の史跡となっている。その格式にふさわしく狩野《かのう》派による金碧障壁画《きんぺきしょうへきが》約二〇〇枚が非常によい状態で残っており、院内各所を彩っている。

また、春の「葛城修験《かつらぎしゅげん》」、秋の「大峰奥駈修行《おおみねおくがけ》」をはじめとする峰入り修行には僧俗を問わず参加でき、自然のなかに仏の教えを観るという山伏の信仰を現代に伝えている。とくに、京都市中心街の東山《ひがしやま》・四条《しじょう》から烏丸通《からすまどおり》を京都駅へ練り歩いていく行程は圧巻といっていいだろう。

仏壇のまつり方
日常のおつとめ
おつとめの作法
写経のしかた
葬儀のしきたり
法要のしきたり
お墓のまつり方
仏前結婚式のしきたり
お寺とのつきあい方
天台宗の年中行事
お彼岸とお盆のしきたり

第6章

知っておきたい

「天台宗の仏事作法・行事」

修正会　比叡山延暦寺

仏壇のまつり方

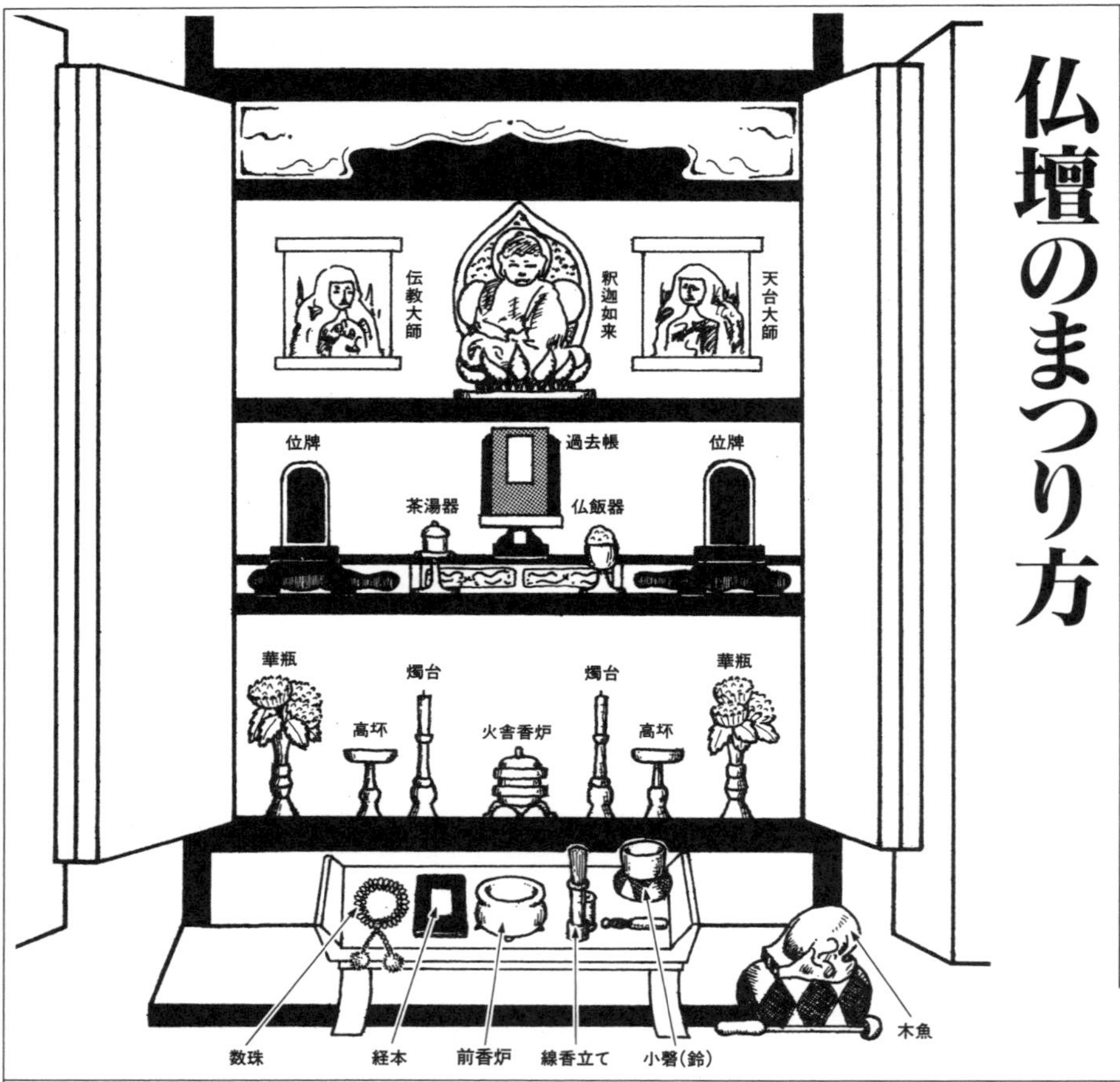

本尊のまつり方

仏壇とは、お寺の本堂を小さくしたようなものだから、本尊をまつることが基本であり、なによりも大切である。仏壇には位牌《いはい》も安置するが、原則として本尊が主で、位牌は従という関係になる。

天台宗では「久遠実成無作《くおんじつじょうむさ》の本仏《ほんぶつ》をもって本体とする」として、すべての如来《にょらい》・菩薩《ぼさつ》・明王《みょうおう》・諸天《しょてん》はそれぞれ本尊であると解釈している。

そのため、特定の本尊を規定していないので、菩提寺の本尊をまつる場合が多い。一般的なのが、阿弥陀《あみだ》如来《にょらい》、釈迦如来《しゃかにょらい》、観世音菩薩《かんぜおんぼさつ》である。

本尊は仏壇最上段中央奥の須弥壇《しゅみだん》の上に安置する。ここは最も神聖な場所であり、位牌もここに置いてはいけない。本尊は木彫り、あるいは掛軸の画像のいずれでもかまわない。また、座っているもの、立っているものも自由に選んでよい。

本尊の左右にまつる脇侍《わきじ》は、向かって右側に高祖天台智者大師《てんだいちしゃだいし》、左側には宗祖伝教大師《でんぎょうだいし》をまつる。

仏壇を安置する場所

仏壇を安置する場所についてはさまざまな説や言い伝えがある。なかでも有名なのは次の三つの説である。

「南面北座説《なんめんほくざ》」＝仏壇の正面が南に向き、背が北向きに安置すること。

「本山中心説」＝仏壇の前に手を合わせたときに、その延長線上に所属している宗派の本山(天台宗では比叡山延暦寺)があるように安置する。たとえば、東京にお住まいの方は、仏壇の正面は東向きになる。

「西方浄土説《さいほうじょうどせつ》」＝仏壇の正面を東向きに安置。その前で手を合わせるたびに西方浄土を礼拝《らいはい》できる。

住宅事情もあるので向きについてはそれほどこだわる必要はないが、

「神棚と向かい合わせにならない」

「低い位置、高い位置をさける」

「静かで落ち着いた場所に安置する」

これらのポイントは最低限注意しておきたい。

仏壇を新しくしたら

仏壇は位牌や本尊の単なる置き場所ではない。仏壇はその家族の心のよりどころであり、家庭のなかにあるお寺といってもよい。

それだけに、新しい仏壇を購入したときや本尊をまつるときには、菩提寺にお願いして開眼法要《かいげんほうよう》をしてもらう必要がある。

開眼法要は、御霊《みたま》(魂)入れともお性根《しょうね》入れともいわれるように、仏壇や本尊に生命を吹きこみ、本来の働きができるようにすることである。この開眼法要によって、仏壇ははじめて聖なるものとなる。

開眼法要は、仏壇を新しくしたときだけでなく、仏像や仏画、お守り、お札、石塔、塔婆《とうば》、位牌などを新しくしたときや、それらを改修したときにも、本来は行なわなければならないものなのである。

仏壇を新しくしたときの開眼法要は、あまり重視されないこともあるようだが、一周忌や三回忌などの法要と同じように大切な儀式である。

仏壇を買い替えた場合には、新しい仏壇の開眼法要と同時に、古い仏壇の御霊抜きの儀式を行う。

古くなって処分しなければならない仏壇の処理には困るものだが、御霊抜きをしたうえで、新しい仏壇を買った店に相談して、処理を頼むとよいだろう。

仏具とお供え

仏壇はふつう三段になっており、その上段に本尊、脇侍等を安置し、本尊の前または中段に茶湯器《ちゃとうき》や仏飯《ぶっぱん》器《き》を置く。

　中段には先祖の位牌を安置する。位牌は報恩感謝をささげるべき先祖の戒名《かいみょう》（仏さまの弟子になった証としてつけてもらう称号）が書かれている大切なものである。起こりは仏教ではなく、中国での儒教の死者儀礼の風習が日本に伝わったものといわれる。

　位牌は大きく分けて札位牌と繰り出し位牌がある。どちらを使ってもよいが、先祖がたくさんいるような場合は繰り出し位牌のほうが仏壇がスッキリする。

　さて、その安置の場所だが、向かって右側に古い位牌、左側に新しい位牌を置く。

　過去帳があれば、この段の中央に安置する。命日や法要のときは、その位牌を本尊の下にくるように中段中央に置く。そして高坏《たかつき》にお菓子や果物などをのせてそなえる。


位牌や過去帳については仏壇の幅や奥行きなどの条件により臨機応変に工夫するとよい。仏壇が小さい場合は、先祖の位牌は上段の本尊に向かって左側に安置するのが一般的である。

　下段には、香炉《こうろ》、燭台《しょくだい》（ロウソク立て）、華瓶《けびょう》（花立て）をそなえるが、それぞれが一つずつの場合は三具足《みつぐそく》、燭台、華瓶が一対ずつの場合は五具《ごぐ》足《そく》と呼ばれる。さらには、五具足に前香炉と線香差しを加えて七具足という場合もある。

　三具足の場合は、香炉を中心に右に燭台、左に華瓶を配置し、五具足の場合は香炉を中心に内側に燭台一対を、外側に華瓶一対を配置する。

　さらに経机に、数珠、経本、小磬《しょうけい》（鈴《りん》）、線香立てなどを置く。木魚は経机の向かって右下に置く。

　仏壇の下の台（下台）は、引き出しか戸袋になっているので、予備の線香やロウソクを入れておいたり、法要の記録などをしまっておくとよい。

　また、命日やお盆などのときには、仏壇の前に小机を置いて、ご飯・汁もの・煮もの・あえもの・香のものをのせた霊供膳をそなえる。

札《ふだ》位《い》牌《はい》（本位牌）
故人1人または夫婦で1つ。表に戒名《かいみょう》を、裏に命日《めいにち》・俗名《ぞくみょう》・享《きょう》年《ねん》が記されている。

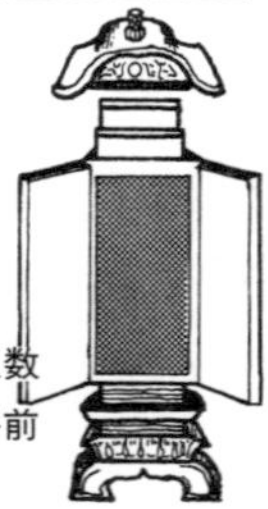

繰《く》り出《だ》し位《い》牌《はい》
位牌の札板が複数入り、いちばん手前のものが見える。

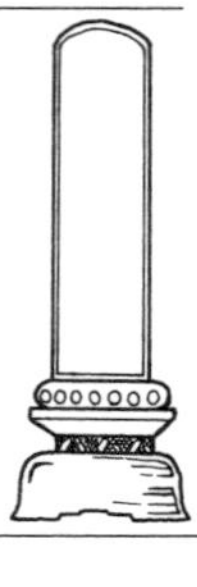

白《しら》木《き》の位《い》牌《はい》
一般的に四十九日忌までのもの。その後は本位牌（上記）を用意する。

仏飯器《ぶっぱんき》

仏餉《ぶっしょう》(ご飯)をそなえる器。必ず炊きたてをそなえること。

霊供膳《りょうぐぜん》

霊膳ともいう。お盆や法要のときに仏前にそなえる小型の本膳《ほんぜん》。手前に箸、左に飯椀《めしわん》、右に汁椀、奥の左から平椀(煮もの)、腰高坏(香のもの)、壺《つぼ》(あえもの)の順に並べ、一汁三菜の精進料理を盛りつけたら仏前に箸が向くようにそなえる。

華瓶《けびょう》(花立て)

三具足では向かって左に、五具足ではいちばん外側に対《つい》にして置く。

茶湯器《ちゃとうき》

お茶や湯、水などを入れる器。生きている人が食事後にお茶を飲むのと同じように、仏前にも必ずご飯と一緒にお茶などをそなえる。

過去帳《かこちょう》

霊簿《れいぼ》ともいい、故人の戒名や俗《ぞく》名《みょう》、命日、享年《きょうねん》などを記したもの。

小磬《しょうけい》(鈴《りん》)

毎日のおつとめのときに叩く。澄んでいつまでも鳴り響く音色が邪念を払ってくれるといわれる。

香炉《こうろ》

線香や抹香を焚《た》くための道具。家紋付のものは紋が正面に向くように置く。三具足、五具足ともに中心に配置する。

高坏《たかつき》

菓子や果物などをそなえる器。半紙を敷いてのせる。足の数が偶数の場合は2本が正面を向くように、奇数なら1本を前に出すように置く。

経机《きょうづくえ》

仏壇の前に置き、経本、数珠、線香立て、鈴などをのせる。

木魚《もくぎょ》

読経や念仏のときに拍子をとるために叩く。

燭台《しょくだい》(ロウソク立て)

灯明《とうみょう》ともいう。三具足では向かって右に、五具足では華瓶の内側に対《つい》にして置く。

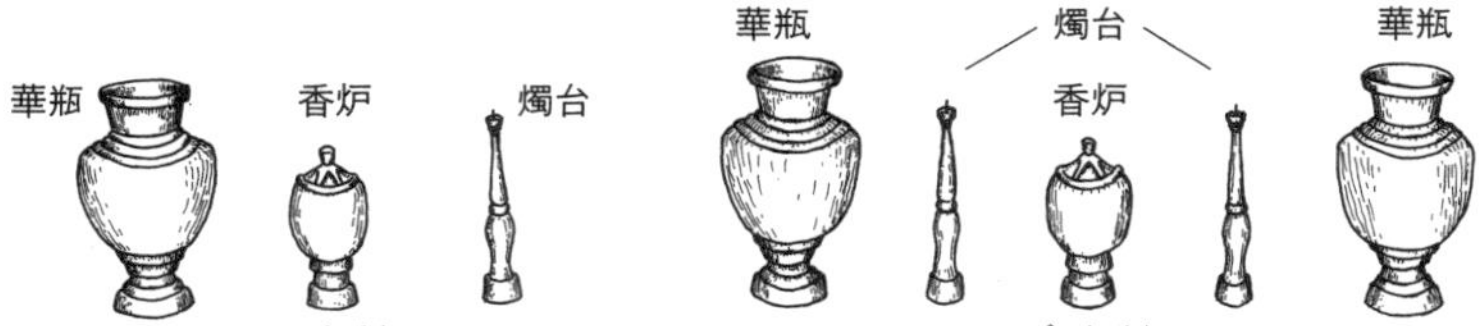

三具足《みつぐそく》　**五具足《ごぐそく》**

お寺の本堂や大きな仏壇では五具足や七具足が用いられるが、一般家庭では三具足で十分。

日常のおつとめ

おつとめとは

おつとめには、一切時・六時・四時・三時・二時の五種類がある。この「時」は時間ではなく、回数のこと。一般の家庭では二時、つまり朝夕一日二回行うのがよいだろう。

昔から「信は荘厳《しょうごん》から」といわれ、おつとめはお供物を整えることから始まる。朝起きて洗顔を終えたら、仏壇の扉を開き、花立ての水を替え、仏飯、茶湯をそなえ、ロウソクに火をともし、線香に火をつける。

小磬を鳴らして合掌礼拝し、一日の誓いと仏さまの加護を祈る。読経を終えたら、再び合掌する。そしてロウソクの火を消す。

夜は寝る前に手を合わせ、今日一日の無事を仏さまに感謝する。そして、仏飯、茶湯を下げ、ロウソクや線香などの火が消えていることを確認してから、仏壇の扉を閉める。

仏壇は仏さまをまつる一家の大切なよりどころ。おつとめのあとは掃除をして、毎日きれいにしておきたいもの。旅行などで長期間留守にするときは、仏壇の扉を閉めておく。

灯明と線香のあげ方

ロウソクをともすのは、単に仏壇を明るくするためではない。ロウソクの火は灯明と呼ばれ、知恵の徳をあらわしている。明かりが闇を開くように、仏の知恵が迷いの闇を開くことを願ってのことである。

最近では防火のためもあって電気式の灯明も増えてきているようだが、やはりロウソクの清らかな光が望ましい。

ロウソクに火をともしたら、その火で線香に火をつけて、香炉に立てる。直接マッチで火をつける人もいるようだが、ロウソクから線香に火をつけるのが正しい方法だ。

線香は何本も立てる必要はなく、

一本でよい。

香炉は灰が散らかっていることのないようにいつも掃除を心がけ、ときどきは灰も替えたほうがよい。また、マッチの燃えかすなどは、香炉に立ててはいけない。

ロウソクや線香の火を消すときは、必ず手や団扇《うちわ》であおいで消す。決して息を吹きかけて消してはいけない。神聖な仏壇の前で、食べ物の生臭さの混じった息を吹きかけて消すことは無作法だからである。

消えにくいときのために、ロウソク消しなどの道具を用意しておくと便利だ。

お供物のあげ方

毎日そなえるものとしては、ご飯とお茶の二つがあれば問題はない。毎月の命日、祥月命日《しょうつきめいにち》(亡くなった月の同じ日)、年忌法要には、果物や菓子、あとは故人が生前に好きだったものをそなえればよい。

ただし、いくら好物といっても、生魚やステーキなど、生臭さを感じさせるものは避けるべきだ。

また、ニンニク、ニラ、ショウガ、ネギなど、においの強いものも避ける。これらは精進料理でも使われることのない材料なのである。

最近では、仏壇にそなえたものを捨ててしまう家庭も少なくないようだが、本来は家族で食べるものだった。いただきものがあったときには、まず仏壇にそなえ、それから家族が食べるという習慣が残っているところもある。果物や菓子は傷まないうちに早めにおろして食べるとよいだろう。

お供物はふつう礼拝者のほうに向けてそなえるが、霊供膳だけは本尊に向ける。

花を礼拝者のほうに向けて飾るのは、仏さまの慈悲を意味している。それは、花を見ると人は喜び、悲しみや苦しみがやわらぐからである。

花を枯らしてはいけないと造花をそなえている家庭もあるようだが、一本でもよいからできるだけ生花をあげるようにしたい。

仏壇にあげる花は野の花でもかまわないが、刺《とげ》のあるもの、毒々しい色のもの、悪臭のあるものなどは避けるのが常識である。

また、花を毎日替える必要はないが、花を長持ちさせる意味でも、水だけは毎日替えるべきだ。そなえた水は清められた水ということで浄水《じょうすい》と呼ばれ、植木や花などにかけるとよいといわれる。

合掌のしかた

合掌は仏前における基本的な動作である。右手は悟りの世界である仏さまを、左手は迷いの世界、つまり私たち人間をあらわしているといわれ、合掌することは仏さまと一体になることをあらわす。

合掌の仕方は、両方の手のひらをぴったりとつけて、両手の指が自然に合うようにする。

このとき、指がゆるんだり、指と指のあいだが広がらないように注意が必要だ。

合掌をするとき、背筋を伸ばして、親指のつけ根がみぞおちのあたりにくるようにすると、無理のない、きれいな合掌の姿勢ができあがる。

合掌のときには、きちんと正座をすることが基本である。正座をして、背筋を伸ばし、顎をひくことで姿も美しくなり、気持ちも引き締まってくる。

数珠（念珠）の持ち方

数珠《じゅず》は仏前に礼拝するときの必需品である。数珠の玉一つひとつが人間の煩悩《ぼんのう》をあらわしているといわれるように、一〇八玉のものが正式だ。

天台宗では平珠《ひらだま》と呼ばれる薄い円形の珠のものを用いる。

これに一回り大きな母珠《おやだま》が一個、母珠の両わきに七個おいて一個、そこから二一個おいて一個ずつの計四個の一回り小さな珠がつけられる。これを四天《してん》という。また、母珠からは二〇個の平珠と一〇個の丸珠《まるだま》がついている。

数珠のかけ方は、ふつうは左手首に二重にしてかけておき、念誦《ねんじゅ》するときは母珠を両手の中指と人差し指のあいだにはさみ、房を下にたらす。そして手をあわせてすりあわせる。ただ、何度もすりあわせずにおつとめの最初と最後だけ行う。

葬儀や法事のときにあわてて人に借りることもあるようだが、数珠は毎日のおつとめでも大事なものである。できれば自分専用のものをもっておきたいものだ。

天台宗で用いられる数珠

念誦するときは、母珠を上にして
両手の中指と人差し指のあいだにかけ、
房を下にたらすようにする。

※このほかのかけ方もある

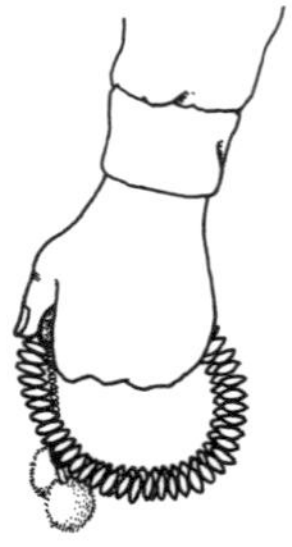

左手で持ち、母珠を押さえて
房を下にたらすようにする。

おつとめの作法

天台宗のおつとめ

おつとめとは正式には勤行《ごんぎょう》というが、梵語《ぼんご》ではビーリヤ＝パーラミターといって、つとめて善法を行う意味だ。

天台宗の檀信徒のおつとめは、「在家勤行儀」に基づいておこなう。「天台宗 勤行儀」「檀信徒のおつとめ」などの経本が配布されているので、それによるとよいだろう。

また、くわしい作法については菩提寺に相談し、指導を受けるとよい。

以下に天台宗のおつとめを在家勤行儀から紹介する。

天台宗在家用勤行儀

一、三礼《さんらい》

まず、仏《ぶつ》・法《ぼう》・僧《そう》の三宝に対して、心のすべてをささげて礼拝する。

二、三帰依文《さんきえもん》

三宝を心から信じ敬い、その教えに従って自らの生命を自覚し、仏道精進を誓うことば。

三、奉請《ぶじょう》

三宝をおつとめの場所である道場に迎えるのが奉請である。釈迦如来、阿弥陀如来、法華真浄法門、天台智者大師、伝教大師を迎える。

四、表白《ひょうびゃく》

奉請した三宝に対して仏道を行ずる決意と願いを表す。

五、懺悔文《さんげもん》

気づかずに犯してきた過去の過ちを仏さまの前で悔い改め、その許しを得て心の中まで浄めるためのもの。

六、開経偈《かいきょうげ》

お経の徳をたたえるための経文。すばらしく尊い仏さまの教えにめぐりあえたことに感謝し、真実の教えを体得できるようにと願い、そして祈る。

七、般若心経《はんにゃしんぎょう》

仏さまの説いた宗教的な真実の知恵で、理想の世界に到達するための本質、仏教緒宗の教えがすべて示されている。

八、妙法蓮華経如来寿量品偈《みょうほうれんげきょうにょらいじゅりょうほんげ》

天台宗のよりどころとなっている『法華経《ほけきょう》』のなかで、方便品《ほうべんぽん》とともに最も重要なお経のひとつ。『自我《じが》偈《げ》』ともいわれる。お釈迦さまは永遠不滅の仏さまであることを示している。

九、妙法蓮華経観世音菩薩普門品偈《かんぜおんぼさつふもんぼんげ》

『法華経』のなかのひとつで『観音《かんのん》経《ぎょう》』ともいわれ、宗旨の別なく親しまれているお経。観世音菩薩の名をたたえ念じるだけで、どんな厄災《やくさい》からも救われるという現世《げんぜ》利益《りやく》を説い

天台宗在家用勤行儀

一、　三礼
二、　三帰依文
三、　奉請
四、　表白
五、　懺悔文
六、　開経偈
七、　般若心経
八、　妙法蓮華経如来寿量品偈
九、　妙法蓮華経観世音菩薩普門品偈
一〇、十句観音経
一一、十如是
一二、円頓章
一三、舎利礼文
一四、本覚讃
一五、三帰三竟
一六、菩薩戒経偈
一七、結願
一八、総回向文
一九、四弘誓願

ている。

一〇、十句観音経《じっくかんのんぎょう》

観音菩薩に帰依を誓う十句のとなえ文。

一一、十如是《じゅうにょぜ》

『法華経』の方便品にでてくる一文。方便品は、お釈迦さまの十大弟子のひとりの舎利弗《しゃりほつ》に最初に説かれたものだ。

天台大師はこの経文で一念三千、空《くう》・仮《け》・中《ちゅう》の三諦《さんたい》などの奥深い教えを打ち立てることができたといわれている。

一二、円頓章《えんどんしょう》

天台大師の述作『摩訶止観《まかしかん》』の教えを、一三三字の短文で示した部分を取り出したもの。

一三、舎利礼文《しゃりらいもん》

仏舎利《ぶっしゃり》（お釈迦さまの遺骨）、またそれを安置した塔婆《とうば》を敬い、礼拝することば。

一四、本覚讃《ほんがくさん》

本覚思想とは、我々の体には仏の法身・報身・応身の三身が本来具わっているという考え方。これを理解するための重要なことば。

一五、三帰三竟《さんきさんきょう》

三帰とは三帰依《きえ》のことで、三宝に帰依し仏教の信者となることを誓う。三竟は三宝に帰依し竟《おわ》って、すでに仏門に入ったことを確認すること。

一六、菩薩戒経偈《ぼさつかいきょうげ》

大乗仏教の戒経とされる『梵網《ぼんもう》経《きょう》』の下巻に十重戒《じゅうじゅうかい》と四十八軽戒《きょうかい》が説かれている。この巻のみを『菩薩戒経』という。

一七、結願《けちがん》

総回向文《そうえこうもん》・四弘誓願《しぐせいがん》とともにおつとめの終わりに読む文。読経による功徳《くどく》や緒文に含まれた願いをしめくくり、自分の往生ばかりでなく、人類すべてに共通する願を述べている。とくに供養する祖先への回向も含めている。

一八、総回向文《そうえこうもん》

『法華経』の化城喩品《けじょうゆほん》に出てくる偈文。

一九、四弘誓願《しぐせいがん》

仏道をめざす者の決意をわずか四行にまとめたもの。

朝夕のおつとめ

天台宗のおつとめは「朝題目《あさだいもく》に夕《ゆう》念仏《ねんぶつ》」といわれるように、朝は『法華経』を読み、夕は念仏をとなえるのが一般的となっている。

具体的な経文は前述の在家勤行儀のなかから適宜選んで読めばよい。基本的な朝夕のおつとめ例は左記を参考にするとよいだろう。

朝夕におつとめをすることを、義務として無理にやらねばならないものと思いがちだ。

しかし、おつとめは苦界に迷う私たち凡夫が、お釈迦さまの教えを心から読誦《どくじゅ》することで、日頃の過ちを素直に反省し、励ましの力を与えられることを願うことである。また、尊い生命を与えてくださった先祖に感謝することでもある。

さらに、お経を読むことで、本来私たちに具わっている仏性《ぶっしょう》が光を放ち仏と一体となることができるといわれる。

こうした読経の功徳を、先祖をはじめその他の霊や現在生きている人々にも回向したいものだ。

朝のおつとめ

一、三礼《さんらい》
二、懺悔文《さんげもん》
三、開経偈《かいきょうげ》
四、妙法蓮華経観世音菩薩普門品偈《みょうほうれんげきょうかんぜおんぼさつふもんぼんげ》
五、総回向文《そうえこうもん》
六、宗祖御願文《しゅうそごがんもん》
七、国《くに》の宝《たから》

夕のおつとめ

一、三礼《さんらい》
二、懺悔文《さんげもん》
三、開経偈《かいきょうげ》
四、般若心経《はんにゃしんぎょう》
五、妙法蓮華経如来寿量品偈《みょうほうれんげきょうにょらいじゅりょうほんげ》
六、念仏回向文《ねんぶつえこうもん》
七、念仏結願偈《ねんぶつけちがんげ》
八、念仏法語《ねんぶつほうご》
九、般若心経《はんにゃしんぎょう》
一〇、回向文《えこうもん》

写経のしかた

写経の意味

写経は、お釈迦さまの教えを他の人々に伝える菩薩行《ぼさつぎょう》。その功徳は、菩提供養、自分自身や家族の安全・息災などを願うもの、修行などさまざまである。

お経を写すことで、お釈迦さまの教えをいただき、お釈迦さまがついていてくださるという自覚がめばえてくるものだ。

天台宗の総本山延暦寺では、毎年如法写経会《にょほうしゃきょうえ》という『法華経』を書写、供養する法儀が行われている。円仁《えんにん》ゆかりの伝統行事である。

また、天台宗は一隅《いちぐう》を照らす運動のなかで『般若心経』の写経もすすめられており、写経とはもっとも関わりの深い宗派といえるだろう。

写経の作法

写経の作法はお寺によってさまざまだが、自宅で行う場合は特別作法にとらわれることなく、普通に習字をするのと同じでかまわない。

ただ、「一字一仏」といわれるように、一字一字に仏さまが宿るのであるから、感謝し真心をこめてゆっくり書くことが大切だ。

用具は小筆、硯、墨等の習字をするための用具があればよい。それに、料紙《りょうし》と呼ばれる写経用紙と写すための手本が必要となる。また、経文をとなえるときのために、数珠があれば用意しておく。

写経するお経は何でもよいが、『般若心経』がもっともポピュラーだ。『般若心経』はそのほどよい長さと、大乗仏教の神髄である空の思想が説かれている。また、どの宗派にも共通したお経でもある。

写経の手順

準備が整ったら机の前に正座し、心を落ち着かせる。そして墨をする。少量の水(浄水)を硯に入れ、ゆっくりと心を込めてする。心を落ち着かせるのに効果がある。

墨をすりおえたら合掌し、お経をとなえる。『般若心経』や『四弘誓願《しぐせいがん》文《もん》』などがよいだろう。

いよいよ書きはじめる。料紙の一行目は空けて二行目に内題を書く。『般若心経』の場合は『摩訶般若波羅蜜多心経《まかはんにゃはらみたしんぎょう》』と書き、三行目から一七文字ずつ書いていく。料紙の下に敷いて透かして見える手本を使う場合は、それをなぞって書く。書きはじめたら雑念を捨てて一心に書き写す。

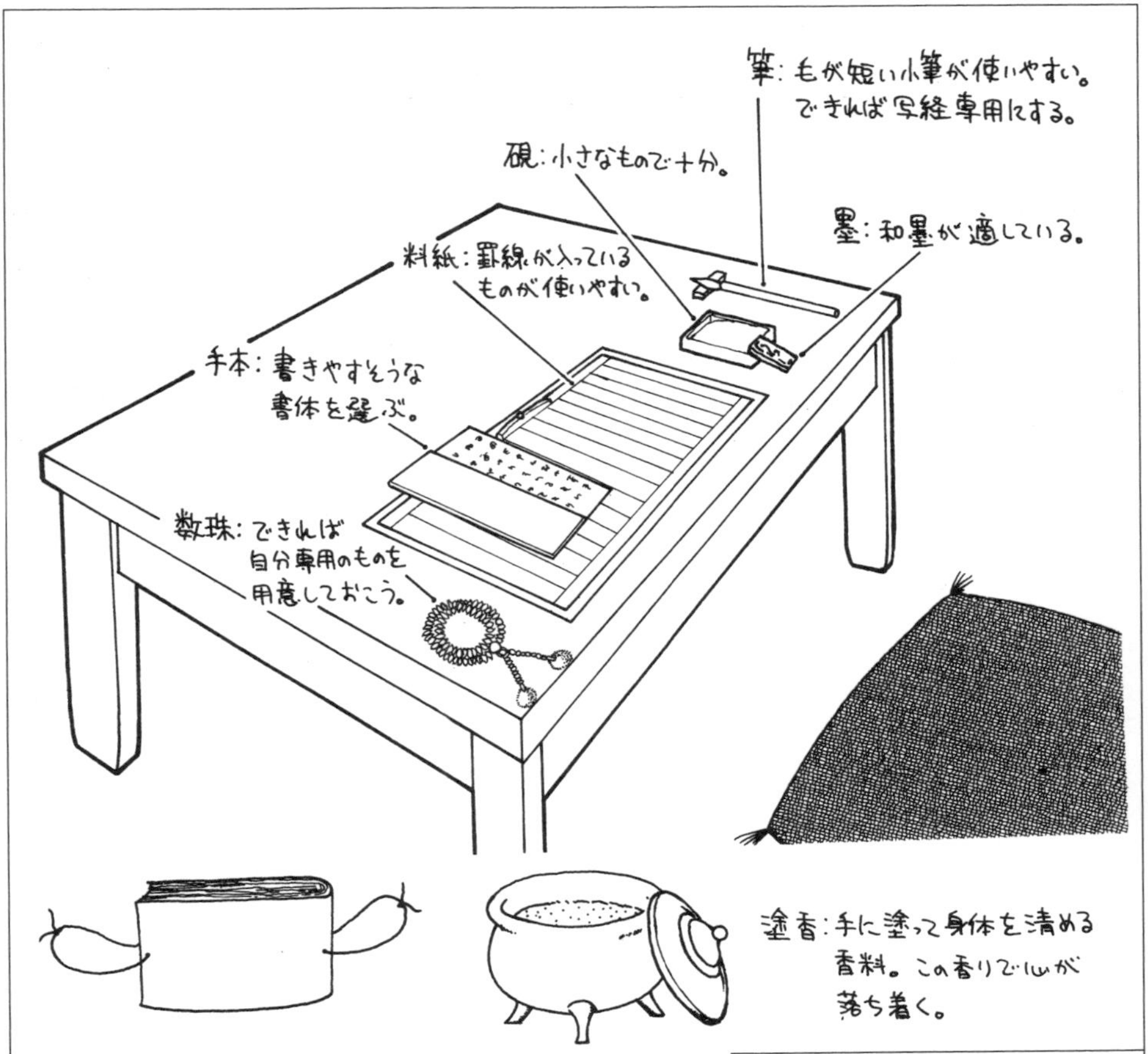

写し終えたら奥題といってもう一度お経の名前を書く。そして、一行空けて年月日、願いごとがある場合は「為」と書いてその下に願文を。次の行に名前、その下に「謹写」と書く。

すべて書き終えたら合掌し、『回《え》向《こう》文《もん》』をとなえる。

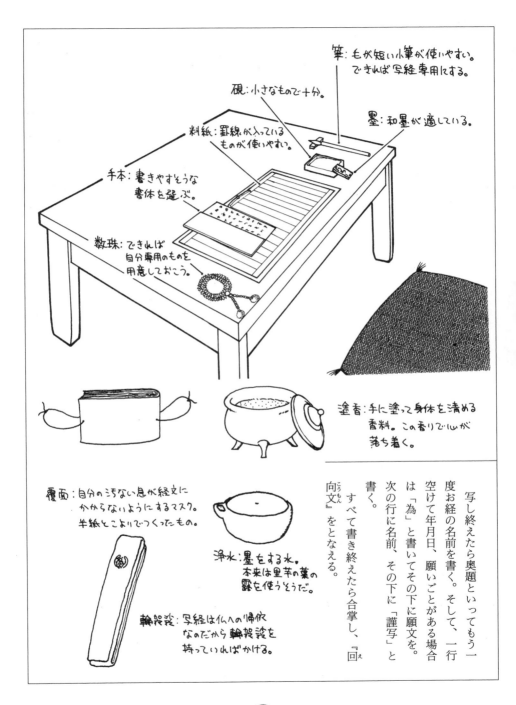

葬儀のしきたり

天台宗の葬儀の意味

　葬儀は、故人との別れを惜しみ、死後の幸せを祈る厳粛な儀式である。同時に、故人を送る者たちが死と直面することによって、生きていることの本質をみきわめるための大切な場でもあるのだ。

　天台宗ではお釈迦さまの教えを顕教と密教に分けており、法要儀礼でもそれぞれの儀礼がある。そして、顕教儀礼には法華懺法《ほっけせんぼう》と例時作法《れいじさほう》が、密教儀礼には光明供《こうみょうく》と計三種類の儀礼によって葬儀は営まれる。

　しかし、いずれの儀礼も、供養する家族・縁者・そして供養される故人も一体となり、仏の本性を開発し、ともに仏道を成じていくことに本質がある。

臨終

●末期の水

　本来、末期《まつご》の水とは死にゆく人に最期の水を飲ませること。現在では臨終確認後に、葬儀社の用意した先端に脱脂綿のついた割り箸で口を湿らせる。樒《しきみ》の葉を使う地方もある。

●湯灌・死化粧

　仏弟子となる儀式を受けるために全身をふいて心身を清めることを湯《ゆ》灌《かん》という。死化粧《しにげしょう》は、男性なら髭《ひげ》をそり、女性は薄化粧をして、美しい死に顔に整えてあげる。

●死装束

　湯灌が終わったら、死装束《しにしょうぞく》をつける。死装束は真の安楽土への旅にでるための衣装として着せるものである。経帷子《きょうかたびら》を左前に着せ、頭巾をつけて、六文銭《ろくもんせん》、米、血脈《けちみゃく》などの入った頭陀袋《ずだぶくろ》を首にかけ、手甲《てっこう》、脚絆《きゃはん》、白足袋《しろたび》、わらじをはかせて杖をかたわらに置く。

　死装束をつけない場合は、愛用していた服または浴衣を着せる。

死装束

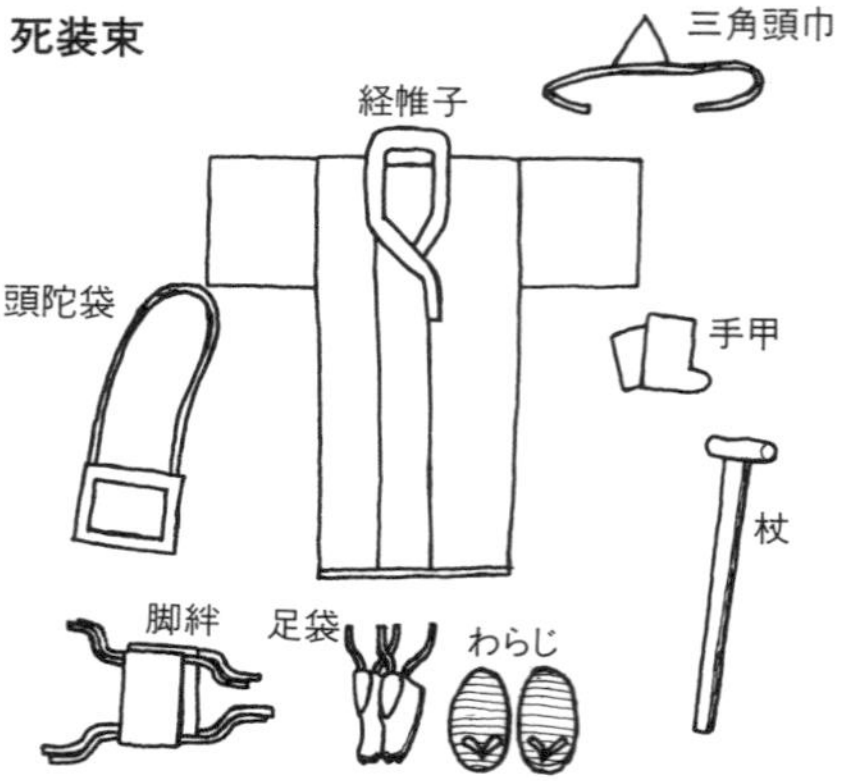
三角頭巾
経帷子
頭陀袋
手甲
杖
脚絆
足袋
わらじ

●遺体の安置

　仏間または座敷などに頭を北に向けて寝かせ(北枕)、顔は白布で覆い、枕元か胸元に守り刀を置く。

枕飾り

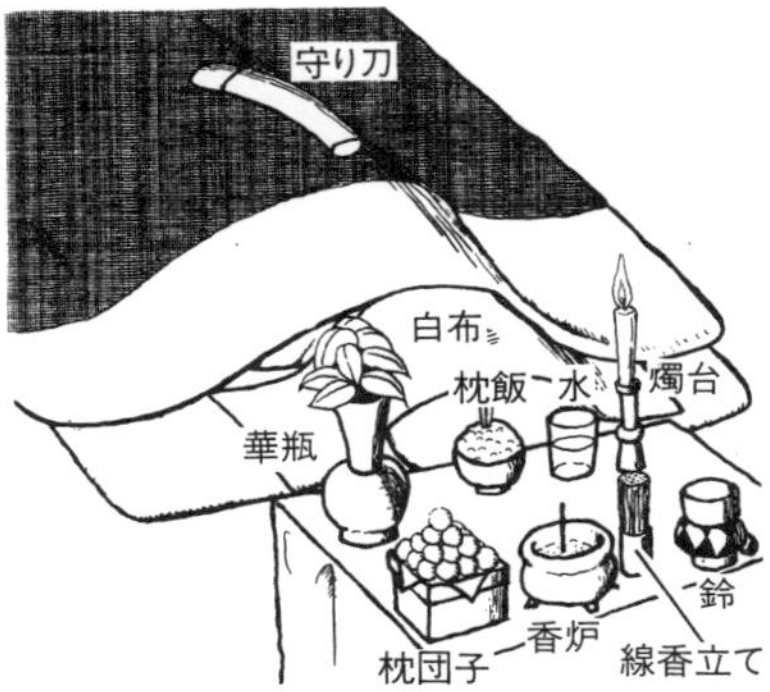

●枕飾りと枕経

故人の枕元に供養のための壇を設けるのが枕飾りだ。小さな机に白い布をかけ、右から燭台《しょくだい》・香炉《こうろ》・華瓶《けびょう》の三具足《みつぐそく》を置く。そして、右手前に鈴《りん》を置く。ロウソクの火と線香は絶やさないようにする。

枕飾りを整えたら、菩提寺の住職を招いて、読経してもらう。これを枕経《まくらぎょう》という。

枕経のときは、遺族は普段着のままでかまわないが、なるべく地味な服にするべきである。

●戒名

戒名は法号、法名ともいい、仏弟子としての名前である。本来は生前に受けておくものだが、故人となってから授与されることも多い。

まだ、戒名を受けていないときには、枕経が終わったときに、菩提寺の住職にお願いするとよいだろう。

通夜

通夜とは、親族や知人が夜を徹して遺体のそばで過ごし、霊を慰める法要のこと。以前は近親者だけが出席するものだったが、最近は葬儀に出席できない人が出席するようになったこともあって、半通夜《はんつや》といって、午後六時ころから二～三時間で終わることが多くなっている。

しかし、午前〇時を過ぎるまでは交代でだれか起きていて、灯明や線香を絶やさないようにしたほうがよ

通夜の進行例

一、一同着座

二、導師(僧侶)入堂

三、読経・焼香

喪主、遺族、親戚、弔問客の順に行う。部屋が狭い場合は、回し焼香にすることもある。

四、法話(省略されることもある)

五、導師(僧侶)退堂

六、喪主あいさつ

故人にかわって感謝の気持ちを伝え、導師の紹介をする。通夜ぶるまいの準備があるときは、その旨を知らせる。

七、通夜ぶるまい

導師が辞退されたときは、折詰をお寺に持参するか「御膳料」を包む。

いだろう。

　死亡から葬式まで二日おく場合は、死亡当日は枕経、二日目に通夜が営まれる。枕経では喪服でなくてもかまわないが、通夜のときには遺族は喪服を着用するのが礼儀である。

　喪主は弔問客のあいさつを受ける際に、答礼は短く済ませ、話しこむことなどがないよう注意が必要だ。

葬儀・告別式

　葬儀は、故人の徳をたたえ、霊山《りょうぜん》浄土《じょうど》へと旅立たせる儀式である。

　告別式とは、故人の友人や知人が最後の別れをする儀式である。

　葬儀と告別式は本来違う意味の儀式であるため、別々に行うものであったが、最近は葬儀と告別式を兼ねることも多い。

　天台宗では、葬儀(内院式)と告別式(外院式あるいは露路式《ろじしき》)の二つを続けて行うのが一般的である。葬儀では読経があり、ここで故人を仏弟子として導き、仏の悟りの世界に送るための引導の作法が行われる。告別式では、下炬《あこ》・歎読《たんどく》の文がとなえられる。

　葬儀・告別式では、遺族・近親者は定刻より早めに入場する。席次は祭壇に向かって右側が遺族や近親者の席となり、最前列の一番中央よりに喪主が座り、以下、血縁の順に座っていく。

　左側は世話人代表をはじめとする一般会葬者の席となる。

焼香の作法

　葬儀や法要の焼香には、数種類の香木を刻んで調合した抹香《まっこう》が使われる。日常使われる線香は、長持ちすることからお墓参りなどで使われるようになった略式のものだ。

　焼香の作法は、通夜も葬儀のときも変わらない。僧侶から合図があっ

葬儀・告別式の進行例

一、**一同着座**
遺族は一般の会葬者より早めに席についておく。

二、**導師(僧侶)入堂**
会葬者は正座か、イス席の場合は起立して導師を迎える。

三、**開式の辞**

四、**読経**

五、**弔辞拝受**

六、**弔電代読**
読みおえた弔電と弔辞は、必ず祭壇に供える。

七、**読経**

八、**焼香**
喪主・遺族は、会葬者のほうを向いて座り直し、一人ひとりに黙礼する。

九、**導師(僧侶)退堂**

一〇、**喪主あいさつ**
会葬者に参列、焼香のお礼を述べる。

一一、**閉式の辞**

たら、喪主を先頭に血縁の順番に焼香を行っていく。親族のあと、知人、一般会葬者となる。

一般会葬者は、焼香の順番がまわってきたら、遺族・導師に一礼して仏前につく。

焼香の回数については、仏・法・僧の三宝に供養するという意味から、三回ともいわれているが、必ずしもそうではない。天台宗では特に回数は定めていない。

あくまでも本来の目的は故人への礼拝である。あわただしく三回するよりも、心を込めて一回するほうがよいだろう。

香炉を順送りして自分の席で焼香する回し焼香の場合も、基本は同じである。

出棺・火葬

葬儀が終わると、柩《ひつぎ》が祭壇からおろされ、近親者や親しい友人が遺体

焼香の手順

①数珠を左手に持って祭壇の前に進み、僧侶に一礼、仏前に合掌礼拝する。

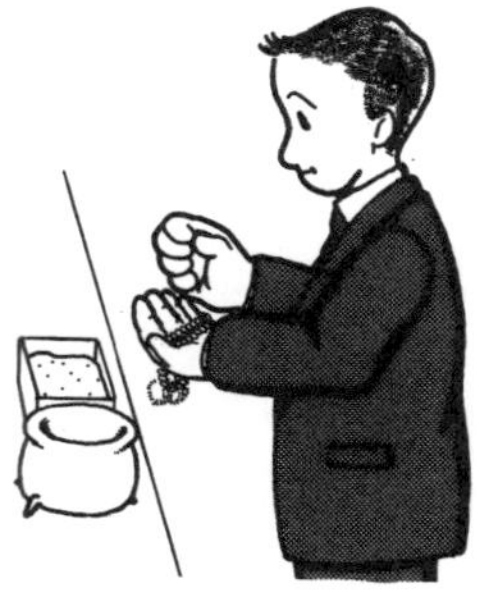
②抹香を右手の親指と人差し指で軽くつまむ。

③左手をそえて、抹香を額の前に軽くささげる。

④香炉に入れる。
3回焼香するときは、②～④を繰り返す。

⑤もう一度、仏前に合掌礼拝する。

⑥僧侶に一礼し、自分の席に静かに戻る。

を花で飾る。これが遺体との最後の対面となり、柩は親族によって運ばれ、霊柩車《れいきゅうしゃ》で火葬場へ向かう。

火葬場に行くのは原則として、遺族、親族、親しい友人だが、同行してもらいたい人には、まえもってその旨を伝えておくべきである。

また、導師をつとめてもらった僧侶にもまえもって依頼しておいて、同行してもらい、読経してもらうとよい。

火葬場に持っていかなければならないものは、火葬許可書、白木の位牌、遺影などである。火葬証明書は火葬が済むと執行済みの印が押され、これが埋葬許可書となる。

火葬場につくと、柩はかまどに安置され、その前の小机に位牌、遺影、香炉、燭台、花などが飾られて、一同焼香して最後の別れをする。

火葬が終わると拾骨《しゅうこつ》となる。拾骨は箸渡《はしわた》しといって、長い竹の箸でお骨を拾い、順にはさんで渡し、最後の人が骨壺《こつつぼ》に入れる。地方によっては、男女一組で竹と木の箸で骨を拾って骨壺に納めていく方法もある。

骨壺は白木の箱に入れ、白布で包んで自宅に持ち帰るが、分骨する予定があれば、このとき一部を小さな骨壺に分け入れ、錦の袋に入れて持ち帰る。

遺骨を迎える

出棺後にも弔問にくる人の応対と遺骨を迎える準備のために、遺族のなかからも留守番を残しておかなければならない。

留守番の人は葬儀社の人に依頼し、四十九日の忌明《きあ》けまでまつる中陰壇《ちゅういんだん》の準備をし、玄関や門口に小皿に盛った清めの塩と手を洗う水を用意しておく。

火葬場から帰った人は、清めの塩で身を清め、水で手を洗う。お清めが済んだら、遺骨を中陰壇に安置して、僧侶にお経をあげてもらう。最近では、続けて初七日《しょなのか》の法要を行うことも多い。

そのあと「精進落《しょうじんお》とし」といって、会葬者に酒食の接待をする。あくまで僧侶や手伝ってくれた人たちを接待する席であるから、喪主・遺族は末席に座り、喪主は葬儀がぶじ終了したことのお礼とあいさつをする。

中陰壇

忌明けと納骨

故人が亡くなった日から四十九日までを忌中《きちゅう》といい、四十九日の法要で忌明《きあ》けとなる。

納骨は、四十九日の法要とあわせて行われることが多い。しかし、地方によっては、火葬のあとすぐに納骨するところもあるし、拾骨のあとお骨をそのままお寺に預けてそれから納骨するところもある。

墓地をまだ用意していない場合は、お寺や霊園などの納骨堂に一時的に預かってもらい、一周忌から三周忌をめどとしてお墓を建て納骨するのがよいだろう。

近年は、墓地の相続が大変なことからお寺や霊園が一定期間管理・供養してくれる永代供養墓や合祀墓《ごうしぼ》の選択肢もある。

墓地に埋葬するときには、菩提寺または自宅で納骨法要をしていただいてから、墓地に移動して納骨式を行う。

また、そのとき墓地に立てる卒《そ》塔《とう》婆《ば》は、まえもって菩提寺に頼み、法号(戒名)を書いておいてもらう。

忌明けとともにしなければならないことが香典返しだ。

香典返しはもともと忌明けの知らせであり、香典をもらったすべての人に会葬礼状と品物を送る。ふつう、半返し、三分の一返しといい、もらった香典の半額から三分の一の金額の品物を返すのが目安となっている。表書きは「志」または「粗供養」とし、黒白の水引を使う。

お布施・謝礼

葬儀をつとめていただいた僧侶への謝礼は、葬儀の翌日あらためてお寺へ出向いて渡してもよい。

正式には奉書紙で中包みしてさらに奉書で上包みし、筆で「御布施」と表書きするが、一般の不祝儀袋を使ってもかまわない。水引は黒白のものにする。

お布施を渡すときは、直接手渡すよりも、小さなお盆などにのせて差しだすと、よりていねいなかたちになる。

また、お車代や御膳料は、お布施とは別にそのつど渡すようにする。

香典と表書き

香典は薄墨で「御香資《ごこうし》」と表書きし、遅くとも四十九日までに届くようにする。連名で包むときには、表に姓名を書くのは三名まで。それ以上のときには「〇〇一同」「〇〇有志」などと記して、別紙に全員の名前を書いて、中包みに入れておくようにする。

市販の不祝儀袋を用いる場合は「御霊前」を使用し、「御仏前」は法事の際に用いる。

法要のしきたり

法要とは

　一般的には法事と呼ばれ、この世に残ったものが、故人が霊山浄土で安楽になるようにと行う追善供養である。

　また、故人を供養することを通して、祖先たちの恩をしのび、自分たちがいまあることに感謝するという意味もある。

　死亡から四十九日までは中陰《ちゅういん》または中有《ちゅうう》といわれる。これはインドの輪廻転生《りんねてんしょう》の考え方からきているもので、死から次に生まれ変わるまでの期間と考えられている。七日ごとに七人の仏さまに守護を願って、追善法要をするようになった。これが中陰忌法要で、初七日、三十五日(五七《いつなの》日《か》)、満中陰の四十九日（七七《なななの》日《か》）は親戚を招いて行われる。

　地方によっては、四十九日が三カ月めにわたる場合は「始終苦《しじゅうく》が身《み》につく」といわれ、三十五日できりあげる習慣がある。また関西などではお逮夜《たいや》といって、前夜にこれらの法要が営まれるところもある。

　次が百カ日法要で、四十九日まではあわただしく、悲しみのなかで過ごした遺族も、このころになると落ちつきや気持ちのゆとりもでてくることから、悲しみの終わる日として供養する。卒哭忌《そっこくき》ともいわれる。

　毎月の命日に仏壇に故人の好物を仏壇にそなえ、家族でお参りするのを月忌法要という。死亡した日と同月同日は祥月命日《しょうつきめいにち》と呼ばれ、年忌法要が行われる。

　年忌法要は、一周忌、三回忌、七回忌、十三回忌、十七回忌、二十三回忌、二十五回忌、二十七回忌、三十三回忌、五十回忌、そのあとは五〇年ごととなる。

　一般的には、三十三回忌をもって弔い上げとし、そのあとは祖先の霊に合祀される。

　一周忌は親族はもちろん、友人、知人などにも参列してもらって盛大に営まれることが多いが、三回忌以降は故人と血縁の濃い親族やとくに親しかった人を招くか、家族だけで営まれる。

　年忌法要がたまたま同じ年に重なるときには、あわせて行うこともある。これを併修《へいしゅう》または合斎《がっさい》という。

　しかし、併修ができるといっても、七回忌までは、できるだけ故人一人について行いたいものである。

　また、中陰忌法要と年忌法要は、同時に行わないのが昔からの習わしだ。

お斎《とき》の席次

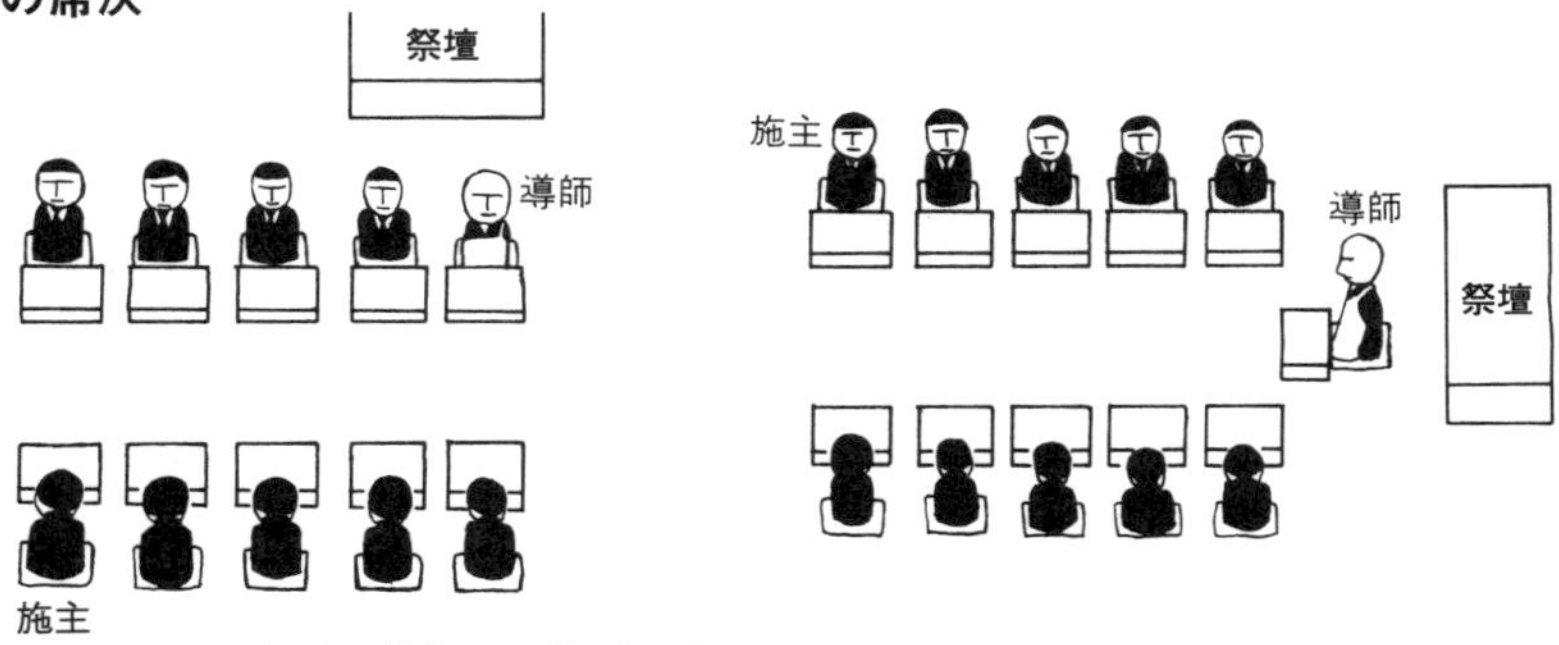

正客となる僧侶は必ず祭壇の前に座っていただき、施主は下座に座る

法事の準備

法事はどの程度の規模で執り行うのかによっても違ってくるが、早めに準備をしておくことが大切だ。お寺や僧侶、招待者の都合もあるから、できれば半年前、最低でも三カ月前には準備を始めたい。

法事の日取りは、故人の祥月命日《しょうつきめいにち》にあわせて行うのがいちばんだが、休日などとの兼ね合いもあって、多少日をずらすこともある。ただ、その場合は命日よりも遅らせずに、早めるようにする。

実際に日取りを決める際には、菩提寺に相談するのが最初である。会場の決定と予約、招待客への案内状、料理、引き物、供物など、準備は数多くある。料理や引き物の手配をするためにも、早めに招待者を決定し、案内状に返信用のはがきを同封するなどして出席の有無をあらかじめ知

法事の進行例

一、導師(僧侶)を出迎える
施主が玄関まで必ず迎えにでて、控室まで案内する。

二、一同着座
故人との血縁の深い人から順に着席する。

三、施主《せしゅ》のあいさつ
省略することもある。

四、導師着座

五、読経
導師の礼拝《らいはい》にあわせて、参会者一同が合掌礼拝する。経本があるときは、参会者もあわせて読経する。

六、焼香

七、法話

八、施主のあいさつ
お墓参りも行う場合は、施主から説明し、お墓へ向かう。

九、お墓参り・塔婆供養

一〇、お斎《とき》
会食が終わったら参会者に引き物を渡す。

らせてもらうようにしたい。

会場は、家族だけで営むような場合は自宅で、多人数のときにはお寺や催場を借りて行う。菩提寺にお墓がある場合には、お墓参りのことも考えて、お寺にお願いすることが多いようだ。

また、忘れてはならないのは経費である。確実に計算にいれておかなければならないのは、会場費、会食費、引き物、供物代、お布施、案内状の印刷費などだ。このほかにも、招待客の送迎の車代や場合によっては宿泊費なども考えなければならないこともある。

基本的に法事の費用は施主が負担することになるが、最近では、兄弟などで分担するということも多くなっている。

お墓参りと卒塔婆供養

法事が終わったら、お墓参りをする。法事の前にはあらかじめお墓の掃除をしておくことが大切だ。

法要の際には、板塔婆《いたとうば》をあげて供養する。この塔婆供養は、一切の不浄を除いてその場を浄土とし、霊の安住地とする意味があり、必ず行われる。お釈迦さまの入滅後、弟子たちが遺骨を分骨して、塔を建てて供養したのがはじまりで、この塔をインドではストゥーパといい、それが日本語の卒塔婆《そとうば》となって三重塔や五重塔を意味するようになった。

そののち、五重塔を模して五輪塔が建てられるようになり、さらにその形をまねて板塔婆がつくられ、お墓の後ろに建てられるようになった。

五輪塔の五輪とは地輪・水輪・火輪・風輪・空輪のことで、密教では仏の知恵が五大からなっていることに由来しているといわれる。

塔婆は、まえもってお寺に依頼しておけば、法要当日までに用意してくれる。依頼するときには、電話連絡で済ませるのではなく、建立者などの名前などが間違わないように、必ず紙に書いて渡すようにする。

塔婆料はお寺によって決まっているので、依頼のときにたずねてかまわない。

卒塔婆を建てて先祖の霊を供養することの功徳は、お釈迦さまに拝して供養をささげる功徳と同じ意味だ。よって年忌法要にかぎらず、志に応じて建てたいものである。

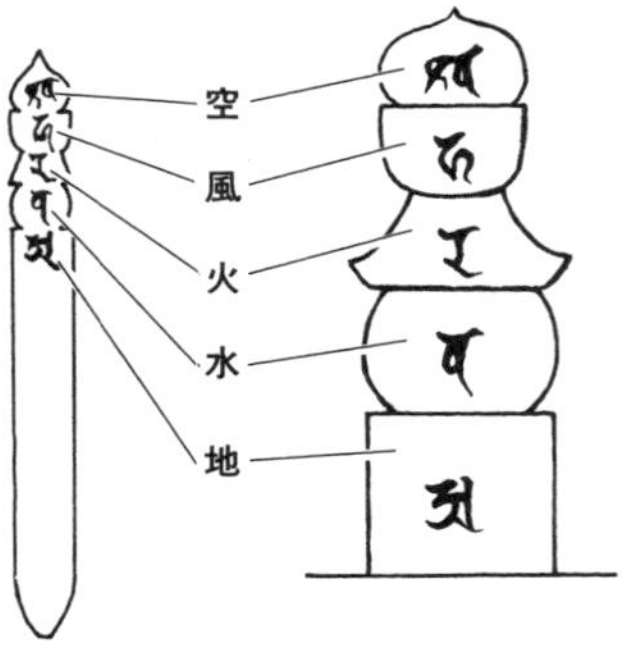

板塔婆　五輪塔

お斎と引き物

お墓参りが終わったら、僧侶や参会者に食事をふるまうが、これをお斎《とき》と呼ぶ。

自宅か、お寺の一室を借りて、仕出し料理をとる場合もあるが、料理屋やレストランなどを借りることも多い。

料理は精進料理《しょうじんりょうり》が望ましいといわれるが、鯛《たい》など慶事に出されるものを除けば、精進料理にこだわる必要はない。

施主および家族は末席に座り、施主は下座から参会者へのお礼を述べ、あいさつする。

お斎の正客は僧侶であるから上座に座っていただき、お膳やお酒などは、必ず僧侶から先にだすようにする。

参会者へのお礼と記念として、引き物の用意も大切だ。遠来の人のことも考え、かさばるもの、重いものは避ける。以前は菓子、海苔、お茶などが一般的だったが、最近ではブランドもののハンカチ、プリペイドカードなど多様化してきた。

引き物の表書きは「粗供養」または「志」とする。

また、都合でお斎をしないときは、引き物と一緒に料理の折詰やお酒の小瓶を用意して手渡す。

僧侶への謝礼

法事の際の僧侶への謝礼は、お布施として渡す。

不祝儀袋に「御布施」と表書きし、施主の名前、もしくは「○○家」と記せばよい。読経が終わったあと、別室で渡すようにする。

金額は地域、お寺の格式、僧侶の人数、故人の戒名などによって違ってくる。

僧侶に自宅などに出向いてもらったときには、送迎の有無にかかわらずお車代を用意する。また、お斎を省略したときや僧侶が列席されないときには御膳料を包む。

供物料と表書き

法事に招かれたときには、供物料を持参する。

不祝儀袋《ぶしゅうぎぶくろ》に「御仏前」「御花料」「御供物料」などと表書きし、水引の色は黒白よりも銀、白と水色などのほうがよい。

または、生花、菓子、果物、線香などのお供物を持参してもよい。

卒塔婆供養をしたいときは、法事の案内状の返事をするときにその旨を伝え、当日、供物料とは別に「御塔婆料」と書いて施主に渡す。

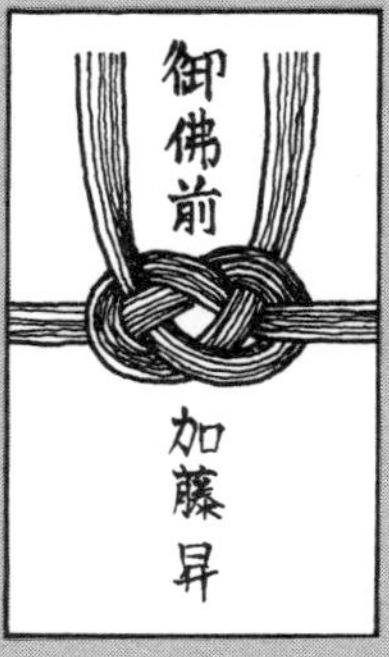

お墓のまつり方

お墓とは

日頃、我々は深く考えずに遺骨を埋葬するところという意味で「お墓」といっている。お墓というと土地がつきものというイメージもある。しかし最近、大都市圏などでは、マンションのような土地つきでないお墓も増えている。

また、お墓について誤解されやすいのが、「お墓を買う」という言い方だ。お墓を建てる土地を買うかのように聞こえるが、実際には半永久的に借りるのだ。つまり、墓地の永《えい》代《たい》使用料を一度に払うのである。

墓地と納骨堂

墓地にも、経営形態の違いなどによって、いろいろな種類がある。

●寺院墓地

お寺の境内にある墓地で、もともとそのお寺の檀家のためにあるものだ。寺院墓地をもとうとすれば、そのお寺の檀家にならなければならない。当然、法要などはそのお寺の宗派のやり方に則《のっと》って行われるから、故人や家の宗派と同じお寺を見つけなければならない。

●公営墓地

都道府県、市町村などの自治体が経営している墓地である。宗派に関係ないうえに、永代使用料が安く、管理もしっかりしているので、人気が高い。公営墓地の有無や申込方法などは、住んでいる自治体に問い合わせてみるとよい。

●民営墓地

財団法人や宗教法人が経営し、郊外に大規模な墓地を造成しているケースが多い。公営墓地と同じく、宗派に関係のないところがほとんどである。

●納骨堂

もともとは墓地に埋葬するまで遺骨を一時預かりする目的でつくられたものだったが、最近は永代使用ができるものも増えてきた。ロッカー形式のものと、仏壇があってその下に遺骨を納めるスペースが設けられたものと二タイプある。経営も寺院・民営・公営といろいろだ。

納骨堂

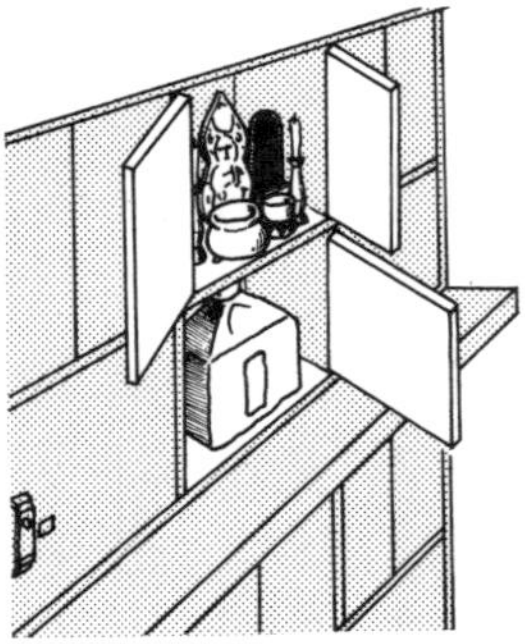

逆修と永代供養

生きているうちに自分で自分のお墓を建てることを逆修《ぎゃくしゅ》といい、長生きできるといわれている。

こうした生前墓を逆修墓《ぎゃくしゅぼ》あるいは寿墓《じゅぼ》などという。墓石に刻んだ自分の名前や戒名は、朱色に塗っておく。そして、亡くなったときに朱色を取りのぞく。

お墓のことで家族に迷惑をかけたくない、自分の眠る墓は自分の手で建てたいなどの理由から、このごろではこうしたケースも珍しくなくなっている。

また、あとを継ぐ子供がいない、海外で暮らすからなどの理由で、寺院や霊園に永代供養を頼む人も増えてきているようだ。

三回忌や七回忌を機に規定の金額を支払って依頼するが、できるかぎりは施主が供養するほうがよい。

お墓の種類

●家墓《いえばか》

現在、もっとも多いのがこの形式のお墓で、一つの墓石に「○○家先祖代々之墓」または「○○家之墓」などと刻まれている。一族が一つのお墓に入り、子孫へと代々受け継がれていくものである。

●個人墓《こじんばか》

一人に一つずつ墓石を立てていくもの。正面に戒名を刻み、側面または裏面に俗名《ぞくみょう》、没年月日、業績などを刻む。

かつてはよく見られたが、最近は土地不足などから減っており、とくに功績のあった人など、限られたケースのみになっている。

●比翼墓《ひよくぼ》

夫婦二人のためのお墓で、ふつうはどちらかが亡くなったときに建てる。戒名を刻む場合は、残された人も戒名を授けてもらい、逆修のときと同様に朱色に塗っておく。

●合祀墓《ごうしぼ》

事故や災害などで一度に大勢の人が亡くなったときに建てる。慰霊碑的色彩が強く、石碑に名前を刻み、名簿を納めたりする。

●一墓制《いちぼせい》

お寺に一基だけお墓があって、檀家の人が亡くなると、すべてそのお墓に入るというもの。ごく少数派であったが、最近では地縁血縁をこえた仲間同士による、新しいかたちの一墓制が生まれつつある。

お墓の構成

お墓には最低限、墓石とその前に花立て、線香立て、水鉢が必要だ。墓石の下には、遺骨を納めるカロート(納骨室)がある。

家墓では、埋葬者が多くなると戒名や没年月日などを墓石に刻みきれ

一般的なお墓のつくり

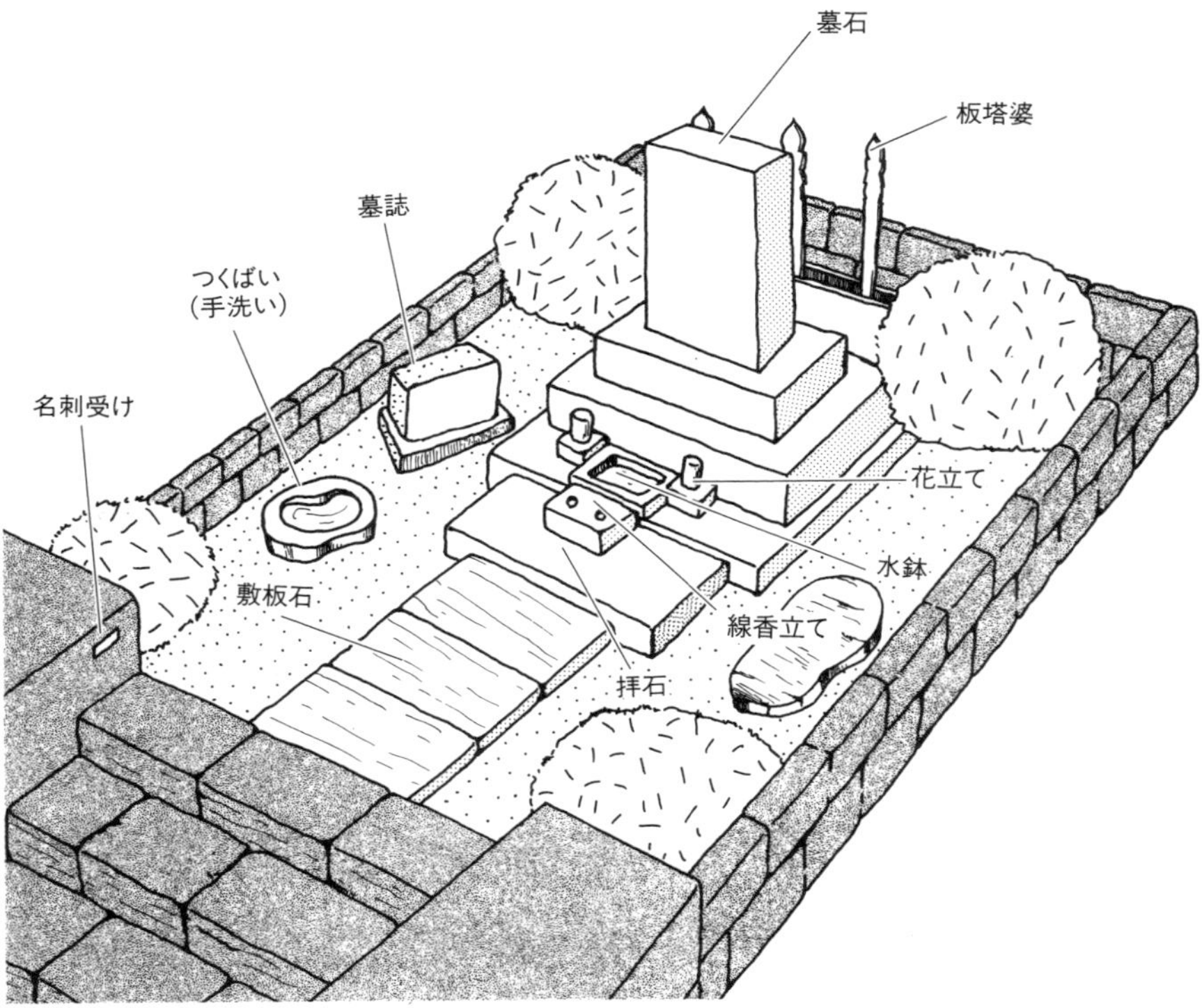

なくなってしまうため、墓誌を立てることが多い。

また、墓石はふつう角石塔が多いが、そのほかにも、自然石型、五輪塔型など、いろいろな形がある。

墓石の文字は、家墓では「○○家先祖代々之墓」などが多いが、菩提寺にたずねてみるとよいだろう。

そして、側面に建立年月日・建立者・法号などを刻む。家紋を入れる場合は、花立てや水鉢などに刻む。

なお、墓石に刻む文字は略字は使わず、旧字体のほうがよいといわれている。

家紋なども間違いのないようにメモするなどして石材店に正確に注文することが大切だ。

建墓と改葬

お墓を建てたり、墓石を新しくしたときには、開眼《かいげん》法養《ほうよう》をしなければならない。

また、個人墓を整理して家墓にしたり、故郷から離れて暮らしているため、お墓を近くに移したいなどの理由から改葬することがある。古い墓石はお寺や霊園に頼んで処分していただくが、その前に御《み》霊《たま》抜《ぬ》きの儀式が必要である。

それぞれの儀式の行い方については、菩提寺の住職に相談すれば教えてくれる。

お墓参りの作法

故人の命日や年忌法要、お盆、お彼岸などにでかけることが多いが、入学、進学、就職、結婚など、人生の節目に報告を兼ねて、お墓参りをするのもよい。

お墓参りのときに注意しなければならないのは、お供物を必ず持って帰ることだ。そのままにしておくと、腐ったり、動物や鳥が食い荒らし、汚れの原因になる。

お墓参りの手順

① お寺の住職または霊園の管理事務所にあいさつし、必要なものを借りる。
② 手を洗い清め、手桶に水をくんでお墓に向かう。
③ 合掌礼拝してから、お墓の掃除をする。落ち葉やゴミを拾い、雑草を抜き、墓石を洗う。花立てのなかのゴミ、香炉の灰も始末する。
④ 花立てに生花を飾り、お供物をそなえる。菓子や果物は二つ折りの半紙の上にのせる。
⑤ 線香をあげる。
⑥ 墓石に水をかけるときは、線香を消さないように注意する。
⑦ 合掌礼拝し、数珠を持って１人ずつ手を合わせる。
⑧ お花以外のお供物は持ち帰る。

●墓参りに持っていくもの

ほうき、たわし、雑巾、バケツ、ひしゃく、手桶、マッチ、ロウソク、線香、半紙、数珠、お供物の花・果物・菓子など

*掃除用具などは、お寺や霊園事務所で借りられるところもある。

仏前結婚式のしきたり

仏前結婚式とは

結婚は、他人であった男女が縁によって結ばれ、夫婦となって家庭を築いていく、人生の大事な節目であり、門出である。

幾多の男女のなかから夫婦になるということを「縁」でいいあらわすが、縁とはもともと仏教の考え方である。

結婚は誕生につながるものであるだけに、先祖の供養、孝行、正法《しょうぼう》(仏さまの正しい教え)の継承など、さまざまなことが結婚によって始まるといってもいいだろう。その結婚の儀式を仏前で行うことは、檀信徒にとって、非常に意味のあることであると同時に、一生忘れられない思い出ともなる。

御宝前の荘厳と供物

結婚式の御宝前の荘厳《しょうごん》は、三具足《みつぐそく》、五具足《ごぐそく》のいずれでもかまわない。お供物《くもつ》、供花《くげ》などはまえもって、式をあげるお寺の住職に相談して、打ち合わせておくことが大切だ。

一般的に供花は松の立華《りっか》など、祝いの席にふさわしいものが用意されている。

供物については、紅白餅一重・御酒・菓子・果物・五穀に加えて、勝栗・椎茸・かんぴょう・昆布・鰹節など、海の幸山の幸を供えることが多いようである。

仏前結婚式の座配

仏前結婚式では、本尊の前に、手前から五具足あるいは三具足、五穀《ごこく》を中央に、右に海の幸、左に山の幸、そしていちばん奥の中央に餅を、その左右に菓子・果物を供えるのが普通である。

さらに、お供物の手前に、右から銚子、瓶子《へいじ》、土瓶の順に並べられる。

これらの荘厳の前に、戒師(式を司る長となる僧侶)、その右側に唄師《ばいし》(唄をとなえる僧侶)が位置する。

戒師から前卓《まえじょく》(机)をはさんで新郎新婦が、さらにうしろに媒酌人が控える。

参列者の席は、本尊に向かって右側が新郎側、左側が新婦側となっている。

仏前結婚式の進行

天台宗の結婚式は「天台宗法式作法集」「天台常用法儀集」に定められた式次第に則《のっと》って行われる。

ここでは、仏前結婚式の進行の一例を紹介する。

仏前結婚式の進行の一例

一、鳴鐘

二、入堂
来賓、両親、親戚、新郎新婦、戒師の順に入場する。

三、三礼《さんらい》
仏《ぶつ》・法《ぽう》・僧《そう》の三宝に礼拝《らいはい》する。

四、勧請《かんじょう》(戒師)

五、啓白《けいびゃく》(戒師)

六、新郎新婦礼拝
新郎新婦が再び三宝に礼拝する。

七、洒水《しゃすい》
戒師が加持された浄水《じょうすい》を新郎新婦、参列者にかけて心身を浄める。

八、授懺悔文《じゅさんげもん》
新郎新婦は貪《とん》(むさぼり)、瞋《じん》(いかり)、癡《ち》(おろかさ)の三毒を犯さないことを誓う。

九、授三帰戒《じゅさんきかい》
新郎新婦は三宝に帰依することを誓う。

一〇、法水頂戴《ほっすいちょうだい》
三三九度の礼のあと、両家の交盃をいただく。

一一、念珠授与《ねんじゅじゅよ》
仏教徒となった証に戒師から新郎新婦に念珠が授けられ、両人はそれを左手にはめる。

一二、聖句授与《しょうくじゅよ》
戒師から新郎新婦に人生の指針となる要文を授けられる。

一三、証明授与
戒師が式が円成したことを仏前に報告し、その証明書を新郎新婦へ授ける。

一四、宣誓《せんせい》
新郎新婦は誓いの文を読み、それを仏前にささげる。

一五、新郎新婦献香《けんこう》
新郎新婦が仏をはじめ一切に供養する。

一六、法楽《ほうらく》
参列者一同で『般若心経《はんにゃしんぎょう》』などを読む。

一七、回向《えこう》

一八、あいさつ・謝辞

一九、退堂

お寺とのつきあい方

菩提寺とは

死者の冥福を祈って、追善供養を行うことを「菩提《ぼだい》を弔《とむら》う」というが、菩提寺とは、祖先の霊の安住地であり、供養するところである。

檀那寺《だんなでら》ともいわれ、それに対し、お寺を守っていくのが檀家である。檀那という言葉は、梵語《ぼんご》のダーナに由来し、施しをする人という意味だ。

檀家はお寺や僧侶に衣食を布施し、僧侶は檀家の人たちに仏法を説き、法を施す関係にある。

お布施には法施《ほうせ》・財施《ざいせ》・無畏施《むいせ》の三つがあるといわれている。

法施とは、人間が正しい生き方をするための教えを伝える精神的な施しであり、僧侶のつとめである。

財施とは、僧侶の法施に対して感謝の気持ちをあらわすために金品を施すことをいう。

無畏施というのは、不安や恐れを抱いている人々に対して、広く慈悲を行うことである。これは僧侶でなくても一般の人でもできることだ。

このようにお布施というのは、まわりまわって功徳をお互いに施すということに意義がある。

また、お寺には檀家すべての過去帳がまつられている。その多くの檀家をまとめるためには、お寺と檀家のパイプ役となる世話役が必要である。世話役が行事の連絡や役割分担など、こまごました仕事を行う。

檀家を代表するのが総代である。総代は檀家を代表する篤志家であるから、戦前までは経済力のある地主や資産家が総代をつとめていた。

現在のような檀家制度が確立したのは、江戸時代初期のことである。

いまでいえば、住民票や戸籍に該当する宗門人別帳を提出させることによって、江戸幕府は住民の把握を行っていたのである。

現在はお寺と檀家の関係が、葬儀や法事のみのつきあいとなっている場合が多い。

かつてのように菩提寺とのあいだに精神的な絆《きずな》など、強いつながりがなくなりつつある。その意味では、葬儀や法事だけでなく、もっと日常的なつながりをもつようにお寺の行事に積極的に参加することが必要だろう。

菩提寺を探す

独立して一家をかまえたり、郷里を離れて暮らしている場合など、菩提寺を新たに探すことも必要となってくる。

かつては、結婚すると嫁ぎ先の宗派になるのが常識だったが、現在では長男長女同士の結婚や信仰の自由から、夫婦で別々の宗教、宗派になることもある。

その場合は、葬儀やお墓について、生前に夫婦で十分話しあっておきたいものである。

特定の宗教、宗派の信仰をもっていないときは、実家の菩提寺と同じ宗派で、家から近いところにあるお寺を探すのがいちばんである。

ただ、天台宗のお寺も多数あるので、実家の菩提寺や本山にたずねて紹介してもらうとよいだろう。

また、近所の人の話を聞いたり、お寺の行事を見学してみれば、だいたい様子がわかってくるものだ。お寺とは長いおつきあいになるのだから多少時間がかかっても納得できるまで探したい。

不幸があってから、あわてて菩提寺を探そうとしても間に合わない。何もない平穏なときこそ、菩提寺を見つけるチャンスなのである。

新たに檀家になる

ここだというお寺が見つかり、そこを菩提寺にするためには、そのお寺の檀家として認められなければならない。

一般的には、そのお寺が管理する墓地にお墓をもつと檀家として認められる。しかし、墓地をもたなくても、事情を説明して、お寺の許可がもらえれば檀家になることができる。

檀家として認められたら、お寺で開催される年中行事には、なるべく家族で参加することだ。

その際には、お布施を包む。年中行事、建物の修繕など、お寺の運営費は檀家からのお布施に負っている部分も大きい。もし、都合で行事に参加できないことがたび重なるときは、年末にまとめて志《こころざし》を届けるように心がけておくとよいだろう。

お寺とのつきあいで頭を悩ますのがお布施の金額だろう。

お布施は本来、金銭に限らず、自分が精一杯できるものなら、なんでもよかったのである。それぞれの人が自分の能力に応じて、できる範囲の金額を包めばよい。

多くのお寺で施餓鬼会《せがきえ》や説法会などが開かれているので、毎回は無理でも、ときどきは参加して、宗派の教えに日頃から親しんでおきたいものだ。そうすれば、数多くの檀家の人と知り合うこともできるし、僧侶との絆も深くなる。

いろいろな機会をとらえてお寺とのつながりを深め、檀家の人たちとも親しくなっておけば、いざというときに、僧侶はもちろん、檀家の人たちもいろいろな面で力になってくれるはずである。

天台宗の年中行事

天台宗の年中行事には、仏教各宗派に共通した季節の行事やお釈迦さまにゆかりの行事のほか天台宗独自の行事もある。

天台宗独自の行事は、高祖天台大師、宗祖伝教大師をはじめとする高僧たちの忌日に修する法会を中心に行われている。

ここでは、それらの行事に加え、本山及び大寺で行われる特殊な行事を紹介する。

修正会《しゅしょうえ》（一二月三一日～一月三日）

修正とは、過《あやま》ちをあらため、正しきを修めるということであるから、年はじめに去っていった年の反省をし、新たな年の決意をする新年初頭の法要をいう。

修正会は宗派を問わず行われ、世界の平和、人類の幸福、仏教の興隆などを祈る。

寺院によって日数や行事の内容も多種多様になっている。

修正会　比叡山延暦寺

元三会《がんざんえ》（一月三日）

一八代天台座主慈恵大師《じえだいし》（良源《りょうげん》）の命日。九八五（永観《えいかん》三）年正月三日に入寂《にゅうじゃく》したので元三大師と呼ばれ、その法要を元三会と称するようになった。延暦寺四季講堂で行われる。

良源は比叡山中興の祖として仰がれ、さらに降魔《ごうま》の大師・魔除《まよ》けの大師としても信仰されている。現在でも家の門戸に「角大師《つのだいし》」や「豆大師《まめだいし》」の魔除けの御符《ごふ》を貼る地方があるが、これは良源の像である。比叡山の元三会は横川《よかわ》の四季講堂で毎年行われるが、五年に一度は大法元三会といわれ、とくに盛大に行われる。

千本餅《せんぼんもち》つき（一月二日～三日）

水間寺《みずまでら》（大阪府貝塚市）に伝わる餅つきの行事。伝統の装束に身を正した若者たちが餅つき歌にあわせて餅をつく。

涅槃図　東京国立博物館蔵

華芳会《かほうえ》（一月一四日）

三代座主慈覚《じかく》大師《だいし》（円仁《えんにん》）の命日にその報恩を修する法会。華芳とは円仁が埋葬された谷の名とされている。円仁は宗祖伝教大師の偉業を継承し、天台宗の基盤を確立した。入寂二年後の八六六（貞観《じょうがん》八）年、伝教大師とともに慈覚大師の諡《し》号《ごう》を賜った。これは日本における大師号のはじまりである。

開宗記念法要（一月二六日）

日本天台宗の開宗を記念する法要。八〇六（延暦《えんりゃく》二五）年のこの日、はじめて公式の出家者（年分度者《ねんぶんどしゃ》）が勅許《ちょっきょ》され、一宗として認められた。

節分会・星供《ほしく》（立春の前日）

新春を迎えるにあたり、国家万民の除災招福を願う法要。家庭でも豆をまいて悪鬼をおいはらう行事として定着している。

また、星に息災・増益・延命などを祈る星供の法会を行うお寺も多い。

涅槃会《ねはんえ》（二月一五日）

二月一五日は、お釈迦さまの入滅の日である。

最後の説法の旅に出たお釈迦さまは、クシナガラ郊外でついに動けなくなり、弟子に沙羅双樹《さらそうじゅ》のあいだに床を敷かせ、そこに頭を北にして、

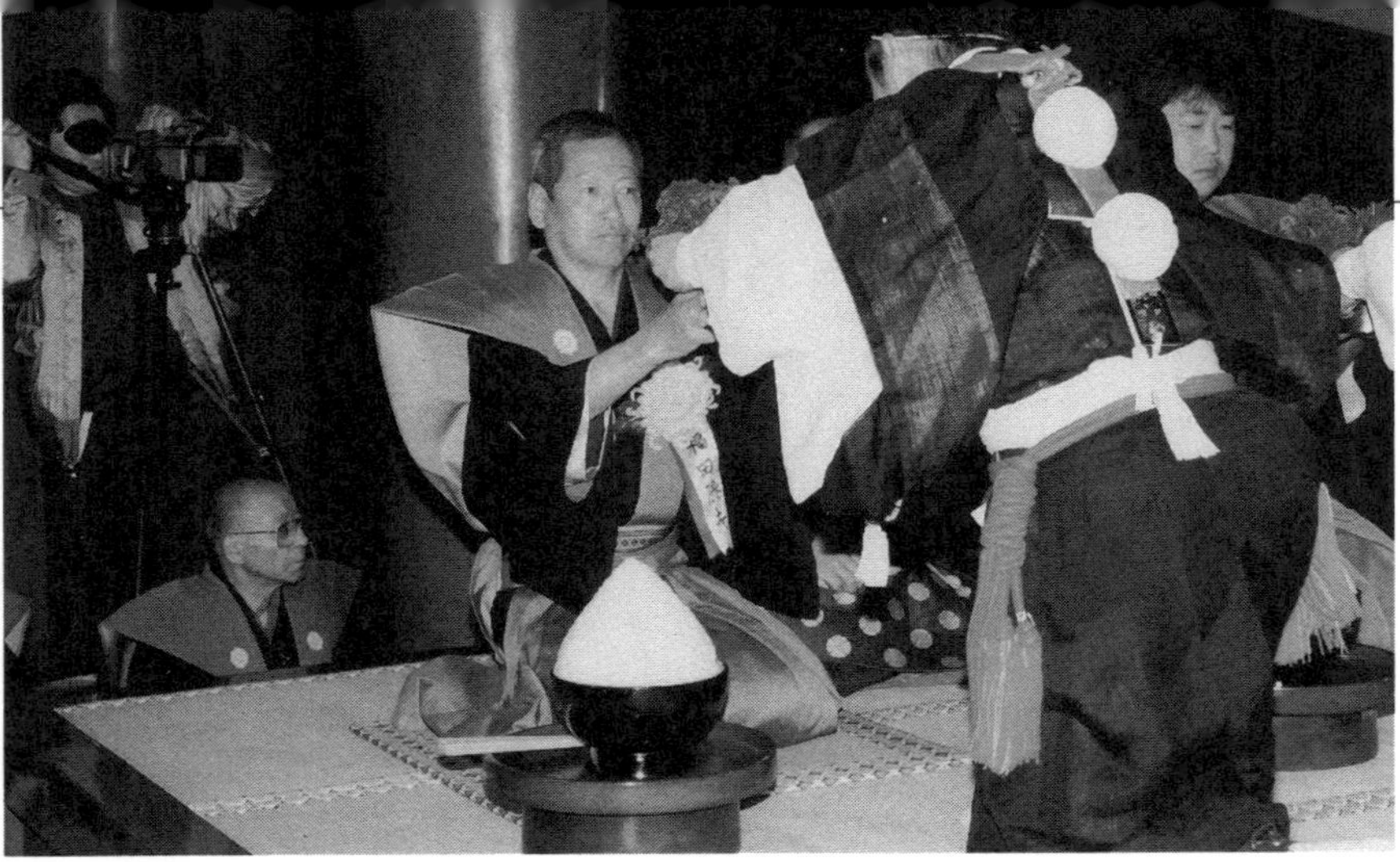

強飯式　日光輪王寺

西向きに横たわった。そして、弟子や集まった人たちが嘆き悲しむのを慰めながら、その夜半に静かに涅槃に入ったといわれる。

その光景を描いた涅槃図を掲げ、お釈迦さまの業績をたたえ、追慕《ついぼ》、感謝するので涅槃会という。

太子講《たいしこう》（二月二二日）

日本の仏教の祖といわれる聖徳太子《しょうとくたいし》の忌日に修する法会。

比良八講《ひらはっこう》（三月二六日）

水難者回向《えこう》、比良修験道による採燈護摩供《さいとうごまく》が近江舞子《おうみまいこ》にて営まれる。

強飯式《ごうはんしき》（四月二日）

輪王寺《りんのうじ》（栃木県日光市）で行われる伝統行事。山盛りのご飯をそれを受ける者に無理強いする儀式で、これを食べた者は息災、開運などの功徳があるとされる。

御修法《みしほ》（四月四日〜一〇日）

比叡山延暦寺根本中堂《こんぽんちゅうどう》で行われる、天皇の御衣《おんぞ》を加持し、鎮護国家、世界平和を祈る法会。

灌仏会《かんぶつえ》（四月八日）

お釈迦さまの誕生した日を記念する法会。一般には「花まつり」といわれ、花で飾られた花御堂に誕生仏がまつられ、甘茶をそそぎながら祝う。

仏教各宗派共通の行事で、「釈尊《しゃくそん》降誕会《ごうたんえ》」「仏生会《ぶっしょうえ》」などと宗派によって名称がさまざまだ。

山王祭《さんのうさい》（四月一四日）

天台座主《ざす》が奉幣《ほうへい》する山王七社の祭礼。最澄《さいちょう》は、両親が神に祈って授かった子であるから、その神である日《ひ》吉神《えのかみ》を延暦寺の鎮守、仏法の守護神としてまつっている。

長講会《ちょうこうえ》(六月四日)

宗祖伝教大師(最澄)の忌日に、大師を偲び徳をたたえるための法会。「伝教会」「水無月会《みなづきえ》」ともいう。

また、この法会は大師入滅の翌年に円仁・円澄《えんちょう》らの弟子が大師の報恩のために法華十講を修したのがはじまりで、かつては一〇日間にわたる長期間の法会だった。「山家会《さんげえ》」ともいわれる。延暦寺浄土院(非公開)。

如法写経会《にょほうしゃきょうえ》(七月上旬)

円仁が病気で隠棲《いんせい》しているとき、写経の発願がなされたことをきっかけにした写経の法会。比叡山延暦寺の延暦寺会館で行われる。

施餓鬼会《せがきえ》(随時)

施餓鬼会は、六道のひとつ餓鬼道に堕ちて苦しんでいる無縁仏を供養する法会である。

鎌倉時代に地獄思想が普及するにつれて、百カ日法要や先祖の霊を供養するお盆の行事の一環として行われることも多くなった。

天台宗では、餓鬼は十界のひとつに数えられ、すべての人々に餓鬼の心(むさぼる心)があるとしている。そのため、施餓鬼会では餓鬼に施して先祖供養するとともに、自らも餓鬼の心を起こさないように自戒する機会と位置づけている。

宗祖降誕会《ごうたんえ》(八月一七日〜一八日)

宗祖伝教大師(最澄)の誕生日に、その報恩に感謝する法会。生源寺《しょうげんじ》ほか。

慈眼講《じげんこう》(一〇月二日)

慈眼大師《じげんだいし》(天海《てんかい》)の忌日に、その報恩に感謝する法会。天海は江戸時代初期に比叡山を復興させた。また、東京・上野に寛永寺を開くなど、天台宗を関東で発展させた。

智証大師《ちしょうだいし》御祥忌《おしょうき》法要(一〇月二九日)

智証大師《ちしょうだいし》(円珍《えんちん》)の忌日に、その報恩に感謝する法会。円珍は唐にわたり天台の奥義を学び、台密《たいみつ》の発展に貢献した。のちに天台寺門宗の宗祖となった。園城寺唐院《おんじょうじとういん》。

霜月会《しもつきえ》(一一月二三日〜二四日)

中国天台宗の高祖天台智者大師《てんだいちしゃだいし》(智《ち》顗《ぎ》)の忌日に、その報恩に感謝し修する法華十講の法会。延暦寺大講堂。

成道会《じょうどうえ》(十二月八日)

お釈迦さまが悟りを開き、仏陀となられた日を記念して行われる。

お釈迦さまは六年間の苦しい修業の末、菩提樹の下で坐禅に入り、この日未明に悟りを開いた。

成道会はお釈迦さまの成道をお祝いすると同時に、みずから仏道に励み自己を深くみつめる日でもある。

お彼岸とお盆のしきたり

日本の国民的な行事であるお彼岸とお盆は、正式には「彼岸会《ひがんえ》」「盂《う》蘭盆会《らぼんえ》」と呼ばれる仏教行事がもとになっている。

彼岸会(三月・九月)

お彼岸は、春分の日と秋分の日を中日とする前後三日間の合計七日間をいう。

国民の祝日に関する法律によれば、春分の日は自然をたたえ、生物を慈しむ日、秋分の日は祖先を敬い、亡くなった人をしのぶ日と定められている。

お彼岸に法要するのは、昼夜等分の日であるところから仏教の中道《ちゅうどう》の教えにちなんで行うという説ほか諸説ある。

彼岸は、梵語《ぼんご》のパーラミター(波羅蜜多)の漢訳「到彼岸」からきた言葉で、「迷いの世界から、悟りの世界にいたる」という意味である。

仏教では悟りへの道として、布施《ふせ》・持戒《じかい》・忍辱《にんにく》・精進《しょうじん》・禅定《ぜんじょう》・智慧《ちえ》の六波羅蜜がいわれる。

布施は人に施すこと、持戒は戒めを守ること、忍辱は耐えること、精進は努力すること、禅定は心を落ち着けること、智慧は真理にもとづく考え方や生き方をすることである。

お彼岸は、こうした仏教の教えを実践する仏教週間ともいえる。先祖をしのび、自分がいまあることを感謝して、先祖の供養をするとともに、自らも極楽往生できるよう精進するものである。

彼岸の入りには、家の仏壇をきれいにし、季節の花、初物、彼岸団子、春にはぼたもち、秋にはおはぎなどをそなえる。

中日には、家族そろってお墓まいりをし、お寺で開かれる彼岸会にも参加したいものである。

盂蘭盆会(七月または八月)

盂蘭盆《うらぼん》とは梵語のウランバナを音訳したもので、「逆さ吊りの苦しみを救う」という意味である。

お釈迦さまの弟子で神通力《じんづうりき》第一といわれた目連《もくれん》がその神通力で母親の姿を見た。そうすると、亡くなった母親は餓鬼道《がきどう》に堕《お》ちていることがわかった。目連は母親を救うため、お釈迦さまに教えられたとおり、僧たちをもてなし、その功徳《くどく》によって母親は餓鬼道から救いだすことができたという『盂蘭盆経《うらぼんきょう》』の故事に由来している。

お盆は七月一三日から一五日または一六日だが、新暦、月遅れ、旧暦と地域によってさまざまである。

古くは精霊棚《しょうりょうだな》をつくり、蓮の葉の上に少量の水をたらした閼加水《あかみず》や、刻んだナスと洗米《せんまい》をまぜ、清水に浸した水の子、十三仏にちなみ一三個の迎え団子、キュウリやナスでつくった馬や牛などをそなえ、先祖の霊を迎えた。

お盆の入りには迎え火を焚《た》いて、先祖が帰ってくるときの目印に盆提灯をともす。そしてお盆のあいだは、家族と同様に一日三回、仏壇あるいは精霊棚に膳をそなえる。

また、棚経《たなぎょう》といって菩提寺の僧侶が檀家を訪問し、読経する。いつ来訪しても困らないようお布施をまえもって用意しておくとよい。読経中は、できるだけ家族そろって僧侶の後ろに座るようにしたい。

精霊棚《しょうりょうだな》

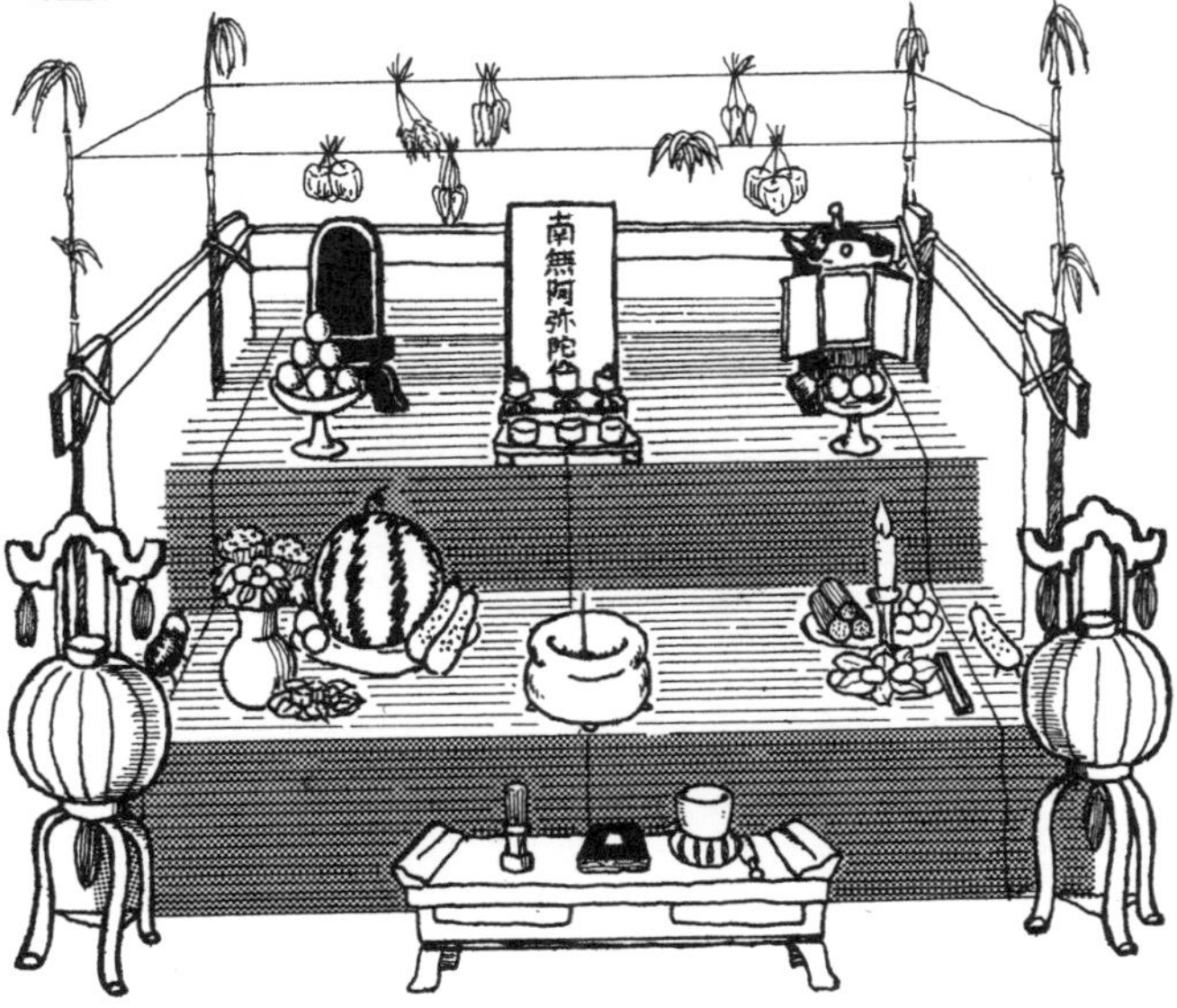

お盆の明けには、再び先祖の霊を浄土に送る道しるべとして送り火を焚く。

また先祖の霊を供養するお盆の行事の一環としてお寺では、施餓鬼会《せがきえ》が営まれ、三世十方法界《さんぜじっぽうほうかい》の万霊を供養する。

いまでは餓鬼棚をつくって施餓鬼供養をする家庭は多くないが、お盆の精霊棚にそなえる水の子は餓鬼へのお供えといわれている。

●新盆

四十九日の忌明け後、はじめて迎えるお盆は新盆《にいぼん》または初盆《はつぼん》といって供養が営まれる。新盆には故人の好物をそなえ、白い提灯をともす風習があり、白い提灯はお盆が明けたら菩提寺に納める。

忌明けが済まないうちにお盆を迎えたときは、次の年が新盆となる。

年忌早見表

回忌／没年	一周忌	三回忌	七回忌	十三回忌	十七回忌	二十三回忌	二十五回忌	二十七回忌	三十三回忌
1992(平成4)年	1993	1994	1998	2004	2008	2014	2016	2018	2024
1993(平成5)年	1994	1995	1999	2005	2009	2015	2017	2019	2025
1994(平成6)年	1995	1996	2000	2006	2010	2016	2018	2020	2026
1995(平成7)年	1996	1997	2001	2007	2011	2017	2019	2021	2027
1996(平成8)年	1997	1998	2002	2008	2012	2018	2020	2022	2028
1997(平成9)年	1998	1999	2003	2009	2013	2019	2021	2023	2029
1998(平成10)年	1999	2000	2004	2010	2014	2020	2022	2024	2030
1999(平成11)年	2000	2001	2005	2011	2015	2021	2023	2025	2031
2000(平成12)年	2001	2002	2006	2012	2016	2022	2024	2026	2032
2001(平成13)年	2002	2003	2007	2013	2017	2023	2025	2027	2033
2002(平成14)年	2003	2004	2008	2014	2018	2024	2026	2028	2034
2003(平成15)年	2004	2005	2009	2015	2019	2025	2027	2029	2035
2004(平成16)年	2005	2006	2010	2016	2020	2026	2028	2030	2036
2005(平成17)年	2006	2007	2011	2017	2021	2027	2029	2031	2037
2006(平成18)年	2007	2008	2012	2018	2022	2028	2030	2032	2038
2007(平成19)年	2008	2009	2013	2019	2023	2029	2031	2033	2039
2008(平成20)年	2009	2010	2014	2020	2024	2030	2032	2034	2040
2009(平成21)年	2010	2011	2015	2021	2025	2031	2033	2035	2041
2010(平成22)年	2011	2012	2016	2022	2026	2032	2034	2036	2042
2011(平成23)年	2012	2013	2017	2023	2027	2033	2035	2037	2043
2012(平成24)年	2013	2014	2018	2024	2028	2034	2036	2038	2044
2013(平成25)年	2014	2015	2019	2025	2029	2035	2037	2039	2045
2014(平成26)年	2015	2016	2020	2026	2030	2036	2038	2040	2046
2015(平成27)年	2016	2017	2021	2027	2031	2037	2039	2041	2047
2016(平成28)年	2017	2018	2022	2028	2032	2038	2040	2042	2048
2017(平成29)年	2018	2019	2023	2029	2033	2039	2041	2043	2049
2018(平成30)年	2019	2020	2024	2030	2034	2040	2042	2044	2050
2019(平成31/令和元)年	2020	2021	2025	2031	2035	2041	2043	2045	2051
2020(令和2)年	2021	2022	2026	2032	2036	2042	2044	2046	2052
2021(令和3)年	2022	2023	2027	2033	2037	2043	2045	2047	2053
2022(令和4)年	2023	2024	2028	2034	2038	2044	2046	2048	2054
2023(令和5)年	2024	2025	2029	2035	2039	2045	2047	2049	2055
2024(令和6)年	2025	2026	2030	2036	2040	2046	2048	2050	2056
2025(令和7)年	2026	2027	2031	2037	2041	2047	2049	2051	2057
2026(令和8)年	2027	2028	2032	2038	2042	2048	2050	2052	2058
2027(令和9)年	2028	2029	2033	2039	2043	2049	2051	2053	2059
2028(令和10)年	2029	2030	2034	2040	2044	2050	2052	2054	2060
2029(令和11)年	2030	2031	2035	2041	2045	2051	2053	2055	2061
2030(令和12)年	2031	2032	2036	2042	2046	2052	2054	2056	2062
2031(令和13)年	2032	2033	2037	2043	2047	2053	2055	2057	2063
2032(令和14)年	2033	2034	2038	2044	2048	2054	2056	2058	2064
2033(令和15)年	2034	2035	2039	2045	2049	2055	2057	2059	2065
2034(令和16)年	2035	2036	2040	2046	2050	2056	2058	2060	2066

天台宗年表

時代	西暦	年号	天皇	宗教関係	一般事項
	五三八	大同四（中国）		**智顗誕生**	
	五五五	紹泰元（中国）		**智顗、法緒のもとで出家**	
	五七八	太建一〇（中国）		**智顗、天台山に修禅寺を創建**	
	五九七	開皇一七（中国）		**智顗没（五三八〜）**	
奈良時代	七六六	天平神護二	称徳	**最澄誕生**	
	七七八	宝亀九	光仁	**最澄、近江国分寺の行表の門に入る**	
	七八四	延暦三	桓武		長岡京遷都
	七八五	延暦四		**最澄、比叡山に登り草庵を構え、『願文』を著す**	
平安時代	七九四	延暦一三		**円仁誕生**	平安京遷都
	七九七	延暦一六		**最澄、内供奉十禅師に任命される**	
	八〇一	延暦二〇		**最澄、比叡山で法華十講を初めて行う**	坂上田村麻呂、蝦夷を討伐
	八〇四	延暦二三		**最澄・空海、入唐**	
	八〇五	延暦二四		**最澄、唐より帰国（翌年、天台宗を開く）**	
	八〇六	大同元	平城	空海、唐より帰国（真言宗を開く）	
	八〇八	大同三		**円仁、比叡山に登り最澄の門に入る**	
	八一四	弘仁五	嵯峨	**円珍誕生**	
	八一六	弘仁七		空海、高野山（和歌山県）を開創	
	八一八	弘仁九		**最澄、小乗戒廃棄を宣言、『山家学生式』を定める（〜八一九）**	
	八二二	弘仁一三		**最澄没（七六六〜）** **比叡山上に「大乗戒壇」の独立が認められる**	
	八二八	天長五	淳和	**円珍、比叡山に登り義真の門に入る**	

時代	西暦	年号	天皇	宗教関係	一般事項
平安時代	八三五	承和二	仁明	空海没(七七四〜)	
	八三八	承和五		**円仁、入唐、在唐一〇年に及ぶ**	
	八四七	承和一四		**円仁、唐より帰国**	
	八五一	仁寿元	文徳	**円珍、『大日経指帰』を著す**	
	八五三	仁寿三		**円珍、入唐**	
	八五八	天安二	清和	**円珍、唐より帰国**	
	八五九	貞観元		**円珍、園城寺(三井寺)長吏となる**	
	八六四	貞観六		**円仁没(七九四〜)**	
	八九一	寛平三	宇多	**円珍没(八一四〜)**	
	八九四	寛平六			菅原道真により遣唐使廃止
	九〇五	延喜五	醍醐		『古今和歌集』なる
	九一二	延喜一二		**良源誕生**	
	九二三	延長元		**良源、比叡山に登り理仙に学ぶ**	
	九三五	承平五	朱雀		承平・天慶の乱(〜九四一):平将門、東国で反乱。 藤原純友、西海で反乱 このころ『土佐日記』なる
	九四二	天慶五		**源信誕生**	
	九五〇	天暦四	村上	**源信、比叡山に登り良源の門に入る**	
	九六七	康保四	冷泉	**良源、横川に常行三昧堂を創建**	
	九七二	天禄三	円融	**良源、横川を東西両塔から独立の体制をとる**	
	九八四	永観二	花山	**源信、『往生要集』を著し、浄土信仰の基礎をつくる**	
	九八五	永観三		**良源没(九一二〜)**	
	一〇〇〇	長保二	一条		このころ『枕草子』なる
	一〇〇六	寛弘三		南都興福寺の僧徒強訴	
	一〇一〇	寛弘七			このころ『源氏物語』なる
	一〇一七	寛仁元	後一条	**源信没(九四二〜)**	藤原道真、太政大臣となる。頼通、摂政となる
	一〇五一	永承六	後冷泉		前九年の役:安倍頼時の反乱(〜一〇六二)

時代	西暦	年号	天台宗関連	一般
平安時代	一〇五二	永承七	末法第一年といわれ、末法思想流行	
	一〇五三	天喜元	藤原頼通、平等院鳳凰堂(京都宇治)を建立	
	一〇八三	永保三		後三年の役：清原家衡の反乱(〜一〇八七)
	一〇八六	応徳三		白河天皇、院政を開始。上皇となる
	一一〇一	康和三		このころ『栄花(華)物語』なる
	一一〇七	嘉承二		このころ『今昔物語集』なる
	一一二四	天治元	**藤原清衡、中尊寺金色堂(岩手平泉)を建立**	
	一一三一	天承元		このころ『大鏡』なる
	一一三三	長承二	法然誕生	
	一一五五	久寿二	**慈円誕生**	
	一一五六	保元元		保元の乱：皇位継承争い。後白河天皇が勝利、上皇となる
	一一五九	平治元		平治の乱：後白河上皇の近臣間(源義朝vs.平清盛)の対立
	一一六四	長寛二	このころ平家納経がさかんに行われる	
	一一六五	永万元	**慈円、青蓮院の覚快法親王に学ぶ**	
	一一六七	仁安二	**慈円、比叡山に登り明雲の門に入る**	平清盛、太政大臣となる。平氏全盛
	一一七五	承安五	法然、浄土宗を開く	
	一一八〇	治承四	平重衡、南都を焼き討ちし、東大寺・興福寺など焼失	源頼朝・源義仲の挙兵。源平の争乱始まる
	一一八五	元暦二		平氏、壇の浦に滅亡
鎌倉時代	一一九一	建久二	栄西、宋より帰国(臨済宗を伝える)	
	一一九二	建久三	**慈円、天台座主となる**	頼朝、征夷大将軍となる(鎌倉幕府の成立)
	一一九五	建久六	東大寺大仏殿再建	
	一一九八	建久九	法然、『選択本願念仏集』を著す	
	一一九九	建久一〇	栄西、『興禅護国論』を著す	源頼朝没。頼家、家督相続
	一二〇一	建仁元		このころ『平家物語』なる
	一二〇三	建仁三		頼家、修禅寺に幽閉される

天皇：後冷泉／白河／堀河／鳥羽／崇徳／後白河／二条／六条／高倉／安徳／後鳥羽／土御門

院：白河／鳥羽／後白河／高倉／後白河／後鳥羽

将軍：源頼朝／源実朝

執権：北条時政

時代	西暦	年号	天皇	院	将軍	執権	宗教関係	一般事項
鎌倉時代	一二〇五	元久二	土御門	後鳥羽	源実朝	北条義時		このころ『新古今和歌集』なる
	一二〇七	承元元					念仏停止令	
	一二一二	建暦二	順　徳				法然没（一一三三〜）	
	一二一五	建保三					栄西没（一一四一〜）	
	一二二一	承久三	仲　恭	後高倉院	（北条政子）			承久の乱：討幕計画に失敗した後鳥羽上皇ら三上皇流罪となる
	一二二二	承久四	後堀河				日蓮誕生	
	一二二四	元仁元				北条泰時	親鸞、『教行信証』を著す（浄土真宗を開く）	
	一二二五	嘉禄元					**慈円没（一一五五〜）**	頼朝の妻北条政子没
	一二二七	嘉禄三			藤原頼経		道元、宋より帰国（曹洞宗を伝える）	
	一二五三	建長五	後深草	後嵯峨		北条時頼	道元没（一二〇〇〜） 日蓮、鎌倉で布教開始（日蓮宗を開く）	
	一二六〇	文応元	亀　山			北条長時	日蓮、『立正安国論』を著す	
	一二六二	弘長二					親鸞没（一一七三〜）	
	一二七四	文永一一	後宇多	亀　山		北条時宗	一遍、念仏をひろめる（時宗を開く）	文永の役：元軍、九州に来襲
	一二八一	弘安四						弘安の役：元軍、九州に再度来襲
	一二八二	弘安五					日蓮没（一二二二〜）	
	一二八九	正応二	伏　見	後深草		北条貞時	一遍没（一二三九〜）	
	一三〇〇	正安二	後伏見	伏　見				このころ『吾妻鏡』なる
	一三二四	正中元	後醍醐			北条高時		正中の変：後醍醐天皇の討幕計画、失敗
	一三三〇	元徳二				北条守時		このころ『徒然草』なる
南北朝	一三三一	南朝：元弘元 北朝：元徳三	南朝：後醍醐 北朝：光　厳					元弘の変：後醍醐天皇、隠岐流罪となる
	一三三三	南朝：元弘三 北朝：正慶二						鎌倉幕府の滅亡。後醍醐天皇、京都に戻る
	一三三四	南朝：建武元 北朝：建武元						後醍醐天皇、建武の新政
	一三三五	南朝：建武二 北朝：建武二						足利尊氏、新政権に反旗をひるがえす

時代	西暦	年号	天皇	将軍	天台宗の出来事	一般の出来事
室町時代	一三三六	延元元／建武三	後醍醐／光明			南北朝の対立：後醍醐天皇、吉野に移る
	一三三八	延元三／暦応元		足利尊氏		尊氏、征夷大将軍となる（室町幕府の成立）
	一三四一	興国二／暦応四	後村上			尊氏、天龍寺船を元に派遣
	一三五六	正平一一／延文元	後光厳			『菟玖波集』なる。倭寇の活動さかん
	一三七〇	建徳元／応安三	長慶	足利義満		このころ『太平記』なる
	一三九二	元中九／明徳三	後亀山／後小松			南北朝の統一
	一四〇〇	応永七	後小松	足利義持		このころ能楽なる
	一四〇一	応永八				義満、第一回遣明船派遣（明と国交樹立）
	一四〇四	応永一一				勘合貿易始まる（一四一一～三一中断）
	一四〇八	応永五			足利義満の北山殿を鹿苑寺（金閣寺）とする	
	一四二八	正長元	後花園			正長の土一揆
	一四二九	正長二		足利義教		播磨の土一揆
	一四四一	嘉吉元				嘉吉の乱：足利義教、殺される。嘉吉の土一揆
	一四四三	嘉吉三		足利義政	**真盛誕生**	
	一四六七	応仁元				応仁の乱（～一四七七）：将軍家の相続争いと幕府の実権をめぐる争い
	一四八五	文明一七	後土御門	足利義尚		山城の国一揆（～一四九三）
	一四八六	文明一八			**真盛、坂本（滋賀県）に西教寺を再興（天台真盛宗を開く）**	
	一四八八	長享二			加賀（石川県）の一向一揆（～一五八〇）	
	一四八九	延徳元			足利義政の遺言により東山殿を慈照寺（銀閣寺）とする	
	一四九五	明応四		足利義澄	**真盛没（一四四三～）**	『新撰菟玖波集』なる
	一五三二	天文元	後奈良	足利義晴	畿内各地に一向一揆、法華一揆さかん	
	一五三六	天文五			**天海誕生（諸説あり）** 天文法華の乱：比叡山僧徒、京の日蓮宗徒を破る	
戦国時代	一五四三	天文一二				鉄砲伝来
	一五四九	天文一八		足利義輝	フランシスコ・ザビエル来日（キリスト教を伝える）	
	一五六八	永禄一一	正親町	足利義栄		織田信長、足利義昭を奉じ、京都に入る

時代	西暦	年号	天皇	将軍	宗教関係	一般事項
戦国時代	一五六九	永禄一二	正親町	足利義昭	織田信長、キリスト教の布教許可	
	一五七一	元亀二			信長、比叡山を焼き討ち	
	一五七三	天正元				信長、義昭を追放。室町幕府滅亡
安土・桃山時代	一五七五	天正三			信長、越前(福井県)の一向一揆を平定	
	一五七九	天正七			安土宗論：日蓮宗と浄土宗との論争	
	一五八二	天正一〇			天正遣欧使節：大友宗麟ら、ローマ教皇に使節を派遣(～一五九〇)	本能寺の変：信長没
	一五八五	天正一三				豊臣秀吉、関白となる。翌年、太政大臣となる
	一五八七	天正一五	後陽成		秀吉、バテレン追放令	
	一五八八	天正一六				秀吉、刀狩令
	一五九〇	天正一八				秀吉、全国統一。このころ千利休が茶道を完成
	一五九二	文禄元				文禄の役：秀吉、朝鮮に出兵。朱印船を発遣
	一五九七	慶長二				慶長の役：秀吉、朝鮮に再出兵
	一五九九	慶長四			**天海、川越無量寿寺北院の住持となり、喜多院と改称**	
	一六〇〇	慶長五				関ヶ原の戦い
江戸時代	一六〇三	慶長八		徳川家康	このころ阿国歌舞伎始まる	徳川家康、征夷大将軍となる(江戸幕府の成立)
	一六〇八	慶長一三		徳川秀忠	江戸宗論：日蓮宗と浄土宗との論争	
	一六一二	慶長一七	後水尾		幕府、キリスト教禁止令(～一六一三)	
	一六一三	慶長一八			幕府、関東天台法度、修験道法度を制定	
	一六一五	元和元			幕府、諸宗諸本山法度を制定	大坂夏の陣：豊臣氏滅亡。武家諸法度・禁中並公家諸法度の制定
	一六一六	元和二			家康、駿府城で死去。駿河久能山(静岡県)に埋葬される	幕府、欧州船の寄港地を平戸と長崎に制限
	一六一七	元和三			家康の遺言により日光東照社(のちの日光東照宮・栃木県)創建	俳諧さかん
	一六二五	寛永二		徳川家光	**天海、上野寛永寺を創建、輪王寺宮門跡を置く**	
	一六二九	寛永六	明正		このころ、長崎で絵踏みが始まる	
	一六三二	寛永九			幕府、諸宗本山の末寺帳(寛永本末帳)を作成(～一六三三)	
	一六三五	寛永一二			幕府、寺社奉行の設置	幕府、参勤交代を制度化
	一六三七	寛永一四			島原の乱：キリスト教徒を中心とする農民一揆。寺請制度始まる	天海版一切経刊行(～一六四八)

江戸時代

西暦	和暦	天皇	将軍	天台宗	一般
一六三九	寛永一六	明正	徳川家光		鎖国の完成
一六四〇	寛永一七			幕府、宗門改役の設置。宗門人別帳の作成	
一六四三	寛永二〇	後光明		**天海没（一五三六？〜）**	
一六四九	慶安二				慶安の御触書：農民のぜいたくを禁じる
一六五四	承応三	後西	徳川家綱	明僧隠元、来日（黄檗宗を伝える）	
一六五七	明暦三				明暦の大火（江戸）
一六六五	寛文五	霊元		幕府、各宗共通の諸宗寺院法度を制定	
一六八二	天和二		徳川綱吉		井原西鶴『好色一代男』（浮世草子のはじめ）刊行
一六八五	貞享二				徳川綱吉、生類憐みの令（〜一七〇九）
一六八九	元禄二	東山			松尾芭蕉『奥の細道』の旅に出る
一六九二	元禄五			幕府、全国的な寺院本末帳の作成	
一六九七	元禄一〇			このころ、江戸三十三観音霊場成立	
一七〇〇	元禄一三				朱子学さかん
一七〇三	元禄一六				近松門左衛門『曾根崎心中』初演
一七一六	享保元	中御門	徳川吉宗		享保の改革（〜一七四五）
一七二二	享保七			幕府、諸宗僧侶法度を制定	
一七三二	享保一七				享保の大飢饉
一七七四	安永三	後桃園	徳川家治		前野良沢・杉田玄白ら『解体新書』刊行
一七八二	天明二	光格	徳川家斉		天明の大飢饉（〜一七八七）
一七八七	天明七				天明の打ち壊し。寛政の改革（〜一七九三）
一七九八	寛政一〇				このころ、滑稽本が流行 本居宣長『古事記伝』刊行
一八〇〇	寛政一二				寺子屋、歌舞伎さかん
一八一四	文化一一				滝沢馬琴『南総里見八犬伝』刊行（〜一八四一）
一八二三	文政六	仁孝		このころ、おかげ参りが流行。巡礼さかん	このころ人情本が流行
一八二五	文政八				幕府、異国船打払令（無二念打払令）
一八三三	天保四				天保の大飢饉（〜一八三九） 安藤広重『東海道五十三次』刊行

時代	西暦	年号	天皇	将軍	宗教関係	一般事項
江戸時代	一八四一	天保一二	仁孝	徳川家慶		天保の改革(〜一八四三)
	一八四二	天保一三			縁日・出開帳さかん	
	一八五三	嘉永六	孝明	徳川家定		米使節ペリー浦賀に来航
	一八五四	安政元				日米和親条約
	一八五八	安政五		徳川家茂		日米修好通商条約
	一八六七	慶応三	明治	徳川慶喜		大政奉還、王政復古の大号令 このころ、京阪一帯に「ええじゃないか」起こる
明治時代	一八六八	明治元			神仏分離令(廃仏毀釈運動起こる)	明治維新

●参考文献一覧（順不同・敬称略）

『日本の仏教全宗派』 大法輪閣
『日本の仏教を知る事典』 奈良康明編　東京書籍
『仏教宗派の常識』 山野上純夫ほか　朱鷺書房
『名僧名言逸話集』 松原哲明監修　講談社
『仏事のしきたり百科』 太田治編　池田書店
『先祖をまつる』 村山廣甫　ひかりのくに
『日本仏教の歴史・鎌倉時代』 高木豊　佼成出版社
『日本仏教宗派のすべて』 大法輪閣
『日本宗教史Ⅰ・Ⅱ』 笠原一男編　山川出版社
『東洋思想がわかる事典』 ひろさちや監修　日本実業出版社
『仏教早わかり事典』 藤井正雄監修　日本文芸社
『日本の仏教』 渡辺照宏　岩波書店
『仏教の事典』 瀬戸内寂聴編著　三省堂
『仏教用語事典』 大法輪閣
『私にとっての仏教』 季刊仏教編　法藏館
『日本人の仏教史』 五来重　角川書店
『葬儀・戒名ここが知りたい』 大法輪閣
『仏教早わかり百科』 ひろさちや監修　主婦と生活社
『日本の仏教・鎌倉仏教』 三山進編　新潮社
『日本の仏教・密教』 関口正之編　新潮社
『日本の仏教』 梅原正紀　現代書館
『わかりやすいお経の本』 花山勝友　オーエス出版社
『現代仏教情報大事典』 名著普及会
『仏事の基礎知識』 藤井正雄　講談社
『仏教儀礼辞典』 藤井正雄編　東京堂出版
『密教のすべて』 大栗道榮　日本文芸社
『密教の本』 学研
『お経・天台宗』 塩入良道編　講談社
『密教のこころ』 読売新聞社
『最澄と天台仏教』 読売新聞社
『円仁』 佐伯有清　吉川弘文館
『良源』 平林盛得　吉川弘文館
『源信』 速水侑　吉川弘文館
『天台宗』 小学館
『わが家の宗教・天台宗』 西郊良光ほか　大法輪閣
『天台宗のしきたりと心得』 池田書店
『天台宗の仏事』 末廣照純　世界文化社
『天台真盛宗読本』 色井秀譲　百華苑
『書写山遊歩ガイド』 寺林峻　神戸新聞総合出版センター
『比叡山と天台の美術』 比叡山延暦寺
『比叡山』 比叡山延暦寺
『比叡山延暦寺一二〇〇年』 後藤親郎ほか　新潮社
『比叡山歴史の散歩道』 西川勇　講談社

●写真提供・取材協力一覧（順不同・敬称略）

岩手・中尊寺
岩手・毛越寺
山形・立石寺
栃木・輪王寺
埼玉・喜多院
滋賀・延暦寺
滋賀・西教寺
滋賀・滋賀院
滋賀・園城寺
京都・青蓮院
京都・廬山寺
大阪・四天王寺
兵庫・圓教寺
奈良・金峯山寺
山形県観光協会
長野県観光案内所
滋賀県東京観光物産情報センター
福岡県東京物産観光事務所
東京国立博物館
京都国立博物館
奈良国立博物館

STAFF

編集協力／木内尭央（東京都墨田区・如意輪寺住職／大正大学元教授）
漫画／多田一夫
イラストレーション／亀倉秀人・石鍋浩之
撮影／佐藤久・山本健雄
デザイン・図版／インターワークビジュアルセンター（ハロルド坂田）
編集制作／小松事務所（小松幸枝・小松卓郎）
制作協力／伊藤菜子・尾島由扶子・阪本一知・内田晃・森高裕美子
※所属・役職等は発刊当時のものです。

総監修　藤井正雄（ふじい・まさお）
大正大学名誉教授・文学博士
昭和9年東京都出身。平成30年没。
大正大学文学部哲学科宗教学卒。同大大学院博士課程修了。昭和48年日本宗教学会賞受賞。日本生命倫理学会第6期代表理事・会長。
『仏事の基礎知識』（講談社）、『お経　浄土宗』（講談社）、『仏教再生への道すじ』（勉誠出版）、『戒名のはなし』（吉川弘文館）など著書多数。

わが家《や》の宗教《しゅうきょう》を知《し》るシリーズ
［新版《しんぱん》］うちのお寺《てら》は天台宗《てんだいしゅう》 *TENDAISHU*

2024年12月21日　第1刷発行

編著　小松事務所《こまつじむしょ》
発行者　島野浩二
発行所　株式会社双葉社
〒162-8540
東京都新宿区東五軒町3番28号
☎03-5261-4818（営業）
☎03-5261-4854（編集）
http://www.futabasha.co.jp/
（双葉社の書籍・コミック・ムックが買えます）
印刷所　中央精版印刷株式会社

ISBN978-4-575-31940-8　C0014